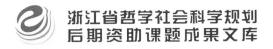

浙江省哲学社会科学规划
后期资助课题成果文库

企业社会绩效的多维度治理：
基于上市公司社会责任的分析

Qiye Shehui Jixiao De Duoweidu Zhili

谢文武　著

中国社会科学出版社

图书在版编目(CIP)数据

企业社会绩效的多维度治理：基于上市公司社会责任的分析／谢文武著.
—北京：中国社会科学出版社，2017.5
（浙江省哲学社会科学规划后期资助课题成果文库）
ISBN 978 - 7 - 5161 - 9138 - 5

Ⅰ.①企… Ⅱ.①谢… Ⅲ.①企业责任 - 社会责任 - 研究 - 中国
Ⅳ.①F279.2

中国版本图书馆 CIP 数据核字(2016)第 252548 号

出 版 人　赵剑英
责任编辑　宫京蕾
责任校对　王　斐
责任印制　李寡寡

出　　　版　中国社会科学出版社
社　　　址　北京鼓楼西大街甲 158 号
邮　　　编　100720
网　　　址　http：//www.csspw.cn
发 行 部　010 - 84083685
门 市 部　010 - 84029450
经　　　销　新华书店及其他书店

印刷装订　北京市兴怀印刷厂
版　　　次　2017 年 5 月第 1 版
印　　　次　2017 年 5 月第 1 次印刷

开　　　本　710×1000　1/16
印　　　张　14.75
插　　　页　2
字　　　数　252 千字
定　　　价　65.00 元

前　　言

中国经过三十多年的快速发展，经济建设取得了惊人成效，同时企业社会责任在中国已取得了一些令人鼓舞的发展，尤其是20世纪90年代中期，《公司法》的颁布从根本上确立了企业的法人地位，奠定了履行社会责任的法律主体。与之相适应，《环境保护法》、《工会法》、《劳动法》、《消费者权益保护法》、《捐赠法》规定企业的基本法律责任，形成了企业履行社会责任的法律基础和底线。政府和企业更为积极地参加各类企业社会责任论坛和活动，推广国际企业社会责任标准、认证、报告等方法，与国际机构组织合作开展联合研究，并把国内企业社会责任活动体制化。伴随着全球化企业社会责任实践运动的辐射，中国企业从沿海到内地，由玩具、服装出口企业到其他外贸加工行业，形成了中国企业社会责任实践运动的高峰，这既与中国劳动密集型产品出口能力旺盛有关，也与中国经济持续高速发展和国际地位迅速提高相关联。

但在向市场经济体制转轨的过程中，激烈的市场竞争也出现了一系列值得深思的问题。与国外相比，我国企业的社会责任实践比较有限。尽管新中国成立以后我国企业就承担了大量社会功能，但严格来说，不算是社会责任。因为在计划经济体制下，企业不是现代意义上的企业，只是政府的附属物，是政府管理社会的一种特殊形式。80年代以后，我国进行以市场经济为导向的经济体制改革，企业作为独立利益主体和竞争主体的身份逐步确立，追求利润最大化成了普遍接受的企业准则。出于改革策略的需要，在此过程中没有过多强调企业的社会责任，以避免与"企业办社会"相混淆，干扰人们对改革方向的感知和判断。这在一定程度上弱化了企业的社会责任意识。企业盲目追求经济效益、违反法律法规、违背社会道德、置社会责任不顾等现象屡见不鲜，如2004年的毒奶粉事件、2008年的三鹿事件、2010年的地沟油事件，等等。

这些企业漠视社会责任的情形，不仅损害企业的长期利益，也与我国创造和谐社会的宗旨不符，不利于可持续发展。一些在国内拥有先进管理水平和治理结构的企业，也出现社会责任履行上的不足，让一些固有的关于社会责任的理论和结论很难解释。这种情况从一个角度说明即便是在治理结构比较完善的企业如万科等公司，其履行社会责任的推动力，不可能完全取决于企业层面的推动。在中国这样的市场化程度、法制化程度以及政府功能表现都存在很大缺陷的背景下，公司社会绩效表现水平在很大程度上取决于公司外部与内部治理环境的差异，这也是本书从公司治理的角度来分析企业社会绩效的最主要原因。

本书的主要出发点是基于企业社会责任研究中存在的两个问题，一个是企业实施社会责任的责任主体问题，一个是企业社会责任的功利化倾向。企业社会责任的责任主体问题，缘于企业治理中关于利益相关者理论的研究进展，一些学者在研究企业社会责任时混淆了公司治理的主体，将非股东利益相关者也纳入治理主体范畴中，导致企业社会责任主体的不明确；企业社会责任的功利化，源于研究人员在分析企业社会责任动力的时候，把企业的经济利益与社会绩效的影响因素混淆，将本应是治理改善带来的经济绩效归因于利益相关者"共同治理"，从而功利化了企业社会责任行为，如社会责任竞争力、企业社会责任与竞争优势、企业社会责任与经济利益或企业价值的关系。之所以出现这些问题，关键还是因为主流企业理论与企业社会责任之间的理论关系尚未真正明确。事实上，完全可以将企业社会责任的研究纳入主流的企业理论当中，这也是本书研究的一个主要出发点。

在西方，公司治理和社会责任出现收敛和聚合，相互影响。国内企业的治理结构和整体环境与国外相比完全不一样，企业面临的契约条件是截然不同的，所以应该分析企业的社会责任究竟是由哪些因素驱动，而这种驱动又是如何落实在企业的日常经营管理当中。为了解决最开始提到的两个理论上的问题，本书围绕着公司治理问题进行深入分析，并相应以实证研究进行论证。通过公司治理与利益相关者管理之间关系的研究，可以看出公司治理的主体是股东，客体是经理层等执行机构；利益相关者管理的主体是治理机制中的客体，即执行机构。企业社会绩效与公司治理通过利益相关者理论实现融合，但是公司治理目标与企业绩效目标相矛盾，代表股东利益的经理层要实现利益相关者管理目标，并不是一种主动的行为，而是要综合考虑公司治理环境、公司战略和公司实际资源。所以说，企业社会绩效的改善，很大程度上取决于企业治理环境的压力和企业治理的模式，这样企业的执行机构才会根据实际情况进行社会责任决策，满足利益相关者需求。本书的研究都是围绕着这一思路进行构建和写作的，研究的主要内容包括：

（1）国内外研究现状和动态。通过广泛查阅国内外学者关于社会责任和企业治理理论的相关理论文献，重点把握 CSP 理论研究的基本线索以及相关的实证研究现状，对于企业社会绩效研究框架的演进进行深入的研究，并对企业社会绩效研究中存在的问题以及值得进一步研究的课题进行了分析。

（2）公司治理与企业社会绩效研究的融合。利益相关者管理将企业社会绩效研究与公司治理有效连接起来，公司治理的外在表现与结果就是利益相关者管理，而利益相关者管理的过程决定了社会绩效的度量结果。所以笔者对于这三者之间的关系进行了比较全面的分析，澄清了公司治理、利益相关者管理和企业社会绩效之间的关系，并从经济绩效与社会绩效之间的矛盾和融合视角，将公司治理机制及其相关因素（如治理环境、利益相关者活动等）对企业社会绩效的影响和传导途径进行剖析。

（3）企业绩效的多维度治理框架。站在公司治理角度，阐述公司在不同治理环境的约束下，治理机制如何影响公司决策，在公司治理的经济目标与企业的社会目标之间进行取舍，明确在不同的企业治理结构和不同的企业契约关系中，企业所面对的社会责任范畴会发生改变，社会责任的内涵在企业的不同发展阶段是动态变化的。书中将分别从企业社会责任原则、企业社会责任响应的条件、企业社会责任响应过程以及企业社会绩效的评价及回馈等角度提出一个比较新的、逻辑框架更全面的企业社会责任多维度治理框架。在规范公司的目标职能和所面临的制约因素的时候，公司治理和公司社会责任是相辅相成的。

（4）从公司的内部治理结构与外部环境的角度实证分析影响企业社会绩效的各个因素。除此之外，还考虑到企业资源、规模和企业战略对社会绩效可能存在的影响。通过大规模的二手数据的归纳分析和实证研究，探索企业社会绩效的内在动力，验证本研究的合理性和正确性。

（5）企业社会绩效影响企业财务绩效的理论与实证分析。在前面研究的基础上，分析企业社会绩效影响财务绩效的程度，结合资本市场理论,以新的实证方法来证明其传导途径。为验证两者之间的关系,本研究另辟蹊径,不是直接将企业社会绩效与普通的一些财务指标与市场指标进行实证,而是借用了保险资本的概念,将企业社会绩效影响的关注点转为对企业出现或然事件后的反应,这样可以避免很多研究出现的对应性不强的问题,对企业社会绩效研究功利化的问题进行辨析,较好地实现研究的目的。

（6）提出企业社会责任的多维度治理对策。基于企业治理结构的演进与企业社会责任发展之间的关系,结合治理改革与社会责任、法律法规的演进,和中国的具体实践,阐述企业治理结构和治理环境对企业社会责任运动的影响,提出企业社会责任的多维度治理对策与思路。

总体来看,本书突破了企业社会绩效研究中的旧有思路,实现了以下研究进展:（1）从理论上阐述清楚企业实施社会责任的责任主体问题,并对企业社会责任功利化倾向进行批判,在批判性研究的基础上从企业社会绩效的角度建立一个关于企业社会责任的全面分析框架。（2）用社会绩效的研究框架来研究企业社会责任,解决了"共同治理理论"所提出的让利益相关者加入公司治理行列而使公司治理结构混乱和失衡的问题,将企业社会责任问题纳入到主流的企业理论。（3）企业本身处于不同的发展阶段当中,企业治理环境也处于不断的变化当中,所以说从动态的角度来衡量企业社会责任,在研究视角上也有一定的创新。（4）对于企业社会绩效影响因素及其与企业经济绩效之间的关系,本书一方面采用更加客观的二手数据保证科学性,另一方面摒弃传统的实证方法,用事件分析法证明企业社会绩效给企业带来的不是直接的经济利益,而是一种间接的影响。

目　　录

第一章

企业社会责任理论评述

第一节　企业社会责任研究进展

一　企业社会责任研究存在的主要问题

本书的主要出发点是基于企业社会责任研究中存在的两个问题，一个是企业实施社会责任的责任主体问题，一个是企业社会责任的过于功利化倾向。笔者认为这两个问题是困扰企业社会责任研究进一步深化的主要障碍。企业社会责任的责任主体问题，缘于企业治理中关于利益相关者理论的研究进展，一些学者在研究企业社会责任时混淆了公司治理的主体，将非股东利益相关者也纳入治理主体范畴，导致企业社会责任主体的不明确，而转移了研究的视角；弗里曼、埃文（Freeman，Evan，1990）、唐纳森、普雷斯顿（Donaldson，Preston，1995）、布莱尔（Blair，1999）、陈宏辉（2004）等提出，企业本质上是一种受多种市场和社会影响的组织，不应该是股东主导的组织制度，应该考虑到其他利益相关者的利益要求，应该将剩余索取权与剩余控制权在企业物质资本所有者和人力资本所有者之间进行非均衡、分散、对称分布，进而为其他利益相关者和社会有效地创造财富，这给企业治理理论带来一定的冲击。企业社会责任的功利化，其实也源自公司治理理论的发展，研究人员在分析企业社会责任动力的时候，把企业的经济利益与社会绩效的影响因素混淆，将本应是治理改善带来的经济绩效归因于利益相关者"共同治理"（其外在表现形式即企业社会责任的实施），从而功利化了企业社会责任行为，并衍生出相关的大量研究，如社会责任竞争力、企业社会责任与竞争优势、企业社会责任与经济利益或企业价值的关系。关于企业社会责任的功利化问题研究，是企业社会责任研究的一个热点，如哈特（Hart，1995）、拉索、福茨（Russo，Fouts，1997）开拓性地运用"资源基础观"研究了企业社会责任与竞争力的关系；格里芬和麦洪（Griffin，Mahon，1997）曾经总结了1972年到1997年诸多关于CSP-CFP之间关系的实证研究，这方面文献最多。

笔者认为，之所以出现这些问题，关键还是因为主流企业理论与企业社会责任之间的理论关系尚未真正明确，这也给社会责任理论研究带来了不少的影响。事实上，完全可以将企业社会责任的研究纳入主流的企业理论当中，这是本书研究的主要出发点。

对企业社会责任的研究，早在19世纪末就已经引起人们的关注，如在《美国社会学杂志》第一卷中，美国早期著名社会学家阿尔比恩·斯摩尔就提出，"不仅政府机构，私人企业也担负着公众期望"。20世纪二三十年代，两位美国经济学家——哈佛大学法学院多德教授与哥伦比亚大学法学院贝利教授就此展开了论战。论战最终超出了公司治理结构本身，引起了关于公司社会责任理论的探讨，成为学界一般认为的公司社会责任相关理论的起源。到了50年代又发生了贝利——曼恩论战，不过有意思的是，在这次论战中贝利从企业社会责任的反对者转变为企业社会责任的拥护者和倡导者。他反思了自己和多德的争论，承认企业界所经历的不断变革以及企业治理机制的发展是对多德观点的有效证明。诺贝尔经济学奖获得者弗里德曼和管理大师德鲁克也分别在20世纪70年代和80年代卷入其中[①]。米尔顿·弗里德曼（Milton Friedman）关于企业社会责任的研究，主要见于1970年9月13日发表于《纽约时代》杂志上的《企业的社会责任就是增加利润》和《资本主义与自由》一书。他坚持认为企业是股东的私有财产，作为企业管理者，最主要的责任就是对股东负责，不必承担其他的社会责任。企业只要以"经济人"的观念努力为股东赚取利润就可以了。因为利润越大，企业运用社会资源的效率就越高，对社会的贡献也就越大。他甚至很尖锐地指出，如果有什么事情肯定会毁灭自由制度或动摇它的基础的话，这件事情就是企业接受除挣钱之外的社会责任。另一位英国的诺贝尔经济学奖获得者哈耶克（Friedrich Avon Hayek）也持

---

① Sheikh（1996）比较全面地综述了关于企业社会责任争论的过程，学者们关注的焦点在于企业究竟是不是"股东至上"。如弗里德曼（1962）同海耶克一样，认为企业履行社会责任对自由社会是一种损害，而德鲁克（1984）则支持企业社会责任的概念。

同样的观点，他认为，如果存在着对价值最大化目标的任何偏离行为，都会导致企业的生存危机，从而会让企业的管理者有可能难以控制其追求社会目标的行为。但是，彼得·德鲁克（Drucker F. Peter）在他的《管理实践》一书中指出，关于经营目标的唯一合理的定义就是创造顾客，因为经营状况是由顾客决定的，顾客是经营的基础，并使经营持续下去。

关于企业社会责任的探讨，实质上只是现代企业理论发展的一个侧面。自30年代以来，主流的企业理论开始对企业内部结构、权利配置和企业边界进行研究，导致了现代企业理论的发展。科斯关于企业性质的论述使人们对企业有了崭新的认识，之后企业契约理论不断得以拓展和完善，其中最具影响的是交易费用理论和代理理论，这些理论都遵循"企业是一组契约"（nexus of contracts）这一基本的规定性。主流理论主要的命题是"股东至上"以及"资本雇佣劳动"。交易费用理论（产权理论）和委托代理理论则从各个角度证明了这些论点。而企业社会责任的观点，与主流企业理论在本质上是冲突的，这也是这么多年来一直围绕着企业社会责任争论的主要原因。

企业社会责任概念的提出与发展，虽然在实践当中受到企业家与学者的欢迎，却并没有一个坚实的理论作为基础。最初的这些关于企业社会责任的论战，其实就是主流经济学家基于产权理论与契约理论所作出的正面回应，当时的企业社会责任理论与企业主流理论是完全割裂开来的。正因为这样，社会责任的研究一直循着三个不同的发展方向。一个方向是对于企业伦理研究的不断深化，重视企业社会责任的规范性研究；一个方向则借鉴了企业资源学说，将社会责任与企业经济绩效连接起来为企业社会责任寻找依托，如企业社会责任与经济绩效的关系、企业责任投资等；第三个方向则是从系统论的角度试图将二者结合在一起所做的研究尝试，相关的研究包括企业社会绩效、利益相关者管理等。在这些理论研究当中，企业社会绩效与利益相关者管理成为其中的研究热点。利益相关者研究虽然发端于公司治理理论的演变，却对企业社会责任的研究起到了一定的推动作用，促进了企业社会绩效的研究。随着利益相关者管理研究的深化，关于企业社会责任的研究框架依然没有很好地建立起来。但是在企业治理机制的不断演变当中，利益相关者作为一个概念越来越受到人们的关注。也正是由于利益相关者活动实践的不断深入，为企业社会责任研究提供了动力。

利益相关者作为明确的概念，是在 1963 年由斯坦福研究所提出的。斯坦福研究所最开始关注利益相关者群体，将其与企业的发展联系起来，认为如果缺少利益相关者群体的支撑，作为一个组织的企业根本就无法存活。斯坦福研究所用了一个新词来表示利益相关者，英文当中叫"stakeholder"，这个词的含义其实就是为了与股东的英文词汇"shareholder"相区别。对利益相关者概念的阐述以及延伸出来的研究方向，当中最有代表性的研究由唐纳森和普莱斯顿（1995）提出，他们认为公司作为一个实体，受到多个市场的影响，其组织制度不能仅仅由股东主导。他们认为债权人、管理者和员工等参与者，也同样为公司做出了贡献，并且给企业提供各种资源，所以说股东并不是公司唯一的所有者。

作为一个新兴的研究方向，利益相关者理论与主流企业理论在一些方面还是存在着一些差别，尤其是对于企业契约的签订主体和执行方式的理解，两种理论的解读完全不同。利益相关者理论把企业理解为所有相关利益之间的一系列多边契约，因为企业内外的关系是由一组"不完全契约"构成，认为这是理解企业本质的关键点（弗里曼、埃文，1990），其观点坚持各类契约的主体范围比较广，包括了多方参与者，如股东、债权人、管理者、雇员、供应商、中间商、客户等都应作为企业契约主体。正因为每一个契约参与者向企业提供自己的资源，所以说各方都享有权利，这样才能保证契约参与者的利益，保证契约的公正和公平。从以上思路可以看出，利益相关者理论的支持者们以契约理论为武器，攻击"股东利益至上"主义。弗里曼（1984）就认为，其实在主流企业理论的大本营中就可以发掘出利益相关者理论的思想基础。

关于利益相关者的研究，其实依然属于现代企业理论的范畴，利益相关者这个概念，是学者用来完善企业理论的一个工具，其本身并没有真正成为一个有着完善框架的研究体系。利益相关者的研究本身其实也存在很大的缺陷，在研究当中，更多的是被学者当作一个概念和工具，用于企业治理与企业战略研究当中。笔者检索了国外主流经济学界关于利益相关者研究的研究成果，相关文献并不是很多。实际上，利益相关者理论存在很多问题，黄少安（2008）对其进行了深刻全面的批判。其中最主要的问题是利益相关者理论使治理主体不断增多，而治理客体不断减少，最终导致不知谁治理谁的治理结构的扭曲甚至崩溃。如 Bishop（1994）所言，"让高级经理们对所有的利益相关者都负责任，相当于让他们对谁都不负责任"。虽然利益相关者理论并不是很成熟，企业社会责任研究却借助于利益相关者研究的推动，从规范性、实证性以及工具性三方面取得了一些研究的进展。利益相关者并不是直接参与到公司治理当中，而是通过显性与隐性的契约影响公司治理，公司治理结果的好坏决定了利益相关者管理的绩效，这可以用社会绩效来衡量。

从目前的研究现状看，社会责任研究框架比较分散，没有建立起完整的分析体系。企业社会责任的研究，需要的是有一个有机的分析框架，从规范到实证到工具应用都需要不断改善，而社会绩效模型的发展代表了其理论的未来趋势。企业社会绩效模型关注的是将企业社会责任的原则、社会响应和结果有效地结合起来，与利益相关者相同的地方在于，企业社会绩效模型也关心利益相关者管理对于社会绩效的影响。但是，企业社会绩效在研究中更重视企业社会责任在利益相关者中的体现和结果。也就是说，无论是企业社会责任的响应还是利益相关者管理，都离不开背后的支持，即公司治理理论与实践的推动。结合利益相关者管理，将公司治理引入企业社会责任的理论构建与实践，是一个比较大的理论挑战。按照笔者的观点，在现阶段的中国，期望通过加强企业伦理道德建设或者说通过论证企业社会责任竞争力的功利主义研究，来推动企业社会绩效，都不符合实际情况，因为企业社会责任的履行与企业生命周期和市场的发展阶段相匹配，在公司治理环境不完善的今天，奢谈企业伦理，以及宣扬社会责任给企业带来的好处，只能是本末倒置。我们首先需要解决的是如何给企业提供一个履行社会责任的好的治理环境，只有在这样一个统一的治理环境背景下，才可能深入到每一个企业具体分析其差异化的社会责任策略。

二　实践的推动与进展

几年前在国内出现了万科等企业的"捐赠门"，和三鹿奶粉等食品的安全问题，这些在国内拥有比较先进管理水平和治理结构的企业，尚且出现社会责任履行上的不足，让一些固有的关于社会责任的理论似乎很难进行解释。这种情况从一个角度说明了企业社会责任，即便是在治理结构比较完善的企业如万科和 AIG 等公司，其履行社会责任的推动力，不可能完全取决于企业层面的推动。进入 2010 年，富士康的"跳楼事件"和本田员工的"罢工事件"，说明我国企业所处的公司治理环境与社会责任环境，与发达的市场经济国家环境存在着极大的差距。企业治理环境的差异，给企业社会责任所施加的压力是不一样的。在西方发达的市场环境中，企业的外部与内部治理环境比较完善，企业社会责任的原则与社会期望比较统一，企业社会绩效表现出的差异相对比较小，但是在我国市场化程度、法制化程度以及政府功能表现都存在很大缺陷的背景下，企业受到治理环境的影响比较大，公司社会绩效的差异化程度在很大程度上取决于公司外部与内部治理环境的差异，这也是本书从公司治理的角度来分析企业社会绩效的最主要原因。

各国实践的推动（法律、体制、管理模式）和利益相关者运动，带动了企业社会责任理论的进展。最近几十年来以来，企业在创造财富的同时所带来的环境污染、产品质量、生产安全等负外部性问题越来越受到学者的关注，由此产生的企业社会责任问题也成为一个研究的焦点。不仅仅是学术界，政府、民间组织以及越来越多的企业也投入到对社会责任的实践当中，到目前为止，全球已有 400 多个生产守则，其中 SA8000 就是外部生产守则的一种。SA8000 主要内容包括童工、强迫劳动、安全卫生、结社自由和集体谈判权、歧视、惩罚性措施、工作时间、工资报酬及管理体系等要素，其核心内容是针对劳工的保护标准，并配套有完善的管理体系的运行模式。这一运行模式的关注点具体表现在员工权益、人权保障和管理系统方面，成为企业社会责任实践的一个很好的参照标准。

"二战"以后，国际贸易越来越兴旺，对外投资越来越庞大，跨国公司更是迅速扩张，有的公司拥有的价值比一些小的国家还要大。在这样的经济背景下，企业社会责任的概念得到重视，并随之产生了全球范围的企业社会责任运动。政府、组织和企业制定了很多企业社会责任标准，约束企业的生产和经营行为，要求企业做优秀的企业公民。20 世纪 80 年代开始，西方国家开始重视企业社会责任，这一概念和行为模式传递到其他所有国家。企业社会责任运动重视员工权利、消费者权益和环境，不但成为社会发展的一个重要动力，而且也受到了社会中所有层次的欢迎。

经历了 30 多年的改革发展，我国的企业获得了前所未有的活力和动力，对经济发展所做的贡献也越来越大。与此同时，企业所承受的期望也随之加大，除了自身经济实力不断加强的压力，人们非常希望它们能够承担起应当承担的责任，对社会福利的改善也能提供相应的帮助。企业社会责任这个概念已成为当代社会关注的焦点，然而企业当前的整体表现显然与人们的期盼形成了强烈反差，许多企业连最起码的社会准则和伦理规范都还没有遵守，或者最根本的法律责任与经济责任都还没有履行，与发达市场经济环境下的企业相比存在着巨大的差异。究其原因，笔者认为其所处的环境起到了决定性的作用。从理论上讲，当企业的治理环境越来越完善，企业社会责任在实质上演变成一种企业运营的常态战略，企业履行企业社会责任的动力机制变得相对简单，各个企业会根据自身的战略目标、企业资源与所有者自身的道德价值理念来推行企业社会绩效的改善；但是，在公司治理环境不完善的市场中，基于自利的原因，企业会因为外部与内部的监督体系的不完善而降低社会责任的履行度，从而影响到社会绩效。所以说，如何尽快推进企业外部与内部治理环境的改善，这是当前我国所面临的一项最重要的任务。企业社会责任履行是一个逐渐演变的过程，首先需要让企业有一个共同的完善的治理环境，这是企业社会绩效的基本保障；而具体到每一个具体企业根据自身差异所制定的社会责任战略，笔者认为这是更高一个层次的范畴，我国的企业远远没有达到这样的一个高度，这也是这些年关于企业社会责任竞争力研究结论模糊不清的一个重要原因。

总体而言，我国企业社会责任的缺失与不足推动了相关领域的研究进程，各类学术期刊发表的研究论文迅速增加，媒体的关注度不断提高，相关的研讨会接连不断。这说明企业社会责任问题在我国产生的影响越来越大，对此问题的关注范围不断扩大，关注层次不断提高。就问题本身而言，社会责任的概念及其衍生领域的理论研究在全球范围内已经比较深入，对企业承担社会责任的范畴、内在机理也研究得比较透彻，但是在涉及社会责任的具体实施与操作中所面临的实施战略、实施重点、资源分配等企业操作层面上的问题时，研究者会发现企业缺乏一个明确的动力机制，给企业进一步推动自身社会责任的履行带来一些障碍，也就是说企业究竟应该如何在有限资源的基础上使企业履行社会责任的效益达到最大化。企业自身社会责任的实施标准是什么，如何依托一个有效的标准来指导管理者履行这样一项非传统的任务，从目前来说，就上述问题所做的研究应该说还是不够深入和全面，存在进一步研究的必要。

第二节　企业社会责任范畴界定

一　企业社会责任概念

"企业社会责任"（CSR）概念最早于 1924 年由美国学者谢尔顿提出，他认为企业对其影响到其他主体、社会和环境的所有行为应该负有责任。此后随着企业社会责任运动的实践开展，企业社会责任理论得到了不断的充实和发展。本书前言中已经指出，学术界和企业界围绕什么是企业社会责任、企业承担社会责任的理论依据、企业社会责任的性质和范围、企业承担社会责任的好与坏等，出现了很多的不同意见；这些研究希望从理论上对企业社会责任进行诠释，取得了许多学术成果。博尔顿仅仅只是提出了一个概念，真正开创现代企业社会责任研究的是博文，他在 1953 年提出一个有趣的问题，即"作为商人，为社会承担的责任包括哪些内容"。基于这样一个现实的问题，他对商人社会责任给出了一个最初的定义。他认为，作为商人，应当按照社会的期望，来做出规划，采用恰当决策或实施合适的行动。他的观点比较正式地提出，无论是作为企业也好，还是经营者也好，都必须承担社会责任。博文提出此观点以后，企业社会责任的概念和相关领域成了一个研究的热点。

不过在博文以后，大家从关注商人转向关注企业，作为经济行为的实体组织，与企业社会责任的概念更为对应，学者们也开始对企业社会责任的内在概念进行界定。在 20 世纪 60 年代，对企业社会责任概念的定义，其中比较突出的是戴维斯（K. Davis），他指出企业的社会责任不能脱离于其实际的社会权力。戴维斯认为，企业拥有权力的背后，是企业无法回避社会责任，因为这样将导致其所拥有的权利逐渐不会被社会所认可，然后慢慢丧失，所以他认为企业要实现经济目标和社会利益，就需要接受或应对那些超出狭义的经济和立法之外的问题（戴维斯，1960）。除了戴维斯的观点，弗雷德里克（W. C. Frederick）也认为，企业的社会责任意味着企业必须随时监控整个社会经济体制的状况，并能够尽量满足社会所给予的期望，这样才能真正地带来进步。他进一步指出，企业经营的实质意义，其实就是其生产和分配的过程，作为企业来说，应当以提高总体的社会经济福利为使命（弗雷德里克，1960）。

二　CSR 概念的扩展

20 世纪 60 年代初期是对 CSR 的最初定义，自此以后，学者们开始将 CSR 的概念进行扩展。麦克尼（McGuire, J. W., 1963）的研究比较深入，他认为 CSR 的概念不能仅仅局限于经济和法律的范畴，企业除了有着经济和法律的责任以外，还应当同时承担超越这些基本义务的社会责任。当然他的文章中并没有很明显地对责任进行界定，他的观点主要是提出作为企业来说，不能忽视政治、社会福利、教育等问题。沃顿（Walton, C. C., 1967）则提出，作为研究的一个重要任务就是能够区分社会责任的本质，并能清醒地将企业和社会进行有效连接。之所以这样做，是因为企业行为会同时影响到个人和整个经济社会领域，作为企业以及企业中的管理人员，在追求利益最大化的过程中，要考虑到这种紧密的关系。

随着社会责任的理念逐渐成为共识，社会和个人对企业的关注重点也超越了经济利益，大家开始关注社会与环境之间的关系，企业的利益相关者也进行了扩展，从过去的股东、顾客、员工等利益相关者，扩大到同行、行业协会、政府、社区等方方面面。直至 1971 年，美国经济发展委员会的《工商企业的社会责任报告》（1971）从政府的角度对企业社会责任做出解释。此报告指出企业不仅仅只关注提供产品的数量和服务的质量，还要对每个人的生活质量改善起到更大作用。这份报告详细阐述了企业社会责任的范畴，用"三个中心圈"对企业社会责任的范畴进行定义。最中心的圈指企业的基本责任，就是为社会提供产品和工作机会，并帮助实现经济的增长；中间圈指的是企业在具体运营过程中，可能会影响到社会的发展，带来环境变化，那么就必须承担责任，促进环境保护的实施和发展，处理好雇员关系，并尽量满足顾客对商品和服务的预期等；外圈意味着更广阔的责任，比如说某些看不到的责任，如设法帮国家消灭贫穷，促进城市各方面的建设等。和这个观点保持一致的是斯坦纳（Steiner, G. A., 1971），他指出经济利益只是企业的一个目标，它还有义务帮助全社会实现愿望。在企业规模的增长和行业地位的变化中，企业所承担的社会责任将越来越多。他比较早地从功利化角度进行了分析，认为企业承担社会责任能够带来短期和长期的利益。世界银行对企业社会责任的定义则要具体得多，认为企业社会责任是一种集合，这种集合包含了很多维度，比如说企业与那些关键利益相关者的关系、企业的价值观、遵守法律法规方面，企业社会责任就是一种承诺，这种承诺是为了改善利益相关者的生活质量，并使之得到持续性的发展。

但是也有不同的观点，比如1972年曼尼等学者提出，对企业社会责任进行定义有必要，但是也要关注企业社会责任的另一面，那就是企业的社会责任行为是自愿而不是被强迫的（Manne，H. G. & Wallich，H. C.，1972）。按照他们的观点，企业承担社会责任，必须是纯粹出于自愿，其行为才算合乎正常的要求，那么所承担的内容就必须是企业的真实付出，像法律等强制要求承担的责任就不应包含在企业社会责任之内。

真正比较全面地对企业社会责任概念进行阐述的是卡罗尔。他关于企业社会责任最广为引用的一个概念于1979年提出。在他的阐述中，企业社会责任包含了在特定时期内社会对经济组织经济上的、法律上的、伦理上的和自行裁量的期望（Carroll，A. B.，1979）。他认为，首先，企业社会责任最基本也最重要的是经济责任，不过不是唯一的责任；其次，企业作为社会的一员，有着相应的生产和服务的权利，也必须在法律范围内进行，使企业承担必要的法律责任；再次，除了前面两个方面的责任以外，整个社会的伦理道德体系对于企业来说也会起作用，企业会试图遵循社会公认的伦理体系，即便其不属于法律范畴；最后，比伦理责任更进一步的是某些社会无法明确表达的愿望，这是社会赋予企业的一种潜在的心理预期。至于说企业如何界定这四类责任的地位和顺序，卡罗尔的结论是认为相互之间的关系呈现出一个金字塔形的结构，在这些责任中，最基础的是经济责任，也是最普通的，法律的、伦理和自行裁量责任按顺序往上排列。

从上述论述看出，直至20世纪70年代，对企业社会责任的关注集中于其定义，以及分析公司究竟要不要实施社会责任，还有要承担哪些社会责任。不过这一阶段的定义都不是很清晰，而且逻辑上也缺乏一致，所以学者们开始倾向于以CSR作为出发点，通过对各种定义进行延伸，加强对CSR的研究。80年代研究的中心是企业社会绩效（CSP），以及企业社会绩效和企业财务绩效关系的研究。到了90年代以后关于CSP、利益相关者、企业伦理（business ethics）、企业公民权责（corporate citizenship）的研究也慢慢开始成为热点。

三　企业社会绩效

对企业社会绩效（CSP）的定义主要是从狭义和广义两个角度来分

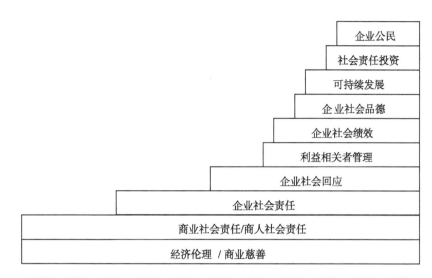

图 1 – 1　CSR（企业社会责任）相关概念的发展

资料来源：Mohan, A. （2003）. Strategies for the management of complex practices in complex organizations：A study of the transnational management of corporate responsibility. Unpublished doctoral dissertation, University of Warwick, United Kingdom。

析。前者关心的是公司在社会责任方面的实践如何，具体的结果怎么样，即对 CSR 的评估。后者则更为全面和系统，聚焦于企业和社会的系统研究，一般定义为 CSR 研究的一个新的分析模式。伍德的广义分析框架将分析的角度扩展到单个方面，即社会责任原则、社会响应过程以及可观测到的结果（伍德，1991）。

　　企业社会绩效之所以成为本书的研究重点，主要原因在于其研究的系统性，社会绩效的研究模型试图将企业社会责任的实证主义、工具主义、规范主义纳入研究范畴，从而给后面的社会责任研究建立了一个研究的范式。

　　社会绩效的研究基本上反映了企业社会责任的各个方面，为什么—是什么—怎么样都属于其范畴，如原则、响应、结果，基本上包含了现在的所有涉及社会责任的研究（利益相关者管理、企业社会绩效与财务绩效关系、社会责任投资、企业公民等）。正因为企业社会绩效的研究范畴比较广泛，涉及的研究对象比较复杂，尤其是与主流企业理论之间的错综复杂的关系，所以远远没有建立起一套非常完整的分析体系，像伍德在其文章中所指出的那样，在企业社会绩效研究中尚存在多个可以扩展研究的领域。

四　企业财务绩效

关于企业财务绩效（CFP）的概念，有许多不同的解释。许多学者在研究中，出于自身研究的需要，对 CFP 有不同的界定。即便是这样，大家一般将 CFP 界定为公司财务上的水平。企业财务绩效可以从几个角度来阐述，首先是企业财务指标的改善，即包括净资产收益率（ROE）、总资产收益率（ROA）或托宾 Q 等在内的企业财务指标的变化；其次是反映公司在资本市场表现的指标，如股价和证券收益率等市场指标。

本书之所以对公司的财务绩效进行研究，目的在于试图搞清楚公司的社会责任行为对于企业来说，带来的究竟是一种什么样的结果。在 CSP 的研究中，有一个最热门的研究方向，即企业社会绩效与企业财务绩效之间关系的研究，相当规模的研究都是对这一问题的实证分析。学者们将这一问题简化为"企业社会绩效—企业财务绩效"的关系。企业履行社会责任对于改善企业的财务绩效的效果，在不同的研究当中有着不同的结果，一个重要原因是影响企业财务绩效的因素实在太多了，很难准确将两者之间的逻辑关系阐述清楚；另外一个重要原因是实证方法的不当，许多研究中在数据的客观性、时效性上存在着许多问题，所以在实证研究中很难找到一个明确的关系。本书为了尽量提高研究的客观效果，将企业社会责任所带来的企业财务绩效变化定义为企业在实施了企业社会责任行为以后，对于证券市场中的股价变动或收益率的变动所能起到的直接和间接的影响。本书一方面用尽量客观、实效的市场数据来解释企业社会责任与企业财务绩效之间的关系；另一方面，为了做到度量其影响程度的准确性，将尽一切努力将其他与社会责任无关的对财务绩效影响的因素剔除，以表现出企业社会绩效与财务绩效之间的关系。

第三节　企业社会责任研究视角

从 20 世纪 70 年代到 21 世纪初期，对社会责任的研究从单一的概念分析扩散到了各个领域。但是企业社会责任概念的提出与发展，虽然在实践当中受到企业家与学者的欢迎，却并没有一个坚实的理论作为基础，这也是主流经济学家不重视的主要原因。最初的这些关于企业社会责任的论战，其实就是主流经济学家基于产权理论与契约理论所作出的正面回应，当时的企业社会责任理论与企业主流理论是完全割裂开来的。正因为这样，社会责任的研究呈现出三条不一样的发展路径（见图1－2）。①

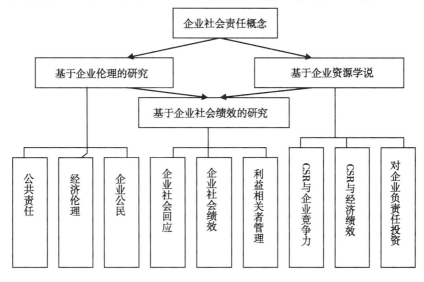

图1－2 企业社会责任研究的发展路径

一条路径是对于企业伦理研究的不断深化，重视企业社会责任的规范性研究；一条路径则借鉴了企业资源学说，将社会责任与企业经济绩效连接起来为企业社会责任寻找依托，如企业社会责任与经济绩效的关系、企业责任投资等；第三条路径是在上述两方面研究基础上所进行的基于企业社会责任实施过程（怎么做）的研究尝试，相关的研究包括企业社会绩效、利益相关者管理等。在这些理论研究当中，企业社会绩效与利益相关者管理成为其中的研究热点，对企业社会责任的研究起到了一定的推动作用，促进了企业社会绩效的研究。

---

① 关于企业社会责任研究框架的发展，大部分学者借鉴利益相关者理论来进行归纳，以说明企业社会责任的研究范畴，如普莱斯顿与唐纳森（1995）对利益相关者理论进行分类，包括描述性/实证性利益相关者理论、工具性利益相关者理论和规范性利益相关者理论等三类；琼斯（Jones，1995）则更为明确，将利益相关者理论所关心的主题定义为：是什么（what happens），如果发生会如何（what happens if），应当怎样（what should happen）。本书对企业社会责任框架的划分则试图从社会责任范畴在历史上的纵向演变过程来说明社会责任框架的整体化发展倾向。

一 基于企业伦理学说的企业社会责任研究进展

企业伦理，也可以称作企业道德，是企业经营本身的伦理。按照企业伦理观点，一个讲究道德的公司必须关注人性，应该积极实施对社会有益的行动，而不是和社会发生冲突，带来摩擦。比较早地关注和研究企业伦理与企业社会责任关系的，包括普雷斯顿和波斯特等学者的工作（1975）。他们著有《私人管理和公共政策：公共责任的原则》一书，提出大多数企业的社会责任概念比较模糊，因为大家只关注企业本身的行为带来的后果，导致其定义并不清晰，从而使企业伦理的研究没有深入下去。在现实的研究中，由于学者们对于企业公共责任的阐述一直比较含糊，导致后来的研究者更愿意从社会责任或社会政策的角度来进行分析和拓展。

到了 20 世纪 70 年代中期以后，经济伦理成为很多学者的研究重点，尤其是当时的一些宗教学者和思想家，对这一问题进行了初步的理论分析。基于这样的研究基础，一些研究者试着从伦理的角度来分析企业社会责任。不同于以前的研究，研究者不是单纯地从企业理论和公司管理的角度来分析企业社会责任，而是尝试着将伦理理论和某些哲学思想纳入企业社会责任的研究中，其目的是为企业社会责任寻找一个理论上的依托和基础。只有获得理论上的伦理支持，才可以杜绝 CSR 分析中的空白。以这样的研究思路发展下去，一直到 80 年代，在经济生活中引入伦理概念已经成为很多相关学科的一个共识。学者们从不同的角度，使用不同的研究方法，推动了经济伦理理论的发展，并且将相关的一些研究整合起来，使企业社会责任也被纳入经济伦理的体系当中。当然，只有到了 90 年代以后，对企业经济伦理的研究才更为深入和有针对性，并且更好地与企业具体的发展战略和社会政策真正融合起来。企业在自身的管理实践中开始关注经济伦理的影响，并将经济伦理以规范的标准和准则写入公司章程，并在员工培训等具体运营工作中实施符合公司价值观的管理手段。到了现在，企业伦理在全球已经成为一个被广为接受的概念，对它的研究已经非常深入，形成了一门比较全面的学科，在企业的管理实践中得到大量的应用。

除了企业社会责任这个词，还有很多关于这一方面的称呼，都是企业伦理研究和实践的表现，比如"企业公民"概念。企业公民的概念产生于 80 年代，但是这一概念真正开始普及是从 90 年代的后期才开始。虽然企业社会责任的普及使这一概念得到很大的应用，但是其内涵却一直存在争议。以曼坦为代表的一些学者定义了三种比较典型的内涵（Matten，D.，Crane，A. & Chapple，W.，2003），第一种仅仅是相对有限的概念，认为其含义类似于公司的慈善活动等行为；第二种则与以卡罗尔为代表的 CSR 定义相似，认为公司要积极创造价值，并遵守法律，符合道德标准；第三种则是上述概念的延伸，认为责任的范围要延伸到全世界。"企业公民"发展到现在，得到全世界的认可，它尤其强调公司作为经济社会中的一个实体，就应当拥有相应的权利，并承担应尽的义务。进入 21 世纪以后，企业公民的研究更是开始成为普遍的共识。2002 年 1 月的时候，在美国的一场全球经济论坛上，当时有 30 多家全球最大的企业共同签署了一项联合声明——"企业公民——对首席执行官和董事会的挑战"，在这项声明中，这些大企业认可了企业存在着对社区的义务，也有着一个共识，即在当前经济和政治的全球化发展过程中，企业应该承担起某种责任，并且是全球性的责任。

二　基于企业资源学说的企业社会责任研究

在 20 世纪 80 年代期间，基于资源的观点（RBV）作为研究企业竞争优势的一种新的理论方法逐渐发展起来。① 基于资源的观点认为，企业是资源的集合体，由于企业所控制的资源具有异质性和非完全流动性的特征，不同企业之间可能会存在很大差异性，并且这种差异可能长期存在。RBV 理论就这样把对企业竞争优势和绩效的分析与企业资源密切联系起来，建立起了一整套资源基础分析方法，并将其拓展至企业社会责任理论。

格里芬和麦洪（1997）认为，在企业资源学说出现之前，学者们更关注的是企业社会责任与经济绩效的关系。如布兰登和马林（Bragdon，Marlin，1972）在一篇论文中提出"污染有利可图吗"？他们指出企业承担社会责任将对企业的经济绩效产生不利的影响。随后，鲍曼和海尔

---

① RBV 强调影响企业竞争优势的主要因素是企业所有的特殊资源而非其所处的产业结构（Barney，1986；Dierickx & Cool，1989；Rumelt，1984），RBV 将竞争优势研究关注的焦点从产业层面转向单体企业层面，将企业的战略、资源、优势和劣势作为主要分析对象。

（Bowman，Haire，1975）、海因策（Heinze，1976）、斯特迪万特和金特尔（Sturdivant，Ginter，1977）以股东权益回报率、利润率、每股收益三个财务指标衡量企业绩效，研究结果同样证明企业社会责任与企业绩效正相关。与此同时，一些实证研究主要集中测试了股市的收益和企业社会责任的关系，但是其研究结果却不一致。

哈特（1995）、拉索和福茨（1997）开拓性运用"资源基础观"研究了企业社会责任与竞争力的关系，在对243家企业进行企业环境绩效与财务绩效的实证研究基础上，指出企业在解决社会、环境、员工等方面问题的同时，通过内化企业社会责任，可取得负责任的、可持续的竞争力，即"责任竞争力"（responsible competitiveness），从而提升企业的长期绩效。之后，许多学者从不同角度进行了进一步的研究，西格曼（Sigma，2003）在此基础上提出了企业竞争从市场竞争转向全面责任竞争的三阶段模型，杰里米和彼得（Jermy，Peter，2004）、普拉蒂玛（Pratima，2005）构建了一个三层次的企业责任竞争力综合模型，虽然这些模型还处于不断探索、更新和演化中，但这些企业责任竞争力模型的构建为增进人们对企业社会责任投资转化为企业竞争力的系统认识提供了良好的理论框架。

最近学者们比较关注的一个问题是如何将社会责任行为与某些特定的竞争优势相关联，其重点是对具体社会责任影响路径进行研究（Porter & van der Linde，1995；Romm，1994；Shrivastava，1995）。例如，研究人员研究了企业社会绩效和公司财务上的成功之间的关系（Cochran & Wood，1984；Johnson & Greening，1994；McGuire、Sundgren & Schneeweis，1988；Waddock & Graves，1994），CSP和消费者购买决策之间的关系（Romm，1994；Solomon & Hanson，1985；Vandermerwe & Oliff，1990）。

近年来，许多学者尝试对企业责任竞争力形成过程的不同维度和阶段进行关键因素的识别（Constance & Margaret，2003）。比如说Russo和Fours指出好的企业环境水平给公司带来两类资源，首先是对顾客购买产生影响的声誉，其次是提高企业影响公共政策制定的能力。从现有文献看，学者们较多地关注了最终竞争优势的获得环节，对核心资源和企业社会责任的内化过程的研究尚显不足。同时，马克和约翰（Marc，John，2001）对责任竞争力的关键影响因素的研究主要从有形资源和部分无形资源的层面展开，在缺乏统一分析框架的情况下，各项研究之间的相关性和继承性不高，而对组织能力、企业文化和社会公正层面因素的研究相对单薄。波特也于 2003 年 2 月在《哈佛商业评论》上发表了《企业慈善事业的竞争优势》，他认为，企业从事慈善事业，最终目标应当专注于企业竞争力的改善。也就是说，企业在为社会履行更多的社会责任时，要同时提升公司的竞争力。

国内基于企业资源学说的角度进行研究的学者比较多，这也是企业社会责任最热门的一个研究问题。比较有代表性的研究主要是从不同角度进行了系统的理论和作用机理研究，分析企业社会责任转化为核心竞争力及企业可持续发展。这些学者主要是金碚（1999）、陈晓和江东（2000）、杨瑞龙和周业安（2000）、吕政（2002）、金乐琴（2005）、陈宏辉和贾生华（2005）、李培林（2006）、田虹（2006）、黎友焕和龚成威（2008）等，本书在第六章还会对这些学者的一些基本观点进行阐述和比较。还有部分学者研究更为深入和细化，在国内外相关研究成果的基础上提出了自己的一些独创性见解，很多学者集中研究企业社会责任竞争力，试图构建一个完整的企业竞争力模型，更好地将企业社会责任与企业竞争力联系起来，这方面比较典型的研究有韵江和高良谋（2005）、陈迅和韩亚琴（2005）、殷格非等（2006）等学者的论文。

更多的研究角度相对比较小，通过实证研究来证明自己的结论。因为企业竞争力与企业资源的分析比较复杂，影响因素实在太多，所以很多学者将问题集中于某一细小的环节，比如企业社会责任与消费者选择之间的关系，对企业某一利益相关者的影响等，这方面的研究以实证研究为主，多方面论证了企业社会责任对企业所带来的影响。比如劳动科学研究所课题组（2004）进行了问卷调查，分析了影响我国企业责任竞争力的原因。鞠芳辉等（2005）基于消费者选择的角度研究了企业社会责任的影响原因及其路径。从这方面的研究结论来看，大家的研究基本上得到了比较相同的论点，即企业社会责任与企业竞争优势之间肯定存在着一定的关系。

三　基于企业社会绩效的研究进展

企业社会绩效的研究起源于 20 世纪 70 年代。随着企业社会责任研究的发展，一些学者认为企业社会回应可以更好地分析企业的社会责任行为。之所以出现这样的观点，是因为学者们认为企业如何对社会责任进行回应似乎更为重要。企业处于经济社会的一个整体环境当中，要尽量实现社会对它们的愿望，更要在一个不断发展的社会中学会如何进行回应。弗雷德里克认为可以将之定义为公司响应外部社会压力的水平，一般用CSR2 来表示。阿克曼和鲍尔对以前关于企业社会责任的概念进行了批评，认为不能太过重视企业实施社会责任的目的，因为这样会让大家忽略企业的承担过程。他们认为，企业应当从不同角度来应对社会的要求，进行回应（Ackerman，R. W. & Bauer，R. A.，1976）。基于其实用性，企业社会回应的管理成为当时学术研究的一个比较重要的内容，也是不同企业实施社会责任管理的一个重要参照。

到了 70 年代以后，企业社会绩效（CSP）成为一个新的研究热点。CSP 是从 CSR 这个概念延伸出来的，它比 CSR 更为全面和综合。塞西最早对这一概念进行了分析，并认为社会绩效的维度主要是三个方面：社会义务、社会责任和社会回应（Sethi，S. P.，1975）。其中的社会义务实际上是经济和法律上的标准，即企业响应外部约束或法律制约的行动；社会责任不仅仅局限于社会义务，而是使企业的行为能够与社会价值与期望同步；社会回应主要涉及企业在一个长期动态发展的社会中的角色，包括企业如何适应社会的各种需求。真正对企业社会绩效进行了比较深入和全面分析的是卡罗尔，他在 70 年代提出三个维度的 CSP 模型，将企业社会责任、社会议题和社会回应纳入分析框架。他最大的贡献是定义了企业的经济、法律、伦理和自行裁量的 4 种不同责任。在 CSP 的研究上把企业社会责任、社会有效回应和社会议题三个维度结合进行分析，构建了一个整体的 CSP 理论框架。到了 80 年代以后，沃提克和伍德等分别对卡罗尔的模型进行了修正，他们的研究角度主要是基于社会绩效的动态管理和社会绩效管理的评估。他们研究的一个特点是将企业社会责任概念纳入管理范畴，将其动机、过程及结果都与企业管理联系起来，所以成为一个重要的研究方向。到了 90 年代以后，这个方面的研究更是成为热点，尤其是对CSP 与 CFP 之间关系的实证研究。

与企业社会绩效研究同步发展的是利益相关者理论，因为很多学者对企业社会绩效的实证研究都是基于利益相关者角度。利益相关者理论研究主要是从 70 年代开始，1984 年弗里曼的《战略管理：利益相关者方法》出版以后，更是将企业的经营活动应该对谁承担社会责任与利益相关者理论相结合。利益相关者理论比较好地对企业社会责任管理的对象和相应的责任进行了界定，在具体的管理实践中有比较好的操作性，所以说在这一方面也得到了广泛应用。

实际上，利益相关者理论存在很多问题，黄少安（2008）对其进行了深刻全面的批判。其中最主要的问题是利益相关者理论使治理主体不断增多，而治理客体不断减少，最终导致不知谁治理谁的治理结构的扭曲甚至崩溃。利益相关者通过从外部对公司施加约束和监督，来保障自身的利益不受侵害，这是公司治理的根本目的。所以说利益相关者通过显性与隐性的契约影响公司治理，公司治理结果的好坏决定了利益相关者管理的绩效，这可以用社会绩效来衡量。

第四节　企业社会责任研究悖论

一　概念与内涵的分离——企业社会责任的主体问题

企业社会绩效的责任主体问题，缘于企业治理中关于利益相关者管理的研究进展，一些学者在研究企业社会责任时混淆了其治理主体，将非股东利益相关者也纳入治理主体中，导致企业社会责任主体的不明确，而转移了研究的视角。

从外延上来说，人们通常从分类学的角度来界定企业社会责任。影响最大的两种定义框架分别是卡罗尔（1979）的四责任概念框架和利益相关者框架。前者根据责任属性对企业社会责任进行划分，后者根据责任对象对企业社会责任进行划分。卡罗尔（1979）的四责任概念框架认为企业的社会责任包括经济责任、法律责任、伦理责任和自愿责任（后来改为"慈善责任"）。卡罗尔的观点代表了一种广义外延的企业社会责任概念。从外延上来界定企业社会责任的另一种典型框架是利益相关者框架，根据该框架，狭义的企业社会责任是指对股东以外的利益相关者承担的责任；广义的企业社会责任是指对所有界定清晰的利益相关者（包括股东）所承担的责任。

上述对企业社会责任的概述，本质上都一样，都是从一种静态的角度来分析企业社会责任的内涵和外延。两种分析框架其实都存在一个缺陷，就是没有仔细区分企业社会责任的承担者究竟是谁。因为从社会责任的内在含义来看，要实施社会责任，首先要看承担这一行为的主体是谁，否则容易混淆。卡罗尔的观点和利益相关者理论，在这个问题上没有很明确地进行区分，而是笼统地认为企业应该承担社会责任，却忽视了在不同的企业治理结构和契约关系中，其内在的责任主体是不尽相同的。比如在纯粹的所有者管理型的公司，股东本身是企业剩余所有权和经营决策的实际承担者，所以相对应的社会责任就不应该包括股东的经济利益，否则股东自己的决策行为带来的经济利益属于社会责任，岂不是自相矛盾？所以，对企业社会责任的研究，首先就应该明确在不同的企业治理结构和不同的企业契约关系中，企业所面对的社会责任范畴会发生改变，社会责任的内涵在企业的不同发展阶段是动态变化的，并不能简单地进行分类，否则会混淆企业社会责任的主体和客体，造成责任不清、对象不明。也就是说，企业社会责任的获利对象，是不是包括所有利益相关者，还是不包含股东在内。

二　社会责任的人格化与非人格化之争

诺尔恰和泰格（Norcia，Tigner，2000）从一般意义上讨论企业社会责任的动机。他们认为，在企业决策中同时存在多种动机，包括财务的、实践的、管理、技术的、经济的、竞争的、公司的、组织的、社会的、个人的和伦理的动机等等。关于社会责任的主体有许多研究，主要是从两个角度来进行分析。一个角度的理论基础是社会观，从企业公民的角度来分析企业社会责任的主体；另一个角度的理论基础则主要是企业契约论，认为企业的社会责任是各利益相关者博弈产生的行为。社会观将企业看作一个独立的主体，并且由于企业在社会中的重要作用，企业在拥有权利的同时，对其行为的后果承担责任，企业是作为社会的一员而不是出于私利去关心社会福利。因此，企业可以成为公民，即企业公民。马斯登（Marsden，2000）和维达瓦·科恩（Vidaver Cohen，2000）也持同样的观点。马斯登认为，企业是有权利和义务的法人，事实上就像是它们所在国家的"公民"。Vidaver Cohen 等借用罗伯特·所罗门的话说企业伦理的首要原则就是：企业本身就是公民，是一个大型社区的成员。陈宏辉、贾生华（2003）认为，企业是一种人格化的组织，它能够而且必须对其经营活动所处的社会系统的要求做出回应，承担相应的社会责任是其应有之义。

但是詹森和麦克林（1976）却认为，区分企业（或其他任何组织）内部活动和企业外部活动的意义不大或者根本没有意义。事实上，在法律虚拟物（企业）与劳动力、原材料和资本投入品的所有者及产出品的消费者间只存在着大量的复杂关系（即契约）。公司契约观点也说明在诸如

"企业的目标函数应该是什么",或者"企业有社会责任吗"等问题中所隐含的企业的人格化是一种严重的误导。我们不会把市场看作是人,但是,在谈到组织时,我们常常会犯这种错误,把组织看作是有动机和意图的人。

之所以在社会责任的研究上出现这么多的关于社会责任内涵与外延的争辩,关键的原因在于其理论基础上的不同,社会论和企业公民的观点希望将企业人格化,而沿袭企业契约论的观点则完全是将企业看作是一个个契约的组合,而这个问题也直接关系到现代企业契约理论在解释企业存在的根本原因上的合理性。人格化的观点忽略了企业受到各种治理因素的影响与干扰,缺乏实际意义,而契约论则没有考虑企业契约以外的因素如外部治理环境与竞争环境的影响。

三 企业社会责任的功利化研究问题

企业社会责任的功利化,起源于对企业社会责任的动力分析,以及公司治理理论的发展。研究人员在分析企业社会责任动力的时候,把企业的经济利益与社会绩效的影响因素混淆,将本应是治理改善带来的经济绩效归因于利益相关者"共同治理"(其外在表现形式即企业社会责任的实施),从而功利化了企业社会责任行为,并衍生出相关的大量研究,如社会责任竞争力、企业社会责任与竞争优势、企业社会责任与经济利益或企业价值的关系。

关于企业社会责任的功利化问题研究,是企业社会责任研究的一个热点,如哈特(1995)、拉索和福茨(1997)开拓性运用"资源基础观"研究了企业社会责任与竞争力的关系;格里芬和马茨(1997)曾经总结了从1972年到1997年之间诸多关于CSP CFP之间关系的实证研究,这方面文献最多。

四 实证研究的困难——研究方法与结果的差异

对于CSP的评估问题,过去所使用的一些手段包括问卷调查手段(Aupperle,1991;Aupperle,1985)、财富声誉和社会责任指数或马克维兹等级表(Bowman & Haire,1975;McGuire,1988;O'Bannon & Preston,1993)、公司文件档案内容分析法(Wolfe,1991)、行为和感知分析(Wokutch & McKinney,1991)、类似于社会审计的案例研究的方法

（Clarkson，1991）、评估污染控制的投资是另一个经常使用的措施（e. g. Bowman & Haire，1975；Chen & Metcalf，1980；Spicer，1978；Shane & Spicer，1983）。

所有这些测量，虽然各有各的优点，但也存在着一定的局限性。问卷调查方法可能会在问卷的回收率和不同公司的评分一致性上存在问题。财富排行榜指数评价往往被看作是一个衡量公司总体管理的标准，而不是具体针对CSP的指标，此外，它与其他衡量指标高度相关。针对公司现有的文件资料进行的分析，是对公司行为的深入了解，但在很大程度上取决于文件的全面性和目的性，因为文件在创建的时候可能存在有偏见的取舍。案例研究方法虽然已取得重大进展，但根据其性质，只可应用于只有有限抽样的公司（Clarkson，1991），不同的研究小组对于研究的一致性也存在问题。社会披露和污染控制的投资评估只包括一个维度，可能无法正确反映一个公司的总体水平，或难以适用来自全球各个行业和企业的复杂情况。

对于企业社会责任的实证研究，主要的争论在于企业社会绩效与企业经济绩效之间究竟有没有相关性，是负相关还是正相关。前面的内容已经提到关于这方面的内容，学者们的研究在理论基础上出现了非常大的差异，结果导致研究方向的不同，以及关于企业社会责任与企业经济绩效之间关系的不同判断。此外，学者们在实证研究过程中也采用了不同的研究方法，这也直接带来研究结果的迥异。究其原因，首先是企业社会责任本身的定量非常困难，许多研究通过问卷调查来完成，自然会带来很大的不确定性；其次，企业经济绩效的影响因素实在是比较多，很难通过研究获得比较明确的结果。

表1－1　　　　　　　　　企业社会绩效主要的测量方法比较

测量方法	测量特点	产生方法
内容分析法	主观测量，容易被认为操纵	公司自身
污染指标法	客观测量，但不同类型企业很难比较	公司外部主体
问卷调查法	结果容易受到实施方式的操纵	问卷使用者
声誉指标法	知觉测量，会产生晕轮效应	公司外部主体
专业评估机构数据库	多维测量，也会产生晕轮效应	公司外部主体

资料来源：Igalens and Gond（2005），p. 135。

研究方法不一致，使各自的研究结果呈现截然不同的结果。绝大多数的研究采用的是统计回归模型来完成，但是研究者在选择企业社会责任发生作用的时间周期时，会采用不同的选择标准；另外，在调查问卷的设计、样本选择、指标的确定上，每个研究者可能会有自己的考虑，加上这方面缺乏比较权威的研究模式，所以导致结果完全不同。

此外，一些研究人员（如 Godfrey，Merrill，Hansen，2009）认为用回归等计量的方式来进行实证分析，无法真实反映出企业社会责任与企业经济绩效之间的关系，因为两者之间根本不存在一种直接的关系，所以现在的一些研究人员用一种更有效的方法来研究企业社会责任与经济绩效之间的关系，即事件研究法。

第五节　本章小结

从上述内容可以看出，企业社会责任应该从两个角度来分析，从社会观和企业公民的角度来分析是基于一种原则和期望，立足于整个社会的角度，能够更好地从外部环境和企业自身的发展来判断不同情境下的企业社会责任标准与原则，并分析这些标准和原则的形成过程，给企业提供一个外部和内部的压力；从契约论的角度来分析，则更多的是一种社会责任的响应过程，基于企业立场，属于操作层面，从企业的治理角度和实际资源的约束来分析企业如何在社会普遍的共识背景下，分别对各利益相关者甚至利益不相关者进行各具企业自身特色的管理。将两种观念有效结合起来进行分析，可以称为企业社会绩效分析。

在卡罗尔（Carroll）、沃里克（Wartick）和科克伦（Cochran）、伍德（Wood）[1] 等学者的不断推动下，CSP 的研究框架越来越成熟。现在很多学者的研究开始更多地从企业的具体行为特征来进行分析，因为这样才能具备更强的操作性。不过即便是这样，很多的研究和分析思路仍然存在局限性，学者们倾向于在宏观层面入手，从企业外部的角度来研究企业社会责任问题。从已有的研究看，学者们对"企业社会责任原则"的研究主

---

　　① 伍德企业社会绩效模型不仅仅是"由社会责任原则、社会响应过程以及观测到的结果三者构成的体系"，而且把规范性研究、实证性研究和对策性研究有效地整合在一起，被广泛接受。本书的框架基于她的研究，但是她的模型在如何将规范研究和实证性研究之间的相互关系及影响因素论证尚不是很清楚，因为两者受到的影响因素不一样，如何将社会政策和结果与这两者有效结合起来，成为一个必须解决的问题。

要包括制度、组织和个人三个层面，一般是从整个社会的角度进行分析；此外，"可观测到的结果"虽然是对企业社会责任具体行为结果的观测，但更多的是由那些企业以外的利益相关者来进行评判，而不是企业自身予以评估；对"社会责任过程"的研究倒是从企业本身的角度进行分析，但在这方面往往没有很好地深入研究。从上面的分析其实可以看出，对于同一行业或同一类企业来说，应该具有共同的社会责任标准和原则，因为它们都具备类似的制度环境、组织环境，从而驱使企业共同遵循一些价值理念和伦理准则。但是，由于每个独立企业的各利益相关者的博弈条件不一样，企业的治理结构和企业资源千差万别，导致企业社会响应过程中呈现出完全不一样的特点。所以说分析企业社会责任和企业社会绩效，要注重情境分析，尤其是对于企业的可比性要有非常明确的界定，最好是对类似的企业进行分析，否则结果不会很满意。企业究竟要对谁承担责任，承担哪些社会责任，如何将这些社会责任与企业日常经营活动结合起来，这些问题仍然没有得到解决，本书重点是从这个问题出发，希望建立一个更为清晰的分析框架。

企业社会绩效的研究虽然越来越受到学者的关注，但还是存在着许多的问题。将 CSP 模型中的各个部分有效地融合到一起比较困难，后来的研究并没有在其框架上继续地深入下去，而是分成了各个研究模块。此外，从总体来看，CSR 本身缺乏统一而清晰的定义，学者们研究的内容又比较宽泛，缺乏操作性等。也正是由于 CSR 概念固有的缺陷，因此从 70 年代中期开始，一方面大量研究者转向从多种视野来研究 CSR，涌现出一些衍生的概念和主题。另一方面，企业社会责任领域的研究重点从"什么是 CSR 以及是否需要 CSR"开始转向"如何实施 CSR"，以增强对企业社会责任概念的理解，并赋予其更多的实践意义。

此外，由于企业所处的环境不同，我国企业的社会绩效不可能与国外发达市场中的企业处于同一个研究平台，因为决定企业社会责任实施的原动力不一样。国外企业的社会绩效研究，无论是理论概述还是实证分析都更为简单，因为企业的治理环境相对完善，企业所处的外部环境一致，受到的干扰更少，再加上国外企业社会绩效的评价体系更完善，所以研究起来更为方便。所以，我们可以看到国外许多研究企业社会绩效的论文忽视企业治理环境因素，而是重点从企业所表现出来的差异性如企业战略、企业管理者或所有者的道德观等微观指标来研究不同企业的社会绩效差异。

至于我国企业的社会责任，受到的影响因素太多，尤其是在一个地区治理环境千差万别的市场中，企业的经济绩效与社会绩效之间的冲突可能会更为严重，所以在我国研究企业的社会绩效，无法脱离其所处的具体的公司治理环境，也很难比得上国外研究的那样深入细致。

总体来看，我国企业社会责任方面的研究质量还不够高，在理论基础、研究方法和研究深度上都与国际先进水平存在较大的差距。在研究方法上，大多以静态的描述性和规范性方法为主，通过二手数据、实地访谈、参与性案例研究与统计分析相结合的实证研究非常缺乏，与国外的相关研究还存在较大的差距，影响了该领域的国际学术交流和进步。CSP的研究需要基于不断发展变化的社会环境和期望，不断构建一个更系统的、更具可操作性的CSP理论框架。这个框架将包含实施CSR的基本动机和原则、过程和战略、绩效评价工具和指标等。综合以上分析，国内外的理论研究大多是站在政府和社会层面从企业外部审视企业社会责任问题，视角比较单一，对企业、政府和社会之间的互动考虑不足。这种互动的不足很大程度上是由于企业层面的研究还不够充分。

第二章

中国企业社会责任实践的微观评价

第一节 中国企业社会责任的度量方式

一 国外企业社会责任的度量

国外已有较多关于企业社会责任的研究文献，从广义上大致可以分为三大类。第一类是 CSR 研究的起点，即关于企业社会责任的内涵、外延和动因的研究，这些文献较少使用事实数据，更多地利用哲学和管理学的思考方式，清晰地勾勒出 CSR 区别于企业其他行为的定义和理论分析框架（Sheldon，1924；Bowen，1953；Davis，1960，1973；Friedman，1962，1970；Paul Samuelson，1971；卡罗尔，1977，1979）。直至 20 世纪 80 年代，管理学家才开始使用实证方法来分析企业 CSR 行为的外生的情感和经济动因、传导机制及其社会影响，并提出社会回应理论和企业绩效理论等更接近于企业实践的分析框架（卡罗尔，1999；Mitnick，1984，1987）。第二类是基于利益相关者视角的企业社会责任研究，其特点是从供应商、客户、股东和债权人等各利益相关方的利益出发考虑企业 CSR 对公司价值（主要是财务绩效）所产生的影响。这类的文献大量采用实证方法，通过不断修正和完善 CSR 的测算方法和计量方法，从而更科学地分析了 CSR 的传导机制（Preston & O'Brannon，1997；Ingram & Franzier，1983；Brammer & Millington，2008；Choi & Wang，2009）。第三类是基于公共物品提供视角的理论经济学分析，其特点是综合使用福利经济学、公共经济学和政治经济学等分析框架内生化企业 CSR 行为的经济动因，即研究什么样的企业启动 CSR 战略能够同时满足利益最大化目标和社会福利最大化目标，即战略性 CSR 行为。近 10 年来，关于企业社会责任研究的相关文献主要集中在第二类和第三类，其中第二类包含经济学、管理学和统计学等交叉科学，第三类主要利用经济学分析的工具。

第一类关于企业社会责任的内涵、外延和动因的研究，可以延伸到对企业社会责任战略和企业社会竞争力的讨论。即企业应该如何通过有效转变和升级企业的管理模式，在长时期内实现社会福利最大化和企业竞争力优化的双重目标。相关研究主要包括以下三种论调：竞争市场的社会投资论（ME. Porter & MR. Kramer，2006），企业资源和组织进化论（Shrivastava & Hart，1995；Petrick & Quinn，2001），金字塔底端战略（Prahalad Hammond，2002；Hart & Christensen，2002）。波特和克雷默（Porter，Kramer，2006）研究表明，能够优化企业竞争力的 CSR 活动可以改善社会福利和强化企业战略，而且企业应根据所处的社会环境来确定 CSR 活动的目标议题：公共社会议题、社会价值链议题和社会竞争力议题。什里瓦斯塔瓦和哈特（Shrivastava & Hart，1995）提出"企业资源论"模型，发现企业所处的社会环境和企业所拥有的资源之间是互补的，在长期内两者能够动态转换，也即企业当下的 CSR 活动创造的社会福利，在未来能够转换成创造公司价值的资源。普拉哈拉德（Prahalad，2002）发现，全球有 40 亿人口集中于经济金字塔底端，企业可以通过 CSR 活动转变这部分人口的消费模式，将他们视为企业未来发展的机遇而非单纯的社会问题。

第二类是基于利益相关者视角的企业社会责任对公司的价值（特别是财务绩效）影响的研究，主要回答以下三个问题：各利益相关者如何回应企业的 CSR 活动？影响因素有哪些？利益相关者回应会怎样影响公司价值？综合所有利益相关者的回应，企业 CSR 行为能否影响公司价值？利益相关者理论强调企业与其他所有与企业经营活动相关的个人和组织的微观关系（Freeman，1984），各利益相关者的重要性由他们的相对影响力决定（Mitchell，Agle & Wood，1997）。利益相关者行为对公司价值的影响可分为直接渠道和间接渠道两种。直接渠道是指以 CSR 作为旗下品牌和产品的特性，通过增加企业行为的社会公信力和社会影响力，通过改善同重要利益相关者间的关系，来降低企业的交易成本，最终达到提升公司价值的目标。例如，企业可将 CSR 活动视为"品牌广告"，为消费者提供不同的消费体验（Bhattacharya & Sen，2004），和降低企业的运营成本（King & Lenox，2000）。间接渠道是指 CSR 表现为"保护资本"，即企业现时的 CSR 行为可在未来危机环境中用作"保护伞"。门兹（Menz，2010）选用 498 只欧洲企业债券的价值和 SAM 对企业社会责任进行评估，发现社会责任感强的企业的风险溢价要低于对社会不负责的企业。高斯和罗伯特（Goss & Roberts，2011）使用银行对企业的贷款利率和 KLD 的企业社会责任评级数据进行回归分析，类似地，银行并不关心优质贷款企业的社会责任表现，而对低质量贷款人的社会活动非常重视，对那些不合理利用公司资本的企业将收取更高的利息。奥伊科诺穆、布鲁克斯和帕维林（Oikonomou，Brooks & Pavelin，2012）利用 KLD 数据（1992—2009）对 500 家 S & P 企业实证分析后发现，部分企业社会优势（如良好的社区关系，企业多元化，良好的劳工关系，有保证的产品质量和安全性等）和企业系统风险具有不显著或负向的关系，而部分企业劣势（如不和谐社区关系、劳工关系，环境污染严重等）同企业系统风险具有显著的、正向的关联。

第三类文献从纯经济学角度分析战略性的 CSR 行为，超越企业与利益相关者互动的分析，发现 CSR 和公司价值之间存在更为宽泛的互动渠道：如企业产品市场和劳动力市场的表现，企业内部和外部的政治关联，社会价值共享等。西蒙（Simon，1991）发现，解决"委托—代理"问题最好的方法是使委托人和代理人的偏好和效用保持一致，将 CSR 行为融入企业战略和企业文化可视为一种信号机制，能够使两者在劳动力市场和产品市场更好地匹配。贝斯利和加塔克（Besley & Ghatak，2005）进一步发现，在劳动力市场中，企业和雇员之间统一的价值观作为非货币激励（相对于货币激励）方式的一种，能内在地激励员工和高效率地产出，继而降低企业的代理人成本。巴伦（Baron，2008）将公司价值、高社会责任意识的消费者和管理者激励联系在一起，发现企业的社会支出及其财务表现和合约制度均为内生决定。政治关联理论认为，社会运动者和社会规则制定者是推动企业履行社会责任的主要力量，而公司价值、企业社会责任绩效及该企业对社会运动的支持力度存在内生均衡。部分学者将社会责任运动称为"绿色清洗"，旨在将那些社会责任感弱的企业边缘化。除了社会运动，还有所在社区固有的价值取向，都会外在地影响企业本地化经营决策，并内生地决定企业 CSR 行为策略和 CSR 沟通方式。

除实证研究和理论分析之外，还有大量文献通过案例分析或现场实验等方法深入讨论企业社会责任行为和公司价值之间的传导机制，并针对某一传导渠道设计实验以数量化该传导渠道。总结上述三类文献可发现，CSR 的影响因素和传导机制非常多，这就需要使用其他方法来验证它们的稳健性，讨论它们的特质和适用性，以保证企业能从 CSR 实践更好地平衡企业利润和社会福利的关系。奥佩勒、卡罗尔和哈特菲尔德（Aupperle, Carrol, Hatfield, 1985）通过向 818 位《福布斯》财富榜上的 CEO 发送问卷调查邮件的方式，发现企业 CSR 行为和企业盈利能力之间并无显著关联。奥格登和沃森（Ogden, Watson, 1999）对私有化后的英国自来水产业进行案例分析后发现，尽管提供更好的消费者服务是昂贵的，但股东收益从长期来看能得到显著改善，这一结论验证了利益相关者理论。

基于以上思路，国外许多文献从公司治理和公司金融的角度研究企业社会责任对公司价值的影响，也包含对部分利益相关者的考虑（特别是消费者、雇员和股东）。公司价值的研究本身属于公司治理和公司金融领域的问题，而企业社会责任问题在市场微观结构领域和企业战略管理领域得到了高度关注，并且已有成熟的模型去度量，这样一来，这几个领域相结合，便产生了交叉领域的许多研究课题，目前这方面的研究在国外属于热门领域。

二　国内企业社会责任的度量

近年来，国内学者也开始关注中国企业的企业社会责任履行问题。胡孝权（2004）指出，企业社会责任是企业可持续发展的伦理基础，企业主动承担社会责任为企业创造了更广阔的生存空间，有利于树立企业形象，产生广告效应，是企业可持续发展与社会、经济、生态可持续发展统一的关键。企业社会责任会增强企业的差异化优势，提升企业信誉度，有助于企业建立与客户及员工的良好关系，提高企业的市场竞争力（朱瑞雪和郭京福，2004）。颜剩勇和刘庆华（2005）认为，社会责任和企业绩效之间存在"确定的正相关"；宁凌（2000）等人从企业信誉角度认为社会责任的履行有利于企业长远的发展，能提高企业的形象与社会信誉。赵继红（2012）通过对社会责任给企业带来的利弊进行分析，阐明企业社会责任与企业绩效的相关性及对双方产生的作用与影响。袁吴（2004）等人从企业所有者、经营者、企业外部关系人角度分别讨论，同样也得出正相关的结论。

我国学者对中国企业的企业社会责任与企业绩效关系的实证研究也没

得出一致的确定的结论。尹军（2007）通过实证分析证实了社会责任和企业的经济绩效与社会绩效之间均存在正相关关系；刘鸣镝、刘丁玲、杨旭东（2011）从利益相关者的角度，指出企业社会责任与企业绩效存在正相关关系，企业承担社会责任，从长期来看，会带来积极的影响。作为企业的管理者不应将目光停留在短期的成本费用上，更应该看到企业树立的良好公司形象和品牌效应。孙清亮、张天楠（2010）以上证180指数上市公司数据为样本，通过社会责任理论和利益相关者理论，对上市公司社会责任与其绩效进行了实证分析。他们得出的结论是：企业社会责任信息披露随着公司规模和财务杠杆的增大而提高；在考虑重污染行业的条件下，企业社会责任信息披露也随着公司净资产收益率的增加而提高；重污染行业的企业社会责任信息披露高于非重污染行业企业社会责任信息披露；滞后一年的企业绩效与社会责任信息披露的相关性高于滞后两年的企业绩效；企业绩效对社会责任信息披露的解释效果好于社会责任信息披露对企业绩效的解释效果。王怀明、宋涛（2007）通过对上证180家上市公司的研究发现，对员工的社会责任与企业绩效呈负相关关系；李正（2006）经研究发现，若从企业的短期利益来看，承担社会责任对公司价值产生不利影响。陈守明、施佳、蒲雪青（2008）实证研究的结论是，我国若干类上市公司企业社会责任与企业绩效之间没有明显的相关性。我国企业社会责任与企业绩效之间的关系之所以不显著，主要原因可能在于（1）中国企业比较重视短期经济效益，不注重企业长远发展；（2）中国企业通过CSR树立企业形象，多数是为追求广告效应，而非单纯地承担社会责任；（3）企业社会责任意识没有深入人心。

三　企业社会责任度量存在的主要问题

实际上，以上研究企业社会责任影响的相关文献都涉及企业CSR水平，文献中度量CSR水平的方法有两类，第一类是采用评分法自行构建企业的CSR指数，即根据企业社会责任的特征和重要性构建评分标准，再通过对企业的公开信息以及其他媒体报道进行打分，从而衡量社会责任水平；第二类是直接引用国外权威机构对世界500强公司的CSR水平评级。但是这两类方法都存在固有的缺陷。其一，难以捕捉企业市场价值变化发生的时机，以及企业社会责任履行报道时间之间的关系，因为上市公司市场价值最短是以月度或季度来计量，而企业的CSR行为发生和报道时间存在时间差，且 CSR 行为对所在社区或相关利益者产生影响存在滞后性。其二，以上两类方法都有一个共同点，即依赖于上市公司的会计和财务数据，但是还有大量非上市的国有企业和民营企业都是驱动中国经济发展的动力，而这些企业的信息往往不能从大众数据库中获得，因而缺乏对这些企业的讨论成为当前国内外关于中国企业社会责任问题研究的"黑洞"。

相反，如果利用问卷调查和事实信息方式来衡量企业社会责任承担水平和披露程度，利用专业数据库的市场数据来衡量公司价值的方法，则可以弥补以上缺陷。因为事实信息和市场数据是客观的，同时真实地反映了利益相关者对于企业 CSR 活动的回应，以及投资人和股东对公司价值的认识；问卷调查同时面向企业及所在社区的其他利益相关者，以弥补事实数据不足或媒体报道偏差的问题，并且为深入研究企业社会责任在各利益相关者间的传导机制和具体途径提供了可行的工具。不同形态的企业履行社会责任会在不同的利益相关者中产生不同的社会回应，而企业所有的利益相关者所作出的社会回应的加总最后都会影响公司价值。本项目的研究正是从这一点出发，涵盖对上市企业和非上市企业的多方位、多视角的研究，在国内已有研究中实现了重大突破。

国外已有许多文献将企业社会责任履行和公司价值（尤其是财务绩效）结合起来研究，但是还没有检验不同性质（如上市企业和非上市企业，国有企业和民营企业）的企业、不同的 CSR 度量方法以及不同的公司价值衡量标准可能存在的差异，本课题将从利益相关者角度对这一问题进行研究。对于样本中的中国企业，我们采用事实信息、问卷调查和市场数据等方法来度量企业的社会责任水平。具体影响公司价值的因素有哪些？企业 CSR 战略如何影响各利益相关者和企业之间的利益关系？各利益相关者如何回应企业的 CSR 活动，进而影响公司价值？CSR 活动对公司价值的影响，在不同性质的企业间或在不同价值衡量标准下具有哪些异同？这一系列的问题有待于进一步展开深入研究，这正是本项目的重点研究内容。

第二节　中国企业社会责任的具体表现

一　中国企业社会责任实践的总体性分析

总体来说，我国企业社会责任活动刚刚起步，企业社会责任对于中国企业而言还是一个新生事物，很多企业对其一无所知或者一知半解，更不要说将其纳入企业发展战略当中。以房地产行业为例，很多房地产企业对于社会责任的概念理解还需要加强，一般的房产开发商对其认知度仍然不是很高。与此同时，整个地产业还处于企业社会责任建设的初级阶段。所以说，从目前我国房地产业对企业社会责任的认知水平，可以看出与国际上其他国家尤其是发达国家相比，当前我国的企业无论在企业社会责任的理念上还是在行为上都要远远落后。据第二届企业公民论坛组委会对北京、天津等 10 个城市的 300 家企业调查制定的《中国企业公民发展现状调查报告》显示，一半以上的企业没有进行企业公民建设。此外，中小企业和大公司相比，在企业公民建设上更为落后，而外资企业与本土企业相比，其参与程度和实施水平明显强得多。这一现象说明，我国的大部分企业还没有设置专门的企业社会责任管理机构，还没有把企业社会责任作为企业的一个日常的关注焦点来进行推进。

与海外发达国家企业较早地推进企业社会责任运动相比，我国企业在 20 世纪 80 年代改革开放之后的相当一段时期并没有意识到这一个问题，也没有受到政府和企业的特别关注。在特定的时代背景下，企业社会责任有时候和以"优先发展经济"为主导的政府政策出现相互矛盾的地方。这种状况一直持续到 2003 年，在党的第十届全国人大会议以后，各级政府部门才开始关注企业社会责任问题，并将其纳入相关的文件和立法当中。此后，包括政府、社会以及相关企业在内的主体积极推进和实施企业社会责任，一起推进和积极完善企业社会责任体系。到目前为止，我国企业的社会责任实践应该说已经取得了一定的进步，有很多的企业在社会责任的承担上表现出色，尤其是在赈灾、办学、节能、环保等方面，涌现出许许多多有很强社会责任感的企业和企业家。尤其在 2008 年汶川大地震之后，不同类型的企业在实施和推进企业社会责任行为上表现出更为积极的态度。涉及企业社会责任的不同层面都有一些企业在不断地参与进去，比如说希望工程、圆梦行动、体育事业、环境保护、各类教育基金、奖学金和其他公益事业等。不过，总体上看，目前我国企业社会责任的进展还不是非常理想，在我国经济发展水平相对比较高的背景下，这一缺陷日益明显，出现了不匹配的地方。这些年来，企业环境责任淡漠、员工责任缺失，以及相继出现的很多食品安全和事故等，说明我国企业社会责任运动的推广还需要花很大力气。归根结底，我国的企业责任行为存在着很大的差距，明显落后于国外；更不利的是，一些企业把精力过多地投入到企业经济效益上，而忽视了企业应当承担的企业社会责任。当前我国企业社会责任的推动过程中，最迫切需要优化和改进的问题主要还是一些企业违背劳动、环保和食品安全法规，从而给社会带来不良影响，这对于我国下一阶段的经济建设负面作用相当大。一些企业在员工社会责任行为方面仍然没有改变思路，甚至主动逃避一些基本的社会责任。还有一些企业看重短期经济利益和财富的积累，完全忽视履行社会责任的要求，对企业与社会关系的定位认识不清，这其实是一种相对短视的行为。

我国目前企业社会责任进展现状令人担忧，媒体报道的企业违反国家法律、强迫劳动、使用童工、生产安全事故、职工劳动环境恶劣、企业诚信缺失等事例层出不穷，严重干扰了我国的市场经济秩序，对我国经济和社会发展造成了恶劣影响，加强企业社会责任建设已经成为我国经济社会发展的内在要求。政府、一些知名大企业以及社会各界人士已经从现状中觉醒。由国资委发起的"中国企业社会责任联盟"正式成立，同时召开"中国企业社会责任论坛"，制定了国内第一部《中国企业社会责任标准》，并发表了《中国企业社会责任北京宣言》。我国企业的第一部社会责任报告——《国家电网公司2005年社会责任报告》于2006年正式发布。到2014年，有1526家上市公司已经发布《企业社会责任报告》。政府和企业走出的这一步，将对中国的企业社会责任运动注入活力，对中国企业社会责任的推进与实施产生深远而又积极的影响。

当然，现实中也有自觉履行企业社会责任的优秀企业，比如中国平安。中国平安近年在企业社会责任方面屡获殊荣。自2010年3月启动"绿色承诺平安中国"的低碳100行动以来，中国平安信守绿色承诺，将100条绿色低碳举措贯穿在业务推动、日常运营及社会公益三大方面。平安人寿全力推动的MIT展业平台和电子单据服务，大量节省纸张使用，加上平安银行的电子账单、平安养老险的网上保全服务等；2013年，平安产险业内首创推出了微信自助理赔服务，不仅大大缩减了客户等待查勘人员赴现场的时间，也大量减少车辆使用和油耗，节省了运营成本。2013年，中国平安凭借在企业社会责任和绿色环保方面的突出表现，荣膺"企业公民大奖"和"低碳先锋企业"奖，并获"十年企业公民"大奖；连续12次获评"最受尊敬企业"称号，成为唯一获此殊荣的综合金融保险集团。在2014年第九届中国企业社会责任国际论坛上，中国平安凭借多年来在企业社会责任方面的优异表现，第八度蝉联"最具责任感企业"称号，成为该奖历史上获奖次数最多的企业。中国平安多年来在教育、环境等领域持续投入，在企业自身发展的同时，积极推动中国慈善和公益事业的发展，并建立了完整的企业社会责任建设体系，开展的多项公益活动广受好评。

二　企业社会责任实践的地域特征分析

随着全球化浪潮的不断蔓延，企业社会责任这个概念也于20世纪90年代中期以后开始越来越得到普及，最开始的时候是一些跨国企业和外资投资企业通过其生产供应链上的推广，并慢慢地影响到一些内资企业，在此之后不断从沿海推广到内地，从大中城市蔓延到三、四线城市，影响也越来越大。尤其是在我国加入WTO后，全球化的影响日益明显，我国企业也迅速地融入全球化经济发展当中，在企业经营理念和社会责任意识等方面也开始与国际接轨。在这样的全球化浪潮中，国际上的一些大公司也逐渐地进入中国，设立分支机构，中国已经成为全球经济发展中的重要一极。中国宏观经济环境日益优化，承担着全球资本和产业链中的重要角色，中国的很多优秀企业也开始成为跨国企业的合作伙伴，对其要求也越来越高。在这样的环境下，企业社会责任的推广和实施成为一个无法绕过去的重要议题。尤其是中国的很多企业是作为跨国企业的供应商融入全球经济当中的，而这些跨国企业在母国或者其他国家都承担着非常大的压力，所以说对企业社会责任的要求越来越高，对中国供应商的要求也日益严格，对我国企业的压力也在加强。跨国企业对于我国企业在社会责任方面的压力主要体现在对供应商在员工安全、环境保护的监督与审查方面的严格标准。中国企业在员工的工作环境、员工基本权利、健康与安全及商业道德方面需要严格遵守相关准则。

从我国企业实施社会责任的地域表现特征来看，因为在企业分布上集聚程度相对其他区域更为集中，我国企业社会责任问题较明显的主要包括长江三角洲、珠江三角洲、京津冀和环渤海经济区域等沿海地区。长三角是国内经济实力最强的区域，它以2.2%的国土面积，创造了占全国20%以上的GDP，吸引了占全国50%的境外资金。大珠三角都市群（港、澳，共11市）无论是经济规模还是常住人口，都已经位居世界都市群前列。就经济规模看，它在国内位居亚军，占全国GDP比例高达15%以上；在全球已然跃居第四大都市群。镇域经济突出是大珠三角都市群的一个重要特征。累计 280 多个镇和 50 多个县级行政单元,铸就了 11 个地级以上城市今日的繁荣。京津冀城市群由首都经济圈的概念发展而来,包括北京市、天津市以及河北省的保定、廊坊、沧州、秦皇岛、唐山、承德、张家口、衡水、邢台、邯郸、石家庄 11 个地级市。土地面积 21.6 万平方公里。2014 年地区生产总值约为 6.65 万亿元。以汽车工业、电子工业、机械工业、冶金钢铁工业为主,是全国主要的高新技术和重工业基地,也是我国政治中心、文化中心、国际交往中心、科技创新中心所在地。作为我国经济发展水平最高的几个区域,企业集聚程度比较高,呈现出的社会责任问题相对较为明显。而中西部地区的企业社会责任问题其实更为严重,只是因为其集聚程度低,相对来说没有上述地区造成的影响大。

其实在东部地区的很多沿海省份已经有很多企业开始积极推动企业社会责任活动,主动承担社会责任。但是,从当前的企业社会责任实践效果来看,还是存在很多问题。当然,一些基本的企业社会责任准则已经得到了企业的普遍认可,形成了一个较好的社会环境,比如说绝大多数企业已经通过劳工标准检查,使劳工标准和劳工权益保护在企业和社会的范围内,获得了更加广泛和深入的社会认知程度,特别是对于提高劳动者和雇主双方的权利意识都有积极的意义。但我们也应该清楚,还存在很多需要改进的地方,需要政府、企业和其他社会主体的主动推进和有效配合,否则很难起到实质性作用。

三 企业社会责任实践的企业特征分析

不同类型企业在社会责任上的差异,也是我们应当关注的问题。中央企业和国有金融机构相对来说比民营企业、其他国有企业和外资企业表现更为良好,其社会责任的实施更为积极。《中国企业社会责任报告白皮书(2013)》,全面呈现了 2013 年发布的 1084 份企业社会责任报告的发展阶段与特征。《白皮书》指出,2013 年,中国企业社会责任报告平均分由 2012 年的 31.7 分上升为 35.3 分,整体处于发展阶段,五成企业的报告仍处在起步阶段。从行业看,特种设备制造业、电力供应业、银行业、石油和天然气开采与加工业的企业社会责任报告得分靠前;从企业性质看,中央企业社会责任报告质量最高,国有企业、外资企业社会责任报告水平领先于民营企业。

作为全球经济发展中的重要角色，中国的很多外向型企业处于全球供应链中的一些关键环节，从而也会面临着发达国家跨国企业的高要求。尤其是一些对外加工贸易企业和出口企业，由于历史的原因，很多企业存在着在劳工使用违规、环境责任不到位的问题，特别是港澳台投资企业和私营企业。在这样的条件下，相关的一些行业如电子、纺织、服装、制鞋、玩具、工艺品等行业，都面临着很大的企业社会责任完善的压力。这些行业的大部分企业技术含量低，很多属于劳动力密集型企业，所以在很多方面不可避免地存在缺陷，如生产条件需要改进、生产安全需要加强、员工的职业健康和权益保障需要完善。

另外，不同规模的企业在社会责任行为上也存在着较大的差异性。对于不同规模的企业来说，一般表现比较好的是那些规模大、影响大的企业，中小企业在社会责任行为上相对弱一点。对于不同行业的企业来说，差距也比较大，一些垄断性行业如电力行业，在这一方面表现更为出色，其他的很多企业还处于一个参与者的时期。一般来说，比较知名的大企业因为其影响力大，政府也比较重视，所以说积极性相对比较高，在企业公民的意识、理念以及参与建设的深度和广度等方面普遍要强于中小企业，应该说引领了我国企业社会责任活动浪潮。与之相对应的是，中小企业在社会责任意识方面还不是很到位，还处于初级阶段。很多小微企业连基本的企业社会责任概念都没有。所以说，要加强对这一类企业的引导，让它们意识到企业社会责任的必要性，并且清楚地知道自觉履行企业社会责任不但是基本的责任，更能在具体的经营过程中给企业带来好处，从而慢慢地在实践中形成自觉履行企业社会责任的理念。

四　企业社会责任实践的样本——万科集团

万科集团成立于 1984 年 5 月的深圳，是国内首批股改企业之一，2014 年万科实现销售金额 2151.3 亿元，同比增长 25.9%，在全国商品房市场的占有率由 2.09% 提升至 2.82%。同时，2014 年万科实现营业收入1463.9 亿元，净利润 157.5 亿元，增幅略低，同比分别增长 8.1% 和4.2%。此外，2014 年底，万科合并报表范围内已售未结算资源的合同金额大幅上升，增至 1946.0 亿元。万科的地产业务已经覆盖到以珠三角、长三角、环渤海和中西部城市经济圈为重点的城市。万科致力于通过规范、透明、简单、责任的企业文化和稳健、专注的发展模式，成为最受客户、投资者、员工、合作伙伴欢迎，最受社会尊重的企业之一。作为房地产行业首屈一指的企业，万科不仅在经营业绩上遥遥领先，最具创新活力，而且在环保、公益慈善等方面也引领着行业，成为企业社会责任的践行样本。

（一）万科企业社会责任活动发展历程

万科作为中国最大的地产开发企业，在其社会责任战略中，着力履行一个企业公民的义务，力图将专业能力和资源结合到社会公益事业中去，同时为中低收入家庭的居住问题作出努力。值得注意的是，万科三十余年的企业发展过程中，不仅仅只是以一家为股东创造价值的企业形象而存在，而且以其独特的企业治理结构获得社会的认可。

2004 年初，万科就开始在公司治理结构方面进行完善和优化，那时万科发展比较顺利，就已经提出"3 + 1"的经营管理目标。万科对其企业发展长期愿景的描述是将万科打造成为最受投资者欢迎、最受客户欢迎、最受员工欢迎和最受社会尊敬的企业，万科未来的经营管理全部围绕这一目标来运作。

到了 2006 年，万科开始关注企业社会责任，并将"变革先锋，企业公民"作为年度口号。从此以后，万科对企业社会责任的推动一直非常积极。从万科董事会主席王石捐款 100 万元"号召人们保护珍稀物种，维护生物多样性"，到汶川大地震对汶川人民的援助，再到 2010 年上海世博会以"尊重的可能"为理念而建造的万科馆，万科将公益活动做到极致。王石对于万科的企业公民定位曾经表示："公益事业无止境，仅仅花点钱做公益事业是低层次的，关键还要去花精力，确实把公益事业当事业做。"贯穿所有活动之中的，始终是万科对于公益事业独到的理解——用"心"做公益。用王石的话来说："公益事业不只是给予社会弱势群体物质上的帮助，更重要的是怀着尊重的态度，在生活中的各个方面，给予公益事业更多关注，竭尽我们所能，让我们的生活在其中的社会成为一个充满尊重与爱心的美好世界。"

2007 年，万科集团设计了新标识，以四个红色 V 组合而成的新标志亮相，其内涵是用感恩的心关怀生而不同的人。从这个时候开始，万科的企业社会责任实施范围越来越高，从单纯的人居建筑，逐渐扩展到涉及慈善助学、环境保护、人道主义援助等多方面。企业公民这个概念在万科开始生根发芽，万科员工从上到下努力实践企业公民行为。也就是从这一年开始，万科每年发布社会责任报告。

2008 年，万科成立了公益基金会，这是由万科发起成立的全国性非公募基金会。公益基金会的项目主要集中在孤贫儿童大病救治及环保领域。同时万科与许多非公募基金会以及非营利性机构开展合作，推动在儿童救助、文化交流、教育发展、经济救援、社区建设、垃圾分类、环境保护等公益领域的公共教育与项目合作。

经过了近十年的努力，万科在企业社会责任的履行中获得了非常优异的成绩。万科坚持以专业能力从市场获取公平回报，是万科获得成功的基石。公司致力于通过规范、透明的企业文化和稳健、专注的发展模式，成为最受客户、最受投资者、最受员工、最受合作伙伴欢迎、最受社会尊重的企业。凭借公司治理和道德准则上的表现，公司连续八次获得"中国最受尊敬企业"称号。2012 年万科在企业社会责任方面荣获多项奖励，先后获得"2012 年中国最受尊敬企业"（《经济观察报》）、"第四届中国企业社会责任——年度责任案例奖"（《南方周末》）、"第九届中国最佳企业公民"（《21 世纪经济报道》）、"金蜜蜂 2012 优秀企业社会责任报告·环境专项奖"（《WTO 经济导刊》）。2014 年，由润灵环球责任评级（RKS）与安永联合举办的第五届上市公司社会责任报告评级发布会，万科企业股份有限公司发布的《2012 年企业社会责任绿皮书》以 77.14 分荣登排行榜第九位，再次荣获 AA 最高评级。这是万科自 1999 年参加排名以来，连续第四年上榜，创历史排名新高。本次评选由第三评估机构对 2012 年 A 股上市企业披露的 644 份企业社会责任报告进行综合评估，根据报告的全面性、内容性、技术性以及对利益相关方关注重点的回应性等指标进行评价。

（二）万科的公司治理与对利益相关者的社会责任

1. 对投资者的社会责任

万科始终保持规范严谨的公司治理、透明全面的信息披露，坚持公平对待各类投资者，以坦诚沟通的态度、专业化的服务和坚持不懈的努力，不断完善投资者关系。作为中国内地首批上市企业之一，万科以良好的公司治理为基础，与投资者建立了长久的信任与共赢，赢得了资本市场的有力支持，上市后从资本市场共募集资金约 99.1 亿元。

万科坚持财务、管理、经营策略的透明，在信息披露的及时、充分、透明和公平性方面不懈努力。万科将通过各种方式加强与投资者的沟通与互动，聆听他们的意见，传递公司的信息，在投资者和公司之间形成良性的互动。一直以来，万科坚持在财务、管理、经营策略方面保持透明，在信息披露的及时、充分、透明和公平性方面树立了良好的口碑。除了充分的信息披露，公司还努力通过各种方式加强与投资者的沟通与互动，与股东包括中小投资者沟通公司未来发展思路。电话和电子邮件更是公司和投资者沟通的主要方式，通过交流，聆听他们的意见，传递公司的信息，在投资者和公司之间形成良性的互动。万科严格按照中国注册会计师独立审计准则来计划和实施外部审计，并建立严格规范的内部审计制度，对公司经营风险（包括工程、设计、销售等）、财务成本风险、法律风险和重要管理人员离任进行全方位审计、检查和风险控制。万科每年都严格遵照深圳证券交易所规定进行年度审计。

2010年，在《中国证券报》评选的"上市公司金牛百强奖"中，万科位列百强榜第4位，房地产公司第一位；并且获得"我心目中的金牛上市公司前十强"第一名。在证券时报社主办的2013年度"中国主板上市公司价值百强"评选中，公司获得"中国上市公司价值百强""中国主板上市公司十佳管理团队""中国最具社会责任上市公司"。2011年公司还获得由中国上市公司市值管理研究中心、《中国证券报》《上海证券报》《证券时报》等评选的中国证券市场20年最具持续成长能力上市公司奖、最受投资者喜爱的上市公司奖。

2. 对公司员工的社会责任

自创建以来，万科一贯主张"健康丰盛人生"，重视工作与生活的平衡，为员工提供可持续发展的空间和机会，鼓励员工和公司共同成长，倡导简单人际关系，致力于营造能充分发挥员工才干的工作氛围。2011年，在全球人力资源咨询公司翰威特组织的"2011年中国最佳雇主"评选中，被评为全球TOP25最佳雇主企业，连续两年蝉联"中国最佳雇主"。

（1）万科选择渴望实现自我的职业经理人

万科着力招聘渴望实现价值的经理人，并给他们提供三个回报。第一个回报是为员工提供相对体面的收入，万科一直都希望在行业占到75%的分位线上，不管是工资还是奖金、期权、限制性股票，还是公司提供的各种各样的奖金，整个体系非常完整。但是在这里面始终坚持的一个原则叫市场原则，就是在你这个市场上绝大多数人是什么样的状态、水平和趋势，万科也应该这样去选择。第二个回报是为员工提供广阔的职业发展空间。万科在包括美国、中国香港、新加坡，未来可能还有更多的欧洲和澳洲国家，都已经有自己的业务，在中国内地有 60 个城市，这些对于一批又一批的员工来讲是非常广阔的职业发展空间。另外在实操的层面，万科也有很多详细的做法，包括给员工提供内部的培训。第三个回报是为员工提供健康的身心。从最早的踢足球，到王石的登山，再到自行车，再到现在带动很多兄弟公司、同行、社会各界，一起在中国的一些大中型城市推动城市的乐跑赛。内部也花大量时间投入到员工健康管理，除了给员工的基本体检、体质测试，还有简单的做法加强公司的健康运动，比如说头两年把员工的健康指数跟公司管理人员的奖金挂钩。

（2）万科制定科学的员工守则为员工提供良好工作环境

万科员工守则开篇写道："万科的宗旨建筑无限生活，万科的愿景成为中国房地产行业的领跑者，万科的核心价值观创造健康丰盛的人生。"这正体现了公司的理念，即客户是万科永远的伙伴。员工守则分成六个部分，包括万科的规章制度、员工应履行的责任和义务及员工所拥有的权利，以及万科的工作氛围、作风和所涵盖的企业文化。

从员工守则中可以看到万科是一个富有理想和激情的团队，充满着追求创新的进取精神和蓬勃向上的朝气。公司致力于培养职业经理阶层，为职员提供可持续发展的机会和空间，努力创造公平竞争的环境。通过对公司发展历程、品牌建设和公司理念的介绍，即将踏入万科工作的人可以初步地了解万科，同时可以很好地憧憬自己的职业发展，在新员工心中树立信念和自豪感。对每个人来说，第一印象很重要，归属感也就是从踏入公司的那一刻起生根的。

在入职程序和职场纪律方面，万科制定了非常完备的制度。入职程序包括：报到、试用、转正、特别提示和雷区。接到录用通知后，员工在指定日期到录用单位人力资源部门报到，提供个人资料，人事档案存放问题与所在单位人力资源部门同事商洽确定。试用期间，公司会为员工指定入职引导人，帮助接受在职培训，熟悉与工作有关的各项具体事务，员工应在报到后 3 日内完成万科 E 学院"新职员课堂"的学习及网络考试；试用合格并完成入职培训的全部内容，人力资源部门同事会适时提醒填写、提交转正申请，执行转正审批流程。职场纪律包括：职业礼仪、考勤制度、特别提示和雷区，包括对员工职场形象、办公礼仪、工作时间、请假单、工伤、出差等的规定。注意保持整洁的办公环境，不在办公区域进食或在非吸烟区吸烟，公司实行每周工作 5 天，平均每周工作时间不超过 40 小时的工时制度。员工需要经常留意告示板和内部网上的信息，以及时获知必要信息，但切勿擅自张贴或更改。这些规定体现人性化、规范化，特别提示和雷区起着提醒的作用，员工可以在工作中适当轻松地工作，养成很好的工作习惯，对外可以树立良好的工作形象。员工的行为约束，在工作中可以反映出来，如果无程序、无纪律，工作会变得杂乱无章，团队也会缺少向心力，工作效率下降。入职程序和职场纪律，是塑造企业文化的一个过程。

在日常的员工管理方面，万科分别从员工关系与沟通、员工健康与安全和员工组织三方面进行完善。其中"十二条沟通"在外界广为流传，集中体现了万科的企业文化，包括门户开放、吹风会、员工关系专员、我与总经理有个约会、职工委员会、工作面谈、工作讨论和会议、e-mail 给任何人、网上论坛、职员申诉通道、员工满意度调查、公司的信息发布渠道。这"十二条沟通"保证了员工在企业内部上下左右职位之间的沟通畅通，使任何不公正、不合理的活动都无法瞒天过海"暗箱操作"。万科对客户也同样做到了透明和公开。此外，万科在网站上设置客户投诉的直接渠道，还在显眼处公布了"投诉万科"五条沟通渠道：地产客户中心、物业管理处、投诉表单、投诉论坛、万科集团客户中心。"与客户一起成长，让万科在投诉中完美"，既显示了万科的态度，更体现了少有的胸襟。

在职员职务行为准则方面，明确了职员应该承担的职责和义务，范围包括经营活动、资源使用、保密义务、内外交往、个人与公司利益的冲突、行为的判断及监督等。它列举了职员可能出现的一些不当行为，相应地，规范了公司为规避这种行为应当采取的措施。万科是贩卖日本电器出身的，深受索尼一些企业文化的影响，其中影响最深的一点就是索尼的售后服务。万科的物业管理好，实际上万科的管理就来源于索尼的售后服务。在万科的设计部门，有一句话经常被提起，那就是："五十年后再回顾万科的产品，要对得起中国建筑史。"万科的企业文化随社会、经济、文化的发展沉淀，在沉淀中逐渐形成了一股强大的无形的力量，带动着万科向前迈进。

员工守则有助于进一步完善公司法人治理结构，规范企业管理，不断加大实施内控制度的力度，逐步在集团公司建立自我约束、自我监控的防范风险体系，造就安全、和谐、有序的工作氛围，形成团结、有为、奋进的工作团队，使公司从"人治"管理转变到"法治"管理和科学管理，提高国际竞争力。员工守则在一定程度上来看，是要随着公司管理体制、经营业务、市场、消费者需求的变化而相应作调整的，万科需要在包容性的文化上更进一步。

（3）万科对员工的责任体系非常周到

一是员工工作环境测评。万科自 2000 年以来，坚持不懈地聘请第三方，借助先进管理工具开展员工满意度调查。万科在业内的美誉度、科学的管理、健康的人际关系、鼓励员工发展的氛围、有竞争力的薪酬等，对员工都有很强的吸引力。

二是通过职工委员会维护员工权益。万科职工委员会是代表全体职员的利益并为之服务的机构，旨在"维护员工合法权益、倡导健康文体生活、促进企业顺利运行"。另外，通过万科职员共济会对遭遇重大困难的职员提供经济援助。万科职员共济会由职委会发起成立。

三是申诉处理。当职员认为个人利益受到侵犯，或对公司的经营管理措施有不同意见，或发现有违反公司各项规定的行为时，可选择适当的申诉渠道向公司申诉。职员可以逐级反映情况，也可以直接向部门负责人或所在公司总经理申诉，还可以通过职委会申诉。各级责任人或责任部门在接到职员申诉后，要迅速开展认真全面的调查，并根据调查结果尽快做出处理决定。处理决定将通过书面或电子邮件的形式通报给申诉者、公司总经理及集团人力资源部，职员如果对处理决定不满意可继续向更高一级经理或部门申诉。

四是追求工作与生活的平衡。万科倡导工作与生活的平衡，不打扰员工的私生活，坚决反对员工带病上班和在家人遭遇不幸或迫切需要呵护的时候坚持上班，提倡员工充分利用每年的假期享受生活。除国家法定节假日外，员工自入职第二年起每年还可以享受 15 个工作日的带薪年假。公司每年会组织员工进行体检，除购买社会保险外，还购买了商业保险。在万科，员工的家庭住址、家庭电话、婚姻状况、薪酬等均属于个人隐私，公司对此予以保密。同时，在进行各种满意度调查时，均采用第三方调查或匿名调查的方式，保证员工可以毫无顾虑地表达意见。在人员流动率较高的物业系统，万科设立了"谁是最可爱的人"和"长期服务奖"，给获奖者提供物质奖励和赴港澳考察学习的机会。每逢"万科开放日"，万科会邀请员工的配偶、子女来公司参加"派对"。对居住在集体宿舍的基层员工，万科尽力提供探亲房，为夫妻、亲友团聚提供条件。此外，山岳协会、阳光协会、摄影协会等员工组织以及每年的足球联赛、运动会、司庆和春茗晚会都提供了多姿多彩的生活方式。

五是为员工提供可持续发展的机会和空间，努力创造公平竞争的环境。公司鼓励职员学习，并为之创造良好的条件，包括投入大量的培训。公司鼓励员工和公司共同成长，为促进优秀人才的成长，还和知名的商学院联合办学。万科还为物业的基层员工普遍提供了岗位技能以外的培训，例如电脑、理发、家政等内容，帮助基层员工打开新的职业通道。目前，已有一些物业基层员工通过这种方式的培训，在公司获得晋升；也有部分人获得其他途径的社会发展。

3. 对公司客户的社会责任

尊重客户、理解客户，持续提供超越客户期望的产品和服务，引导积极、健康的现代生活方式，这是万科一直坚持和倡导的理念。为适应企业对客户关系管理的更高诉求，万科主动引入了信息技术，探索实现了客户关系管理的信息化。他们建立了客户中心网站和 CRM 等信息系统，从多个视角、工作环节和渠道，系统性收集客户的意见建议，及时做出研究和响应，这些意见和建议，还为企业战略战术开发提供了指引。

（1）多渠道关注客户问题

倾听是企业客户关系管理中的重要一环，倾听也是许多软件企业客户关系管理中的薄弱环节。让万科看看，是怎样倾听客户声音的。万科专门设立了一个职能部门——万科客户关系中心。在万科，客户关系中心是整个公司架构中最大、最重要的一个部门。每个一线公司都设置专门的客户关系中心，虽然在行政上隶属于一线公司，但在业务上直受集团客户关系中心的领导。部门的主要职责，除了处理投诉外，还肩负客户满意度调查、员工满意度调查、各种风险评估、客户回访、投诉信息收集和处理等项工作。集团客户关系中心是集团各地分公司的投诉督导和客户关系管理研究部门，其职责是为一线公司投诉处理提供支持，促进客户系统内部知识共享，引导一线公司创建持续改进的客户关系管理模式。一是协调处理客户投诉。各地客户关系中心得到公司的充分授权，遵循集团投诉处理原则，负责与客户的交流，并对相关决定的结果负责。万科规定，项目总经理就是客户关系问题的第一责任人，集团客户关系中心负责监控其服务质量，并协调客户与一线公司客户部门的关系。二是监控管理投诉论坛。

"投诉万科"论坛由集团客户关系中心统一实施监控。万科开通了客户投诉论坛，配合这个论坛，万科设立了专门的论坛督导员。规定业主和准业主们在论坛上发表的投诉，必须 24 小时内给予答复。三是组织客户满意度调查。由万科聘请第三方公司进行，旨在通过全方位了解客户对万科产品服务的评价和需求，为客户提供更符合生活需求的产品和服务。四是解答咨询。围绕万科和服务的所有咨询或意见，集团客户关系中心都可以代为解答或为客户指引便捷的沟通渠道。

（2）创建"万客会"服务客户

随着企业的发展，万科对客户的理解也在不断提升。在万科人的眼里，客户已经不只是房子的买主，客户与企业的关系也不再是"一锤子买卖"。在 1998 年，万科创立了"万客会"，通过积分奖励、购房优惠等措施，为购房者提供系统性的细致服务。万客会理念不断提升和丰富，从单向施予的服务，到双向沟通与互动，再到更高层次的共同分享，万客会与会员间的关系越来越亲密，从最初的开发商与客户、产品提供方与购买方、服务者与使用者，转变为亲人般的相互信任，朋友般的相互关照。一是万客会运作模式。万客会由集团总部统一管理，是各区域公司灵活开展的一个会员组织，其纽带是《万客会》会刊。各区域组织的会员活动在公司规定的范围内灵活组织，活动具体情况及效果备案交集团存档。二是客户加入万客会的方式。客户既可以到深圳万科公司、万科开发楼盘的销售现场或万科已入伙楼盘管理处索取申请表格，也可以通过万科网站申请。客户加入万客会一年以上，即自动转为资深会员，在首次购买万科楼盘时，可享受特别的积分优惠。三是万客会系列活动。万客会开展的活动包括：新老客户"欢笑分享积分计划"，推出"智能联名信用卡"，"客户微笑年"等主题活动，社区家庭运动会，社区文化节，欢乐旅游，亲子活动。客户是企业生存与发展的基础，更是企业的至爱亲朋。万科对客户的理解，既有中国商业传统共识之"衣食父母"，更有和谐多赢发展的时代内涵。

（3）万科的"6+2"服务法

通过学习美国优秀地产企业的客户服务经验，结合多年来的自身实践，提炼出自己的客户服务方法——"万科客户服务 6+2"，这套方法摒弃了以往从开发企业的角度审视房地产开发流程的方式，改从客户角度看待整个选房、购房、入住、装修、生活等一系列流程，并在每个环节中找

到客户的心理需求，以"信息透明、感动客户"为核心制定了一系列的
服务要求。"6+2"的服务法则，主要是从客户的角度分成以下几步：第
一步是"温馨牵手"。强调温馨牵手过程中发展商信息透明，阳光购楼。
万科要求所有的项目，在销售过程中，既要宣传有利于客户（销售）的
内容，也要公示不利于客户（销售）的内容。其中包括一公里以内的不
利因素，例如，一公里以内有一个垃圾场等。在售楼过程中要考虑到这个
因素，并在定价上做出适当的减让。第二步是"喜结连理"。在合同条款
中，要尽量多地告诉业主签约的注意事项，降低业主的无助感，告诉业主
跟万科沟通的渠道与方式。第三步是"亲密接触"。公司与业主要保持亲
密接触，从签约结束到拿到住房这一段时间里，万科会定期发出短信、邮
件，组织业主参观楼盘，了解楼盘建设进展情况，及时将其进展情况告诉
业主。第四步是"乔迁"。业主入住时，万科要举行入住仪式，表达对业
主的敬意与祝福。第五步是"嘘寒问暖"。业主入住以后，公司要嘘寒问
暖，建立客户经理制，跟踪到底，通过沟通平台及时发现、研究、解决出
现的问题。第六步是"承担责任"。问题总会发生，当问题出现时，特别
是伤及客户利益时，万科不会推卸责任。随后是"一路同行"。万科建立
了忠诚度维修基金，所需资金来自公司每年的利润及客户出资。最后是
"四年之约"。每过四年，万科会全面走访一遍客户，看看有什么需要改
善的。指导思想也好，工作策略也罢，最终能够落地，付诸行动，产生结
果，还得看具体的工作方法。所幸，万科有一套像模像样的服务法。这个
服务法环环相扣，所指都是客户。

4. 万科的环境责任行为

做卓越的绿色企业是万科的长期愿景，企业追求生态规划设计、绿色
开发建造、循环回收利用、节能环保科技应用的脚步从未停止。在目前中
国经济快速发展、环境状况却逐渐恶化的大背景下，降低行业生产能耗和
资源消耗，提供资源利用效率就显得尤为重要。在房地产工业化标准滞后
的中国，万科积极推进住宅标准化和产业化进程。为实现对传统建筑方式
的更新换代，万科全面利用工业化技术以精确的建筑尺度提高空间使用效
率，努力将建造误差缩小至毫米计。

（1）项目开发过程中的环境保护

万科深知新增建筑必然改变原有环境，所以在为城市建设住区时，注
重对原生地貌的保护，在沈阳、天津、武汉、上海、深圳等城市的一些项

目中，为保护项目原有地貌植被，多次调整项目总体规划。在住区景观设计上，注重乔灌木综合搭配，单个项目选择植物种类不少于百种。项目设计前对项目原生动植物群落调查统计，注重原生生物廊道设计，尽量保证项目建设前后动植物种类不变。万科天津推广地热资源梯度利用、水环境整体规划、人工湿地净化系统等生态建造技术的万科生态社区博览馆。如万科在杭州开展了生物多样性的研究，得到了国际环境保护组织"保护国际"和浙江野鸟会等本地环境保护机构的支持与合作。

2013 年 1 月，国务院办公厅发布了《关于转发发展改革委/住房城乡建设部绿色建筑行动方案的通知》[国办发（2013）1 号]明确对我国绿色建筑行动作出整体部署，全面启动绿色建筑国家行动，意味着绿色建筑已经上升为国家战略。方案明确提出了"十二五"期间，建筑节能和绿色建筑发展的量化目标。万科建筑研究中心是万科住宅产业化技术及产品研发、培训的平台，为实践零碳、零能耗、零污水排放的国际领先环境目标积累并分享着宝贵经验。2013 年万科通过不断的科研投入，坚持绿色创新和实践，并不断推进行业技术革新，全年投入科研经费近亿元。2013 年万科通过不断地科研投入，坚持绿色创新和实践，并不断推进行业技术革新，全年投入科研经费近亿元。2013 年，万科参与推动国家和行业标准编制 9 项，为提升行业专业水平做出积极贡献。此外，全年共获得专利 14 项，涉及工业化技术、绿色建筑、装修房等各个方面。

根据国家绿色建筑认证标准，2013 年万科完成绿色建筑认证面积 596.4 万平方米，其中最高级别绿色三星项目面积 172.7 万平方米，绿色一星、二星项目面积 423.7 万平方米。绿色三星住宅 141 万平方米，占全国的 34%，比例较上年有所下降。这也充分说明了国家对大力推广绿色建筑的重视，以及房地产行业为节能减排所付诸的整体行动。

（2）推进建筑节能

万科一直注重顺应节能省地型住宅的发展趋势。在执行国家建筑节能标准过程中，万科对全集团项目实行了节能分类管理办法。此外，万科还组织编制了针对华南、华中、华东、西南、华北区域的项目节能技术方案。在上海朗润园项目中，万科使用了 20 项生态住宅技术，成为上海第一个一级生态型住宅创建项目，该项目最终荣获国家"2006 双节双优杯住宅方案竞赛特别奖"。

又如，深圳前海公馆植物墙采用先进的墙面绿化工艺，模块式构造，

240 平方米的面积也创造了集团单体最大面积绿植墙纪录。再如，厦门湖心岛项目采用超高层减震技术提高抗震性能 18%，大风下舒适度 22%，是福建省首个应用阻尼减震墙技术的超高层建筑。

（3）推进装修房

为使住户拥有一个更加健康舒适的居住环境，近几年来，万科强制推行新风系统，采用"强制排风，自然进风"的方式，努力将每一套装修房室内空气质量提高到最好。新开工项目将新风系统作为标准配置，已成为万科装修房产品的底线要求。装修房不仅能提高居住环境舒适度，同时能减少资源浪费，避免二次环境污染。平均每户由于拆改及二次装修产生的建筑垃圾 3—5 吨得到极大的减少，同时有利于外墙保温、绿色认证建材、高能效比电器设备、节水型洁具的系统应用。万科将装修房作为公司战略来推行。全面铺开装修房也是万科工业化住宅的一部分。

（4）住宅产业化

在房地产工业化标准滞后的中国，万科积极推进住宅标准化和产业化进程。为实现对传统建筑方式的更新换代，万科全面利用工业化技术以精确的建筑尺度提高空间使用效率，努力将建造误差缩小至毫米计。2013年，全国新开工产业化面积 698.07 万平方米，主流项目工业化的开工占比达到 42.37%。其中 PC 占比 8.31%，装配式内墙 38.8%，内外墙免抹灰 29.09%。

住宅产业化既是万科自身生存、发展的需要，也与国家的节能环保政策相吻合。全国每年排放建筑垃圾上亿吨，占城市垃圾的 40%，而绝大多数建筑垃圾未经任何处理，就直接填埋。另外，全国城乡建筑达到节能标准的仅占 5%，住宅的建造和使用过程中直接消耗的能源占全社会总能耗的 30%。虽然住宅产业化是一种趋势，但专家指出，由于国内在设计施工及部品生产方面存在诸多缺陷，住宅产业化之路不会一帆风顺，要想达到西方发达国家的发展水平还需要政府、开发商、消费者以及建筑设计、施工、建材生产企业的共同努力。

万科从 2006 年起投入大量资金对墙体和屋顶进行产业化研究，与日本大成建设、东京建屋、丰田建设、香港理工大学等建立起合作关系。住宅工业化生产，将显著提高住宅生产的劳动生产率，提高住宅的整体质量，降低物耗。它包括：（1）住宅建筑的标准化；（2）住宅建筑的工业化；（3）住宅生产、经营的一体化；（4）住宅协作服务的社会化。在万科的工业化进程中，还包括对产业工人的再教育和培训的内容，万科已经在其企业社会责任绿皮书中拟定了在全国范围内对产业工人的再教育和培训的计划。

正是这种长期利益和短期利益之间的尖锐矛盾，让万科看到，推行住宅产业化，考验的是一个行业能力的最高水平，也会不断提高行业能力的最高水平。正因此，促成了万科将住宅产业化作为企业公民体系的核心项目的决心。住宅产业化是一次大挑战，挑战意味着风险，但这是行业必须面对的风险，也是行业不可错过的机会。

5. 对公司合作伙伴的社会责任

为保证对合作伙伴平等与尊重，万科从 2007 年起聘请独立第三方机构对工程合作伙伴每年进行满意度调查，以改进自身工作。为建立应对未来挑战的联合优势，万科大力推行与各领域内最优秀的供方形成战略合作伙伴关系，通过强强联手以实现更高性能、更高信誉的产品。万科通过标准化和集约化去实现其采购管理的规模效益，通过标准化深化与合作伙伴的合作，并做到与供应商合作双赢。

第一，建立与业务流程相匹配的采购供应管理的责任体系。万科从制订采购计划、申报需求计划、实施招标采购、采购合同评审、采购合同交底、供应过程监管、供应效果评价的各个控制环节制定责任清晰、授权适当、工作关系明了的责任体系，保证了业务流程的顺畅运行。采购实施部门要完全掌握项目系统的采购策划控制目标计划，现场管理者不仅要报需求数量和时间节点，同时要明确采购对象的质量标准和成本控制目标。

第二，采购策划控制目标计划与工程建设节点计划联动，事事做到事前控制。比如在"2010 年万科集团 AB 级标准化装修房子签约仪式"上，首次将石材、墙纸、五金这三个以往通过总包单位进行采购的建筑部品列入万科集团采购中来，就是从事前控制的角度考虑的；供应商可以在前期通过设计阶段的配合，提供几套实用方案，而不是简单地提供上百种产品目录。

第三，集中采购的范围及标准做到事前明确，常规设备和材料集中采购清单基本稳定不变，质量标准描述清晰翔实。而一些成长中的房地产企业在采购质量标准描述方面做得不够好，使采购人员无所适从，凭经验或感觉组织采购，结果造成所购部品或材料难以实现工程目的，造成工程质量问题甚至影响相关功能或设计效果。这需要万科在实际工作中加强与各专业口的协调和沟通（比如与设计、工程管理等部门），在事前明确采购范围和标准。

第四，产品已经基本形成标准化，核心是设计形成了标准化，主要大宗材料、设备的采购标准及采购方式也随之形成标准化，长期稳定的采购渠道也随之形成，成本控制目标得以有效实现。标准化可以减少分散采购造成不必要的成本。这里的标准化，并不是说形成统一的产品形态，而是形成不同类型产品的主要标准，有了这个标准才可能列出常规产品和产品的集中采购清单，并明确其技术标准，最终形成长期稳定的标准化采购名录及批量采购，为最大限度控制采购成本创造条件。集中采购不是采购执行者的单一化，而是要形成统一的采购标准、统一的合格供应商名录、统一的采购计划、统一的审批流程，由责任部门和责任人来统筹协调采购招标和供应工作。

第五，完善供应商管理。除了把大量的时间放在协调和招标的实施过程，同时要时刻关注供应商，建立供应商数据库。同时按照相关的采购流程对供应商进行评价，对供应商进行分类分等级管理。要深入理解所需产品的属性特性及供应商的企业的规模、操作模式，产品品质及售后服务、配合意识等。只有这样做，才能真正做到所使用产品的准确定位，才能在供应商数据库逐步建立与完善的基础上做到同类供应商的分类分等级管理。

6. 对社会的社会责任

2006年10月，万科荣誉加入中国企业社会责任同盟。同盟由中国惠普、国际商业机器中国公司、诺基亚（中国）、思科（中国）、平安保险、招商银行、万科等20家中国企业共同发起。万科各分公司积极参与业务所涉及各地方的社会公益事业，万科集团也广泛发起、参与、资助了多项在国内有较大影响力的社会公益活动，如与中国移动等公司共同举办"绿箱子"进社区系列活动。

一是保障房建设。2006年11月，"万汇楼"即万科城市低收入人群居住试点项目正式奠基。万汇楼是万科开展的低收入住宅研究项目，位于广州市广佛高速公路、金沙洲边，占地面积约9000平方米，建筑面积约12000平方米，容积率为1.3，最多可容纳1800人居住。作为国内第一例由企业出资、探索低收入人群居住问题如何解决的实验产品，它的建筑形态根据传统客家土楼演绎而成，"万汇楼"将通过实践，着眼于城市低收入人群居住模式研究。近几年来，万科继续参与保障房、安置房、廉租房等公共事业性房产项目，为无力承担商品房价格的城市中低收入者家庭提供保障性居住条件。尽管保障房资金回收周期长、利润少、成本高、投入大的情况短时间内可能难以改变，在不影响股东利益的情况下，万科愿意身体力行参与保障房建设，承担社会责任。2013 年，万科在 8 个城市开工公共事业性项目达到 13 个，共计 100 万平方米。按《国家基本公共服务体系"十二五"规划》中廉租房人均住房建筑面积 13 平方米标准估算，约 2.57 万户低收入家庭 7.7 万人受益。

二是城市文脉保护。在房地产开发过程中发现的人文历史遗迹，万科主动采取保护措施，传承文化符号，并将这一城市文脉保护理念传递给每一个合作伙伴。2013 年 7 月，万科美国旧金山项目在施工过程中发现一艘约 100 年历史的古船，施工方会同当地文物保护单位对古船采取了保护性挖掘工作，古船最终被捐赠给当地博物馆。

三是公益慈善事业。万科在 2008 年成立了在民政部注册的万科公益基金会，它是一家 3A 级全国非公募基金会，是企业开展社会公益慈善活动的重要平台，也是一支致力于促进社会进步与可持续发展的重要民间力量。作为一个由企业发起的公益慈善组织，万科公益基金会严格遵守国家有关基金会管理的各种条例，拥有独立的法人代表，并将企业的管理方式和执行效率融入公益事业，注重基金会管理的规范和透明。万科公益基金会开展的项目带动大量业主、公益组织、合作伙伴和社会各界参加并无偿提供志愿服务。在公益慈善方面，中国平安紧跟国家科教兴国和人才强国战略，以 1994 年援建第一所希望小学为起点，十年中已累计援建了 112 所平安希望小学，并积极开展以基础教育为主的支教行动。截至 2014 年底，共有来自社会各界超过 2000 名志愿者加入平安支教行动，帮助学生近三万人。以高等教育为主的励志计划迄今已奖励学生 4940 人，总奖金达 1687 万元。四川雅安发生 7.0 级地震，中国平安第一时间向壹基金捐赠 650 万元，用于采购救灾物资和灾后重建，体现了强烈的社会责任感。

爱佑童心万科专项是万科公益慈善项目的一个典型例子。根据国家卫生部门数据，我国每年新生婴儿患各种先心病人数为 15 万—20 万，多分布在经济条件较差地区。从 2009 年开始，万科公益基金会与爱佑慈善基金会合作设立"爱佑童心"万科专项。万科坚持项目对象百分百走访和回访，并面向员工和社会招募走访志愿者，志愿者承担自己全部费用。这样做不仅是为了把每一元善款都用于最需要帮助的贫困患儿，同时能确保所有善款最多地用于治疗。

还有"爱的每壹步"也代表着万科公益慈善事业的成就。它是万科公益基金会 2011 年发起的一个慈善跑步品牌，希望普通人在享受健康运动快乐的同时把自己的一份爱心传递到公益事业中去。2013 年所得善款将悉数纳入壹基金"海洋天堂"计划，用于活动所在城市自闭症儿童的医疗康复治疗。项目执行完成后，独立的第三方会计师事务所将对项目进行全面审计，结果将向公众披露。

弱势群体教育是万科在房产开发过程中也比较关注的问题。对城市中低收入人群的关注，以及对教育问题的关注，使万科自然而然地将注意力和资源放在弱势群体教育项目上。由德国盲女塞布瑞亚及其丈夫保罗在西藏盲童学校发起的"盲文无国界"项目，一直是万科员工资助的对象。2005 年，万科员工在其感召下发起捐款，共得善款 30 余万元。2006 年年底，万科员工再次发起募捐，共筹集善款 70 余万元。2006 年，把 4 名雪域天使带到深圳，带他们感知城市。同年 9 月，万科出资为盲童学校录制"天籁童心"音乐 CD，并于 11 月 25 日与雅昌公司、深圳摄影协会联合组织"爱心·光明"图片展，进行义卖。

第三节　中国企业的社会责任微观评价
——以沪深上市公司为例

一　样本选择和数据来源

笔者检索了上海证券交易所和深圳证券交易所 2008 年上市公司公开披露的年报，样本包括了只发行 A 股的公司和同时发行 A 股和 B 股、H 股的公司。衡量企业治理结构的数据和其他数据来自国泰安 CSMAR 数据库和巨潮信息网，年报来自上交所网站。对于样本的选择来源于那些发布企业社会责任报告的公司。2009 年上半年，在政府相关部门及深交所与上交所的大力推动下，企业通过积极发布社会责任报告展示企业在承担社会责任方面的努力和建树，在华发布企业社会责任报告达到近 400 份，国内社会责任报告发布空前繁荣。2005—2008 年间，在华发布的企业社会责任报告四年总和不过 140 余份，一年之间，报告数量已激增近 2 倍。

在 2009 年的 1—6 月，润灵公益事业咨询（RLCCW）公司收集了 371 份 A 股上市公司发布的 2008 年度社会责任报告，并根据其设计的 MCT 社会责任报告体系进行了评价并打分。与此同时该公司也进行实时披露，该评价体系是中国本土机构开发的第一套 CSR 报告评价工具——MCT 社会责任报告评价体系，这套体系及评价结果得到了政府监管部门、交易所、投资者、上市公司和公众媒体的一致好评。

RLCCW 由 371 份 A 股上市公司社会责任报告的评价报告出发，通过表征信息比对、地域得分比对、行业得分比对以及股票市场表现实证研究等独特视角，向社会各界传递社会责任报告发布中取得的经验及存在的不足。其样本量占 2009 年上市公司发布社会责任报告总量的近 90%，有力地保证了蓝皮书的广泛性及有效性；行业得分比对分析为行业协会及相关政府部门制定企业社会责任政策提供了参考；地域得分比对分析对于地方政府推进企业社会责任建设具有借鉴意义；而特别值得一提的是，蓝皮书中对于企业社会责任报告评价得分与企业股票市场表现关联性进行的研究是目前国内具有先导意义的实证研究，同时也得到了非常好的实证结果（CSR 报告得分前 35 名的上市公司的平均每股收益是 A 股平均值的近 1.9 倍）。本书所采用的企业社会绩效的数据即来源于 RLCCW 对这 371 家 A 股上市公司的 CSR 报告进行评估所得到的结果。

表 2 - 1   MCT 企业社会责任报告评价体系简表

整体性评价指标（M 值）	内容性评价指标（C 值）	技术性评价指标（T 值）
1 战略有效性 2 相关方参与性 3 内容平衡性 4 信息可比性 5 整体创新型 6 可信度与透明度	1 责任战略 2 责任管理 3 经济责任绩效 4 环境责任绩效 5 社会责任绩效	1 报告政策 2 编写规范 3 可获得性 4 表达形式

二　单因素方差分析

（1）不同规模企业 CSP 的单因素方差分析

首先我们分析不同规模的企业是否在 CSP 的表现上体现出不同的特点。按照正常的理解，企业规模越大，说明企业在每个行业的地位越重要，也更有责任处理好利益相关者利益，并给行业中其他企业树立榜样。从不同规模的企业社会绩效描述性统计来看，企业的规模越大，其平均的 CSP 水平越大。在资产超 100 亿元的 110 个企业中，样本的 CSP 最高分为 72.09，所有企业里表现最好的中国平安，规模排在第 13 位；而规模排在最前面的几乎都是工商银行、建设银行、中国银行等金融机构，其 CSP 得分状况也同样排在前列。从表 2 - 2 中的企业不同规模的 CSP 得分情况可以看出，企业规模与企业的 CSP 存在一定的关系，企业的规模越大，企业的 CSP 表现越好。

表 2 - 2　　　　　　　按企业规模特征进行的 CSP 得分情况统计

企业规模	总资产 < 20 亿元	20 亿元 ≤ 总资产 < 100 亿元	总资产 ≥ 100 亿元
样本平均分	25.65	27.66	35.64
样本最高分	53.89	61.05	72.09
样本最低分	15.20	15.56	15.96
样本数	104	157	110

我们采用单因素方差分析方法对企业规模的影响状况进行分析。第 1 组数据表示总资产小于 20 亿元的企业，第 2 组数据表示总资产在 20 亿元到 100 亿元之间的企业，第 3 组数据表示总资产在 100 亿元以上的企业。首先对按企业规模特征获得的不同样本进行了 Homogeneity of Variances 检验，得出相伴概率为 0.234，这一数据大于 0.05 的显著性水平，说明各个组的总体方差相等，证明这些数据符合方差检验的条件。笔者随后用这三组数据进行方差分析，得出表 5 - 5 的分析结果。表 2 - 3 的统计数据显示，方差检验的 F 值为 39.745，相伴概率为 0.000。相伴概率小于显著性水平 0.05，告诉我们这三组数据之间可能存在显著性差异，但是不能确定的是，究竟是这三组数据相互之间都存在差异，还是某一组数据与其他两组数据有差异。

表 2 - 3　　　　　　按企业不同规模进行的 CSP 单因素方差分析结果

		平方和	df 值	均方差	F 值	显著性水平
组间	合并	6221.558	2	3110.779	39.745	0.000

续表

			平方和	df 值	均方差	F 值	显著性水平
	线性项	不加权	5336.363	1	5336.363	68.180	0.000
		加权	5414.168	1	5414.168	69.174	0.000
		离差	807.390	1	807.390	10.316	0.001
	组内		28802.733	368	78.268		
	汇总		35024.291	370			

为了更清楚地看到三组数据之间的相互关系，进一步运用了 LSD 法进行多重比较。多重比较的分析结果如表 2-4 所示，从该表可以看出第 3 组与其他组存在显著差别（显著性水平为 0.05），不过对于第 1 组和第 2 组来说却没有多大差别。此结果说明，超大型企业的社会绩效明显优于中小型企业和大型企业的社会绩效，而中小型企业和大型企业社会绩效无显著差异。这一结果说明，作为各行业中的龙头企业，超大型企业有义务，同时也有足够的实力提升企业社会绩效。所以，企业规模与 CSP 之间存在着正向的关系，尤其是超大规模的企业表现更为明显。

表 2-4   按企业不同规模进行的多重比较

(I)规模	(J)规模	均差(I-J)	标准误差	显著性水平	95% 置信区间	
					下限	上限
1.00	2.00	-2.00921	1.11853	0.073	-4.2087	0.1903
	3.00	-9.99117（＊）	1.21000	0.000	-12.3706	-7.6118
2.00	1.00	2.00921	1.11853	0.073	-0.1903	4.2087
	3.00	-7.98196（＊）	1.10002	0.000	-10.1451	-5.8188
3.00	1.00	9.99117（＊）	1.21000	0.000	7.6118	12.3706
	2.00	7.98196（＊）	1.10002	0.000	5.8188	10.1451

注：＊ 均差在 0.05 水平下显著。

（2）不同发行方式的企业 CSP 单因素方差分析

企业的发行方式也会影响到企业社会绩效的表现。对这 300 多家上市公司进行分析，按照股票发行 A 股、B 股和 H 股的情况将样本分成三个子样本，分别得出其 CSP 的平均分、最高分和最低分，然后进行单因素方差分析（见表 2-5）。

表 2 - 5　　　　　　　　按企业股票发行方式进行的 CSP 得分情况统计

企业发行方式	只发行 A 股	发行 A 股和 B 股	同时发行 A 股、H 股
样本平均分	29.53	24.56	25.09
样本最高分	72.09	35.05	40.63
样本最低分	15.2	15.56	15.2
样本数	315	20	36

从表 2 - 5 可以看出，同时发行 A 股和 H 股的公司，平均分比同时发行 A 股和 B 股的上市公司要好一点。不过，单单从这些描述性数据来说很难得出什么明确的结论，所以笔者按照企业股票发行方式对其进行了单因素方差分析，分析的结果见表 2 - 6。

表 2 - 6　　　　　按企业股票发行方式进行的 CSP 单因素方差分析结果

			平方和	df 值	均方差	F 值	显著性水平
组间	组合		4769.728	2	2384.864	29.008	0.000
	线性项	不加权	109.334	1	109.334	1.330	0.250
		加权	1882.340	1	1882.340	22.896	0.000
		离差	2887.388	1	2887.388	35.158	0.000
组内			30254.563	368	82.213		
汇总			35024.291	370			

接着前面的分析，使用单因素方差分析方法分析不同发行方式的企业 CSP 得分之间的差异。先做的是 Homogeneity of Variances 检验，得到的相伴概率是 0.436，显然要大于显著性水平 0.05，说明各组的总体方差相同，可以进行满足方差检验。然后通过对这三组数据进行的方差分析，得到 29.008 的 F 值和 0.000 的相伴概率。方差分析的结果如表 2 - 7 所示，相伴概率小于显著性水平 0.05，这告诉我们这三组数据之间可能存在显著性差异，但是不能确定的是，究竟是这三组数据相互之间都存在差异，还是某一组数据与其他两组数据有差异。

表 2 - 7　　　　　　　　　按股票发行方式进行的多重比较

(I)行业	(J)行业	均差(I-J)	标准误差	显著性水平	95% 置信区间	
					下限	上限
1.00	2.00	-9.95389 (＊)	2.59713	0.000	-15.0610	-4.8468
(B股)	3.00	2.46946	2.14139	0.250	-1.7414	6.6804
2.00	1.00	9.95389 (＊)	2.59713	0.000	4.8468	15.0610
(H股)	3.00	12.42334 (＊)	1.63602	0.000	9.2062	15.6405
3.00	1.00	-2.46946	2.14139	0.250	-6.6804	1.7414
(A股)	2.00	-12.42334 (＊)	1.63602	0.000	-15.6405	-9.2062

注：＊均差在0.05水平下显著。

　　为了更清楚地看到三组数据之间的相互关系，进一步运用了 LSD 法进行多重比较。多重比较的分析结果如表 2 - 7 所示，从表中可以看到第 2 组（代表同时发行 A 股和 H 股的企业 CSP 情况）与另外两组有着非常的差异，两者之间的显著性水平是 0.05，第 1 组与第 3 组之间则没有显著差异。这说明，同时发行 A 股和 H 股的企业社会绩效明显优于发行 A 股和 B 股的上市公司的社会绩效，但是，只发行 A 股的上市公司，与同时发行 A 股和 B 股的上市公司社会绩效无显著差异。这一结果说明，同时发行 A 股和 H 股的上市公司，由于受到香港政府部门和投资者的监督力度更为严格，有足够的压力和动力去关注利益相关者利益，从而提升企业社会绩效。而对于那些发行 A 股和 B 股的上市公司，由于主要的压力来自中国大陆，其治理环境在当前并不完美，导致企业社会绩效要落后于 H 股公司。

（3）不同行业企业 CSP 的单因素方差分析

表 2 - 8　　　　　　　　按行业进行的 CSP 得分情况统计

行业	金融	房地产	公用事业	综合	商业	工业
样本平均分	29.47	28.96	29.73	28.51	17.29	29.39
样本最高分	72.09	36.3	68.76	47.02	36.79	65.12
样本最低分	22.3	15.56	15.82	15.2	28.72	15.96
样本数	21	18	44	59	13	216

　　再看行业特点与 CSP 之间的关系，按照前面的假定，不同的行业在企业实施企业社会责任上体现出不同的特点，因为不同的行业所处的行业竞

争环境不同。按照这样的假定，将不同行业的企业进行分类，可以得出不同行业 CSP 得分的特点。从基本的描述性统计特征（见表 2 - 8）看出，公用行业、金融行业和工业这三个行业的平均得分最好，其他三个行业的平均分相对比较低；金融行业作为我国资本市场中占据绝对市值比重的行业，无论是在规模还是在对我国经济的影响力上，都起着很重要的作用，其 CSP 表现应该说相当不错。对于商业企业来说，在最高分、最低分和平均分的表现上都比其他行业差很多。这些基本的描述性数据告诉我们，行业差异对 CSP 表现应该存在一定的影响。

表 2 - 9　　　　按企业行业特征进行的 CSP 单因素方差分析结果

			平方和	df 值	均方差	F 值	显著性水平
组间		组合	6647.507	5	1329.501	17.101	0.000
	线性项	不加权	3268.364	1	3268.364	42.040	0.000
		加权	3942.248	1	3942.248	50.708	0.000
		离差	2705.259	4	676.315	8.699	0.000
组内			28376.784	365	77.745		
汇总			35024.291	370			

同样采用单因素方差分析方法，对不同行业企业 CSR 得分之间的差异进行分析。首先进行 Homogeneity of Variances 检验，得到相伴概率为 0.395，显然要大于显著性水平 0.05，说明各组的总体方差相同，可以进行满足方差检验。然后通过对这三组数据进行的方差分析，得到 29.008 的 F 值和 0.000 的相伴概率。方差分析的结果如表 2 - 9 所示，相伴概率小于显著性水平 0.05，这告诉我们这五组数据之间可能存在显著性差异，但是不能确定的是，究竟是这五组数据相互之间都存在差异，还是某一组数据与其他几组数据有差异。

表 2 - 10　　　　按企业行业特征进行的多重比较

(I) 行业	(J) 行业	均差 (I-J)	标准误差	显著性水平	95% 置信区间	
					下限	上限
1.00	2.00	11.93683（*）	2.33860	0.000	7.3380	16.5356
	3.00	18.72579（*）	2.83218	0.000	13.1563	24.2952

(I) 行业	(J) 行业	均差 (I-J)	标准误差	显著性 水平	95% 置信区间	
					下限	上限
	4.00	18.03696（＊）	2.24556	0.000	13.6211	22.4528
	5.00	16.82464（＊）	2.01504	0.000	12.8621	20.7872
	6.00	18.38832（＊）	3.11167	0.000	12.2693	24.5074
2.00	1.00	− 11.93683（＊）	2.33860	0.000	− 16.5356	− 7.3380
	3.00	6.78896（＊）	2.46700	0.006	1.9377	11.6403
	4.00	6.10013（＊）	1.76277	0.001	2.6337	9.5666
	5.00	4.88781（＊）	1.45780	0.001	2.0211	7.7546
	6.00	6.45149（＊）	2.78339	0.021	0.9780	11.9250
3.00	1.00	− 18.72579（＊）	2.83218	0.000	− 24.2952	− 13.1563
	2.00	− 6.78896（＊）	2.46700	0.006	− 11.6403	− 1.9377
	4.00	− 0.68883	2.37898	0.772	− 5.3671	3.9894
	5.00	− 1.90115	2.16273	0.380	− 6.1541	2.3518
	6.00	− 0.33748	3.20928	0.916	− 6.6485	5.9735
4.00	1.00	− 18.03696（＊）	2.24556	0.000	− 22.4528	− 13.6211
	2.00	− 6.10013（＊）	1.76277	0.001	− 9.5666	− 2.6337
	3.00	0.68883	2.37898	0.772	− 3.9894	5.3671
	5.00	− 1.21232	1.30334	0.353	− 3.7753	1.3507
	6.00	0.35135	2.70569	0.897	− 4.9694	5.6721
5.00	1.00	− 16.82464（＊）	2.01504	0.000	− 20.7872	− 12.8621
	2.00	− 4.88781（＊）	1.45780	0.001	− 7.7546	− 2.0211
	3.00	1.90115	2.16273	0.380	− 2.3518	6.1541
	4.00	1.21232	1.30334	0.353	− 1.3507	3.7753
	6.00	1.56368	2.51766	0.535	− 3.3873	6.5146
6.00	1.00	− 18.38832（＊）	3.11167	0.000	− 24.5074	− 12.2693
	2.00	− 6.45149（＊）	2.78339	0.021	− 11.9250	− 0.9780
	3.00	0.33748	3.20928	0.916	− 5.9735	6.6485
	4.00	− 0.35135	2.70569	0.897	− 5.6721	4.9694
	5.00	− 1.56368	2.51766	0.535	− 6.5146	3.3873

注：＊均差在 0.05 水平显著。

为了更清楚地看到 5 组数据之间的相互关系，笔者进一步运用了 LSD

法进行多重比较。多重比较的分析结果如表 3 - 10 所示，从表中可以看到第 2 组（代表同时发行 A 股和 H 股的企业 CSP 情况）与其他两组存在着显著差别，其显著性水平为 0.05，其他 2 组之间无显著差别。从该表可以看出第 1 组（金融业）和第 2 组（公用事业），与其他组存在显著差别（显著性水平 0.05），其他 4 组之间无显著差别。这说明金融业与公用事业企业的 CSP 状况明显好于其他行业，其他几个行业如房地产行业、综合、工业、商业企业的 CSP 表现并没有表现出显著性差异。

除了上述因素以外，还有一个因素是中国独有的，因为现在中国证券市场除了发行 A 股之外，少量公司还同时发行 H 股和 B 股。H 股和 B 股的发行，使上市公司的投资者从内地延伸到相关和其他国家的投资者，意味投资者的范围越来越广泛，受到的关注也越来越多，公司遵守法律法规的约束机制也更严格。虽然目前中国只有 10% 的公司同时发行 B 股和 H 股，但对于中国的上市公司来说已经是很大的进步。上市公司除了 A 股以外，同时发行 B 股和 H 股，企业社会绩效的表现会更好。可以看出，公司是否发行 B 股和 H 股是影响社会责任的一个因素。

第四节 本章小结

企业不仅是社会财富的创造者，而且是社会责任的承担者。改革开放以来，我国企业社会责任理论的层次，沿着"经济责任—法律责任—道德责任—慈善责任"的路径不断得到深化和强化。我国企业在履行社会责任方面取得积极进展确实来之不易。在企业社会责任实践的发展历程中，政府的主导作用尤为明显。可以说，企业在劳动保障、安全生产和环境保护等方面的成就，首先得益于政府自上而下的强力推动。同时，相关法律法规的规制作用也不可忽视。不过，目前我国企业社会责任依然处于初级阶段，"资本无道德""财富非伦理"的现象并不少见，环境保护工作依然任重道远，劳动保障形势不容乐观，食品安全事故时有发生，安全生产状况不容忽视。

本章的微观评价研究所得出的主要结论是：

第一，根据研究发现，中国企业社会责任的整体水平较低，平均指数不高。按照指数的大小把企业分成不同类型，得分在 60 分以上是领先者，得分 40—60 分叫作追赶者，20—40 分是起步，20 分以下叫旁观者。结果发现，整体水平在 30 分以下的占到绝大多数，也就是说中国的社会责任总体水平刚刚起步。而大部分企业在起步阶段还有一个麻烦问题，一些企业对企业社会责任实际行动的参与基本没有。

第二，把社会责任指数按照企业规模进行了研究，发现企业规模越大社会责任指数越高。如工商银行、建设银行、中国银行，这些企业属于社会责任的领先者。原因也很简单，企业越大，责任越大，对社会责任更为重视。随着规模的缩小，社会责任指数依次降低。也就是说，企业规模与企业的社会责任存在一定的关系，企业的规模越大，企业的 CSP 表现越好。

第三，研究发现，行业的差异性对于企业社会责任存在着较大的影响。从实际的企业社会责任表现来看，不同行业的企业存在着差异。公用行业、金融行业和工业这三个行业的平均得分最好，其他三个行业的平均分相对比较低；金融行业作为我国资本市场中占据绝对市值比重的行业，无论是在规模上，还是对我国经济的影响力上，都起着很重要的作用，其 CSP 表现应该说是相当不错。对于商业企业来说，在最高分、最低分和平均分的表现上都比其他行业差很多。所以说，行业的特点对于企业社会绩效来说是一个不可忽视的因素，尤其是在我国，不同行业的竞争环境与发展水平存在着很大的差异，既有垄断行业，也有一些新兴行业，企业的价值链特点也完全不同，所以说，在不同行业中，企业员工的工作环境千差万别；此外，行业的差异也使企业与环境关系表现出不同的特点，比如污染性行业与非污染性行业在保护环境上就存在差异，像煤电石油等能源企业对环境的影响要比一般企业大得多；另外，企业与其他利益相关者的关系如消费者和供应商等，也会因为行业的不同而出现差别。由此，行业因素是影响企业社会责任表现的一个方面。

第四，如果按上市公司发行股票的方式来看，不同的上市发行路径对于企业社会责任的实施也有影响。实践证明，同时发行 A 股和 H 股的上市公司，由于受到香港政府部门和投资者的监督力度更为严格，有足够的压力和动力去关注利益相关者利益，从而提升企业社会绩效。而对于那些发行 A 股和 B 股的上市公司，由于主要的压力来自中国内地，其治理环境在当前并不完美，导致企业社会责任实施水平要落后于 H 股公司。

第三章

公司治理理论与企业社会绩效

Ansoff 在其经典著作《公司战略：一个基于成长和扩张策略的分析方法》[①] 中指出，企业生产经营目标的实现，应当是不同利益主体相协调的结果，应当将企业目标划分为两大类——经济（绩效）目标和社会（绩效）目标，其中前者是企业的首要目标，而后者则是对前者的次要修正和限制，但企业在战略决策过程中必须兼顾两者。这里很清楚地提示我们公司治理所涉及的关键问题，指出虽然企业经济绩效和社会绩效应当成为企业的目标，但是这与公司治理目标是两回事。公司治理的唯一目标是经济绩效，只不过由于不同利益主体的影响和限制，使公司的总体目标要兼顾两者，这都是缘于公司治理所受到包括各种利益相关者压力带来的治理环境的影响，从而使社会绩效逐渐成为企业必须关注的问题。本章基于这样的背景，着重阐述公司治理、利益相关者管理、企业社会责任之间的内在关系与作用机理，将企业社会责任纳入企业的主流理论体系。

第一节　利益相关者理论对公司治理与企业社会绩效的影响

最早提出利益相关者这一概念的是 Rhenman（1964），不过这个概念在当时并没有引起大家的关注。真正开始比较系统地对利益相关者概念进行阐述的是 Freeman，他于 1984 年把其界定为任何能够影响企业组织目标的实现或受这种实现影响的个人或群体。他针对企业战略管理中出现的问题，给出了一个受到大家认可的利益相关者概念，这一概念把影响企业目

---

① Ansoff, H. Igor, Corporate strategy: An analytic approach to business policy for growth and expansion [M]. McGraw-Hill (New York), 1965.

标的个人与群体，以及企业目标实现过程中受其影响的个人与群体都纳入利益相关者范畴。而且他的研究也比较具体，把与企业发生关系的政府、机构等纳入其研究范围，他的概念将利益相关者范围予以扩展，奠定了利益相关者理论的基础。

从图3－1可以看出，公司治理与企业社会责任在理论上都受到利益相关者理论的影响，这种相互之间的关系说明公司治理和企业社会责任概念存在着一种融合。在理论上，企业治理理论虽然与利益相关者的一些观点出现冲突，但关于利益相关者压力给企业治理带来的压力影响企业治理结构的调整，也促进了现代企业理论的发展，使公司治理理论的框架更为完善，考虑的维度更加全面。对于企业社会绩效来说，利益相关者理论与实践的发展，在客观上完善了企业的治理环境，推动了企业在公司治理当中的不断调整，从而保证企业社会责任得到长足的发展。

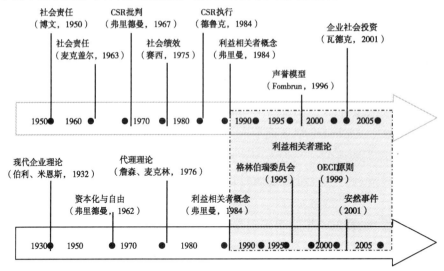

图 3－1　利益相关者理论对于 CSR 和公司治理概念的影响

资料来源：Dr Kevin Money；Herman Schepers，Journal of General Management，Vol. 33，No. 2，Winter 2007。

利益相关者理论起源于公司治理理论，却在一定程度上促进了企业社会责任的具体实践。换个角度说，利益相关者促进了公司治理理论与企业社会绩效的相互影响和融合。利益相关者理论揭示了这样的一个道理，即公司治理的客体（如管理层等执行机构），其实就是企业社会绩效的执行机构，公司的内外治理环境在很大程度上决定了企业社会绩效的行为基础。也正是通过利益相关者理论的研究，给公司治理理论和企业社会绩效理论的研究提供了一些参考，推动了两者之间的融合。

第二节 公司治理与利益相关者理论

最近几十年，公司社会责任的理念得到了很大的挖掘和发扬，也引发了社会各界的企业社会责任运动，这也使很多国家采取各种措施促进社会责任的履行，甚至修改公司法，以保证企业社会责任理论的执行。其实公司法很大程度上是对公司治理结构的规定，以保证相关利益者利益，所以，要探究公司社会责任的提出所引起的法律改革课题，还需从公司治理结构及其演变谈起。

一 公司治理的内涵

在亚当·斯密时代，人们已经意识到了公司治理要解决的一个核心问题，也就是如何实现对经营者的约束与激励，即代理问题。亚当·斯密（1776）在《国富论》中曾有一个论述，他说在钱财的处理上，股份公司的董事是为他人打算，但私人合伙公司的合伙人，肯定是为自己打算。虽然公司治理至今还未形成一个统一的定义，但费方域较为客观地对国内外学者给公司治理所提出的不同定义进行了介绍与综述。[①] 大家都认可公司治理的本质也就是指公司所有权的分享安排，即公司的剩余索取权和剩余控制权，公司治理的本质也就是对二者的安排。公司治理结构从狭义讲是一种制度安排，包括董事会的功能、结构、股东的权利等方面的安排；从广义讲是如何从法律、文化和制度等方面实现公司剩余控制权和剩余索取权的分配（张维迎，1996），换个角度，广义的公司治理本质上与企业所有权安排差不多。

随着向股份制企业的转变，企业所有权与控制权出现了分离，这给企业运营带来了困难，寻找一个合适的股东控制权的途径也成为学者和股东们最关注的一个问题。在《公司治理理论与启示》一文里，奥利弗·哈特（Oliver Hart）给出了一个公司治理理论的分析框架。他认为只要是组

---

① 费方域（1998）的《企业的产权分析》一书将各种观点归为四个范畴：①制度安排；②董事会、经理人员与股东之间的相互作用机制；③公司的组织结构；④一种决策的机制。

织，就会产生公司治理问题，当然前提是满足两个条件。第一个条件是代理问题；第二个条件是如果解决代理问题成本太高，则使企业很难设置契约来处理。现代企业发展到现在，遵循的是一种比较传统的治理机制，股东要实现控制目标，一般通过利益相关者的相互制约来实现，具体的做法是划分不同机构之间的权责，包括股东大会、董事会、经理和监事会。在这样的传统模式中，公司的股东权力高于一切，股东能够处理资产，确定受益者，也拥有者决策的权力。股东对企业经营决策的掌握，具体表现为董事会的组建，董事会则是股东大会产生。董事会作为股东权益的执行者，有权决定经理人选，并间接保持对公司的日常经营管理。而监事会的任务则是对经营层进行监督，确保公司的营运符合股东的最大利益。在这样的机制中，所有者的股东追求的是在公司内部建立起一个服务于股东最大化利益的体系，实现股东对公司的控制权。所以说，我们可以总结出一点，即公司治理结构遵循的就是"股东利益最大化"这一理念并付诸实践。

二　利益相关者理论对公司治理的影响

20 世纪 60 年代以后，利益相关者理论对公司治理理论产生过一些影响。从那个时候开始，国内外的学者逐渐注重对利益相关者利益的关注。[①] 利益相关者理论的提出，使一些学者寄希望于把公司社会责任理论的具体落实办法归到公司治理机制。利益相关者之所以成为一个研究的方向，其原因在于，学者们认为，决定管理者形成共识并在企业运营中注意对社会责任的承担的基础，就要看公司如何进行决策，如何对其目标进行定位，其实就是公司是如何实现对权力分配的。要实现对权力的分配，要看所有利益相关者之间如何处理冲突、实现合作。公司作为一个载体，自然要满足不同利益相关者的需求，那么也需要用一个恰当的治理机制和体系来实现这一点，以保障所有利益相关者的利益。

从理论上的研究意义来说，利益相关者理论希望在传统的委托代理理

---

① OECD、亚太经合组织，Tricker、Monks、钱颖一，以及国内学者周业安、杨瑞龙等国内外学者，对利益相关者的定义角度和表述存在一些差异，但一个共识是都认为公司治理的根本目的在于希望通过制度的安排，来实现各利益相关者之间的权利、责任和利益的相互平衡，并达到实现效率和公平的同一目的。

论基础上再进一步，对之进行修正。持有这一观点的学者认为，原来的那种委托代理关系应当扩展到所有利益相关者在内的主体，这样更容易分析清楚公司治理的本质。詹森（1976）是研究代理问题和两权分离的专家，他认为股东和经营者是委托人和代理人的关系，前者是公司的外部利益主体，后者则是公司的内部利益主体。我国学者李维安（2002）也认为，公司要同时满足股东的利益和利害相关者的利益。从上面的分析可以看出，传统的公司治理依托于"委托—代理"理论，寄希望于解决所有权和控制权相分离而产生的股东和经理层之间的权责问题，所遵循的当然是股东至上。但是利益相关者理论出现以后，一些学者却持有不同观点。他们认为股东仅仅只是作为公司利益相关者之一，其他利益相关者也分别与公司存在着一定的利害关系。在坚持这一观点的基础上，那些推动公司履行社会责任的学者通过大量实证研究，分析了企业与利益相关者之间的关系。通过研究，他们的结论是如果忽视其他利益相关者的权益，公司作为一个经济组织来说，存在着太多的障碍，从而很难经营下去。

　　按照上述概述，我们可以看到利益相关者的治理理论与传统的委托—代理理论存在着一定的差异。按照利益相关者治理理论，只要是企业的利益主体，就有权对公司的治理进行评价和监督；也就是说，每一个利益主体有权参与治理，并成为治理行为的主体，这就是利益相关者理论所提倡的共同治理模式。这种模式坚持认为参与公司治理的各个相关者之间保持平等和独立，股东是公司治理的主体，但是股东以外的其他利益相关者如客户、雇员、政府、供应商、社区等也应当发挥重要作用。虽然股东依然是公司治理主体的核心主体，但雇员等利益相关者保持对公司治理的参与权。

　　这样的分析思路和逻辑，让企业理论的研究偏离了原来的方向，这也导致很多学者对这种理论的正确性的诟病。绝大部分的反对者提出，在这样一个基于利益相关者理论的模式下，企业的经营目标就会完全偏离正确的轨道，原来的经济利润最大化被放弃，取而代之的是所有的利益相关者利益。也就是说，企业的运营目标变成了一个多元化的体系，既包括了经济目标，又包含了社会目标和政治目标。如果是这样，那就意味着企业在某种程度上变成了政经合一的组织，企业的行为有着非常强烈的公益性质，会使公司的效率大大地降低。如果真的是这样的一个体系，企业就会遇到一个选择难题，是追求股东利益最大化呢，还是追求所有利益相关者的整体利益？股东利益最大化的结果是负的外部性和社会福利的损失；如果追求的是所有利益相关者的整体利益，企业运营效率会受到影响。简单总结起来就是：股东利益最大化的治理机制，意味着效率；利益相关者福利最大化的治理机制，意味着社会与企业的统一协调发展。利益相关者理论对于公司治理理论的影响，使企业运营出现了这样的矛盾之处，面临着内在的困境。此时的企业很难平衡两者之间的冲突，是追求"效率"，还是追求"公平"？如果按照利益相关者理论，将使股东投资的积极性受到很大的打击，带来企业效率的降低，这是利益相关者理论带给我们的困惑。

三　公司治理主体、客体的辨析

上面讲到的共同治理模式，给企业带来了一些很难解决的问题。首先产生的问题是这一理论使公司的治理主体不断增加，同时导致治理客体不断减少，最后产生一个问题，即不知谁治理谁，这样会扭曲治理结构，甚至使之失效。其实 Bishop（1994）早就已经指出，如果要求企业对所有的利益相关者都承担起责任，其实就意味着这些管理者可以对谁都不负责任。

前面阐述公司治理含义的时候，从广义和狭义的角度来分析公司治理，笔者也分别从这两个角度来分析利益相关者存在的问题。从广义看，各种利益相关者勉强可以被看作企业治理的不同主体，但如果进行深入剖析，其实他们从本质上看应该是企业的利益主体，而不是治理主体。企业作为社会中的主要经济主体，本质上就是一个经济利益的焦点，所以说除了股东利益外，企业的管理层还要考虑更广泛一点，通过组织设置和实际的运营，为企业构建一个包括非股东利益相关者在内的有效关系网。

但从狭义的角度来进行分析，很多学者认为将企业的所有利益相关者纳入治理主体并不符合现代企业理论的主流范畴。吴宣恭（2003）的分析是从产权的角度来探讨的，他认为利益相关者理论表面上分析了企业同利益相关者之间的关系，但如果从这个角度分析企业所有权的归属，就会导致产权主体和产权客体相互混淆和模糊，界定出现困难，也很难确定不同关系的处理原则，从而导致本来很清晰的产权理论出现困惑。黄少安（2003）也从主体和客体的不同内涵对共同治理理论提出疑问，他认为如果共同治理理论成立，就意味着所有利益相关者都是治理主体。那么治理客体是谁？谁来治理谁？他的问题表明，在企业的治理系统中，各个利益相关者基本上无法处于同等主体的地位，否则会导致产权不明晰。楚永生（2004）也持相同的观点，认为如果利益相关者都是治理主体，则很难给公司确定治理客体。

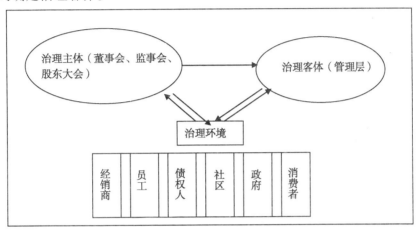

图 3 - 2   公司治理的主体与客体

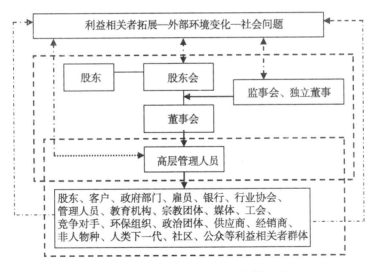

图 3 - 3   公司治理与利益相关者管理关系

从图 3 - 2 的内容可以看出，公司治理过程其实就是企业社会绩效的决策过程，而利益相关者管理则是企业社会绩效的执行过程。本书认为公司治理的主体指的是股东、董事会和监事会，股东是公司治理的核心，而利益相关者在治理结构系统中的地位不是绝对的，是相对变化的。换个角度说，不同的利益主体参与公司治理，是以不同的地位和形式，而不都是以主体的形式。举个例子，在董事会对经理层的治理体系中，董事会是治理主体，在对经理层实施自己的职责时起到的是主导作用，经理层作为承担执行职责的客体，处于被治理的地位。再看拥有所有权的股东对董事会的治理，此时的治理主体是股东，董事会则处于被治理的地位。从治理层面看，公司治理主体包括两个层面。第一层面指个体，即股东、董事和监事等个体；第二层面指的是具体的治理机构，即董事会、股东会和监事会等机构。

四　利益相关者共同治理的缺陷

（一）利益相关者的概念模糊

在 1963 年，美国的斯坦福研究院首次提到"利益相关者"这个词，掀起了利益相关者研究的热潮，很多学者对之进行了研究，并在此以后的几十年里出现了与企业利益相关者概念有关的内容。从企业的实践看，利益相关者理论对于学者们有着很大的价值，也得到一些学者的关注和重视，但如前面所论述的是，我们很难准确认识利益相关者，是因为其本身定义上的模糊。到目前为止，还没有一个定义能够得到学者们的一致认同。这一尴尬现状意味着这一理论缺乏一个对利益相关者的界定和描述，则很难说服大家接受其理论，并应用到企业的治理实践中。

关于利益相关者的分类，最早提出比较完整定义的是 Freeman（1984）。他也是利益相关者理论研究的一个重要学者。此后许多学者分别从不同的分类维度进行研究，并根据各自的研究角度做出界定，并进行分类。总结学者们所进行的分类，一般将所有者、客户、政府机构、员工、金融机构、管理者、教育部门、新闻机构、工会、行业竞争者、环保机构、供货商、经销商，以及社会公众等利益相关者群体都包含进来。但是问题在于，现有的理论研究对于利益相关者的分类也不是很清晰，而且在对利益相关者分类的时候，学者们都带着自己的研究目的进行研究，导致分类结果出现很大的差异，给深入研究相关主题带来障碍。

（二）利益相关者共同治理带来的目标混乱

股东利益最大化的公司治理，追求的是实现企业效率的原则，而利益相关者福利最大化的公司治理，更加追求企业与社会的同步发展。传统的企业理论假设公司生产经营目标是一元的，即实现经济利润最大化。治理目标混乱带来的后果就是选择上的难题。如果只追求股东的价值最大化，会给社会带来负面影响；如果希望通过共同治理，甚至使用外部的利益相关者监管和调控的方式，虽然能在局部上提高社会福利，但可能带来的是整体经济效率的下降。

此外，共同治理的多元化追求可能会使公司的管理者更倾向于为自己的一些失误寻找平衡。公司管理层的行为如果受到多元化的治理影响和约束，反而会给他们的管理带来负面的信息，并导致他们只追求其中一部分的战略，如盲目追求公司扩张或进行技术的改善，却忽略了公司整体战略和目标的实现。

（三）利益相关者共同治理的主体缺位

利益相关者共同治理存在的第三个问题是如何确定一个恰当的公司治理结构？其依据是什么？如何实施？除了股东以外，其他利益相关者包括从各个角度给企业实施压力的人群体。这么多的利益相关者，其构成非常广泛，分布在各种各样的集团当中。这么庞大的群体，给企业带来的一个很大问题是很难区分面对的利益相关者群体，也很难估量这些利益相关者的数量，比如环境保护利益相关者的群体非常复杂，企业该如何区分？如何估量其压力？诸如此类的问题会一直困扰企业和学者们的深入分析。此外，某些利益相关者的数量会在不同的背景下呈现出不同的特点；甚至时间发生了改变，某些利益相关者的数量也会发生变动，比如某一个体既有可能成为雇员，也有可能成为一个企业的环境保护利益相关者，使企业的界定非常困难。也就是说，如果利益相关者主体尚处于部分缺失的状态，企业就很难在技术上确定一个恰当的公司治理机制。

如果利益相关者的主体缺失，那么就很难组织起一个能够全面代表利益相关者在内的框架，行使自己的权利和保障自己的利益。这样的话，那些希望利益相关者代表参与组成的董事会和监事会也很难达到预期的目标，因为董事会和监事会的人员有限，如何确定恰当的人选就是一个很复杂的技术性难题，并且也违背了企业的效率最大化原则。

（四）利益相关者共同治理的效果低下

利益相关者理论的共同治理模式提出，企业要考虑其他利益相关者的利益，这一理论无论是对于学者还是对于企业家都有着一定的吸引力，问题是利益相关者究竟如何才能实现这一目标？此外，就算是真正按照这样的观点来对公司进行治理，带来的直接后果包括以下几个方面。首先，共同治理模式带来的就是管理效率下降，因为董事会中如果将不同利益相关者拉入，并希望其实现对企业的全面监督，反而会降低企业的效率；其次，如果将共同治理模式引入企业，将使公司的决策失去实质性意义。因为企业如果将诸多利益相关者都包含在企业的控制群体中，并作为治理主体来掌控企业，不是很现实，因为从操作性来看，基本上不可能实现。所以说，共同治理具有理论上的吸引力，但缺乏实践意义。一些坚持利益相关者管理的学者也并不坚持一定要将各种相关者都纳入治理机制当中。另外，我们也可以从实践当中看出，就算是在利益相关者活动比较突出的法国、德国，利益相关者治理也并不是很出色，也没有实现倡导者的初衷。针对这样的缺陷，一些学者提出一些改善的建议，比如 Williamson（1985）就提出，各种利益相关者在董事会中的贡献，如果只是进行信息的交流，效果可能会比较好。

我们可以从上面的分析看出，利益相关者理论在一定程度上改进了公司治理理论的不足，但在几个方面都存在着固有的缺陷。Sternberg 的观点比较直接，他指出利益相关者理论并没有给公司治理带来很大改变，反而会误导人们，而且也并没有很好的途径来改善公司治理，提高企业绩效。总体而言，就是利益相关者理论在本质上很难和所定义的实体性目标相符，甚至可能还会破坏原有的产权体系，混淆企业的责任。

第三节　企业社会绩效与利益相关者理论

一　利益相关者活动对企业社会绩效的实践推动

关于利益相关者理论的发展，虽然存在很多缺陷，但比较有意义的是学者们试图将对公司社会责任理论的具体落实办法归到公司治理，这在理论上值得商榷，但却在实际工作中促进了企业社会责任的实施。因为当股东利益目标和其他相关利益者的利益目标出现冲突时，便要通过公司的内部治理结构的变化去协调，并实现权衡股东和其他相关利益者利益的目标。我们可以看到，企业社会责任与利益相关者理论研究和关心的内容属于不同的企业层面。利益相关者理论偏重于从企业内部的角度来思考企业与利益相关者之间的关系，企业社会责任更偏重于从整个社会出发去思考企业行为对社会的影响，研究企业与社会之间的关系。尽管两者思考问题的角度不一样，但利益相关者的实际活动却在很大程度上推动了企业社会责任的不断普及和推广。具体表现就是销售商、供应商、客户、社区和政府等诸多利益相关者在企业层面和企业外部对企业运营过程施加了相当大的压力，使企业在满足和协调这些利益相关者利益的过程中推动了企业社会责任意识、行为和目标的改进和完善。

二　利益相关者理论为"企业社会绩效"提供新的研究视角

利益相关者理论的倡导者认为，企业不仅仅是简单的实物资本的集合，而是一个契约联合体，参与者为各个利益相关者。企业的资本包括人力资本和物质资本等，股东提供的是物质资本，其他利益相关者提供的有人力资本等。向企业提供资本的不限于股东，企业的债权人、经理、职工都向企业投入了专用资产，市场里的企业是一个人力资本和非人力资本的特别合约（周其仁，1996）。其他的相关利益者和股东一样也承担企业的风险，这样的契约安排使所有者从原来的股东拓展为所有的利益相关者。这样的契约安排下，所有的利益相关者之间相互独立，权利平等，且共同拥有企业的所有权。利益相关者理论在与传统企业理论相背离的过程中，给企业社会责任的研究提供了一个新的视角，为企业社会责任的理论构建提供了一个新的框架。

由于利益相关者理论的发展，许多研究企业社会责任的学者已经认为，可以将利益相关者这一概念引入企业社会责任研究中。也正是由于利益相关者理论在公司治理战略中的作用，我们可以在利益相关者理论的框架内针对不同利益相关者所应该承担的社会责任进行界定。关于这一点，卡罗尔（1994）也持有相同的观点，认为可以借用利益相关者理论的某些思想，为企业社会责任提供一个思路和方向，这个方向可以帮助我们针对相关利益群体界定企业社会责任的范围。另一学者 Clarkson（1995）的研究最有针对性，他提出利益相关者理论可以帮助企业社会责任研究建立一个新的理论分析框架，他将企业的社会责任明确界定为企业与利益相关者之间的关系。

三　利益相关者理论为度量企业社会绩效提供新的体系

学者们在深入研究企业社会责任的范畴时，发现很难找到一个比较全面和客观的方法来衡量企业社会绩效，给企业社会绩效研究带来了很大的障碍。当然，学者们最初在这方面也做出了很大的努力，并设计出很多衡量企业社会绩效的模型，在这些方法中，有两种方法使用比较普遍。第一种方法被称为内容分析法，这一方法是通过专家对企业进行打分，所参照的资料是企业发布的相关报告和表格，或者企业的相关文件资料，按照分类方式进行评分，最后归纳出企业各项目的分值，这样就可以完成对企业社会责任的估量；第二种方法更为主观，一般被称为声誉指数法，这一方法是由专家对企业所涉及的各种各样的政策进行评估，然后根据这些评估分数排序，最后得出先后次序的结果。

上述这些方法虽然有一定的应用价值，但是都存在着一定的缺陷。声誉指数法的主观性比较强，学者们衡量的依据也相对比较狭窄，科学性受到一定限制；内容分析法则完全按照企业的相关指标进行评分，难以真实反映企业在不同利益相关者中的责任履行状况。与之相比较的是从利益相关者理论出发设计出的一些更为实用和科学的衡量体系，其中最为流行的方法就是KLD指数法。伍德和Jones认为，此指标体系的研究设计最有用，也是一种很好理解的体系，这也是利益相关者理论给企业社会责任理论研究带来的最大贡献之一。KLD指数法将企业社会责任研究与利益相关者理论进行结合，并设计出一种衡量企业实施社会责任绩效的较好方法。它由KLD公司的分析师们设计，指标体系包含了8个与企业社会绩效相关的变量来评价企业与其利益相关者之间的关系。基于利益相关者理论的这一度量体系，为衡量企业社会责任提供了一个比较全面、科学的方法，此方法也是在社会责任研究领域应用最频繁、受到的关注度最大的一种度量体系。

四   利益相关者理论为研究企业社会绩效提供新的平台

不可否认的是，目前仍然有许多学者对企业社会责任这一提法持保留意见，有的甚至完全否定这一概念。学者们需要重点解决的问题是如何赋予企业社会责任一个全新的理论解释体系，并提供一个更有说服力的依据，让更多的主体包括企业接受企业社会责任的理念。与此同时学者们更要让人们意识到企业应该并且能够主动承担起社会责任。但一个非常实际的问题是，当前学者们提供的社会责任理论依据和实证研究尚不能很明确地给出定论，很多理论尚未得到很好的论证和辨析，如企业社会责任的动力机制研究、企业社会绩效与经济绩效的关系，等等。

利益相关者理论认为，企业社会责任体系可以引入其思想。学者们认为能够在全社会形成一种共识，这种共识就是对企业利益相关者利益的重视，其结果就是所有企业主动承担社会责任。如说 Bernadette 和 Raf 等人认为，如果将利益相关者理论引入企业社会绩效与企业经济绩效之间关系的研究中，可能会得到一个不同的结果，因为从利益相关者的角度进行分析，可以提供一个更好的分析框架。他们利用利益相关者研究的框架，得出的结果是当企业的管理满足不同的利益相关者的需要，股东的经济绩效会有所提高。他们的研究从利益相关者角度分析企业社会责任，应该说有着很大意义，并且获得较为理想的结果。当然，这样的研究结论也增强了企业的积极性，使一些企业有动力承担社会责任。

五　本节小结

利益相关者视角下的企业是所有利益相关者实现其自身权益主张的载体，意味着企业承担着广泛的社会责任。但是，对于公司治理来说，利益相关者利益主张的实现，关键取决于作为核心治理主体的股东与其他利益相关者之间的博弈，两者之间在某种程度上是一种对立的关系，利益相关者从企业内部和外部对治理主体施加压力，影响治理主体对治理客体的治理过程。从治理的角度看，利益相关者很难成为公司治理的主体，而只能作为治理的外生变量来影响治理机制。

对于企业社会责任来说，利益相关者框架主要是从具体的企业管理战略和管理程序角度来分析，侧重于企业社会责任的实施，而忽略了社会责任这个概念本身的规范性，对于企业社会责任的外部推动因素和内在推动因素缺乏深入的研究。利益相关者理论给企业社会责任尤其是社会绩效的评估提供了一个很好的平台，但是利益相关者理论中的一些关于企业社会责任的动力机制与运营机制的观点，并不是很符合企业的实际状况。其他的利益相关者永远无法成为公司治理的主体，所以说，企业社会责任的内在动力还是应该从治理主体即责任主体股东来进行分析，而不是将所有的利益相关者都当作社会责任主体，否则就会导致责任主体的混淆。

第四节　企业经济绩效与社会绩效的矛盾与融合

一　经济绩效与社会绩效目标的矛盾

一些研究混淆了公司治理、利益相关者管理与企业社会绩效的关系，将公司治理理论复杂化。利益相关者共同治理模式实质上是行不通的，利益相关者的利益其实不如说是企业社会责任的体现，能否实现利益相关者的利益，要看通过外部的压力和公司的内部治理。现代企业股权结构的分散和社会化，使公司的治理目标受到了很多的压力。利益相关者的压力表现为治理环境的压力，即政府干预、法治水平、市场化反映了利益相关者对企业的治理结构影响，公司的总体目标超越了公司价值最大化，而变成了社会绩效最大化，这给公司治理目标与利益相关者利益之间的关系带来矛盾和冲突。

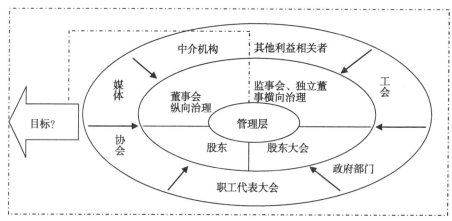

图 3 - 4　公司治理的约束条件

资料来源：常盛：《基于要素分析的公司治理结构系统理论与实证研究》中关于公司互动治理的运行流程图，博士学位论文，浙江大学，2006 年，第 108 页，笔者进行了部分修正。

股东的治理目标是经济绩效，其他利益相关者的目标就是社会绩效了。作为以股东利益为首要出发点的公司治理，其目标始终没有改变，依然是经济绩效，这与主流企业理论也不冲突。但是由于企业社会化与利益相关者活动，公司的治理目标会受到限制，影响到治理目标的实现。换种方式说，公司治理的对象，已经从原来的比较简单的股东与管理者之间的委托代理关系，转换为股东与各种利益相关者之间的关系，但要明确的一点是，治理主体的核心永远是股东，股东所坚持的价值最大化与不同利益相关者之间的社会福利最大化目标应该是相互矛盾的。

利益相关者活动使公司的目标复杂化了，利益相关者创造的治理环境决定了公司目标的边界的不断改变。外部治理环境给予企业的不同压力，使企业会不断调整经济绩效与社会绩效的权重。公司治理是一个动态的过程，对于企业社会绩效来说更是如此。不同的治理环境，企业的社会绩效不一样，外部治理环境的压力大，社会绩效好；如果压力小，企业治理的目标可能更注重经济绩效。这种社会绩效的度量，本身并不是企业主动治理的目标，而是源自于利益相关者压力所作出的调整。从这个角度看，利益相关者活动（甚至包括非利益相关者活动）对公司治理环境的影响，成为公司治理的一个很重要的约束条件，在追求自身经济绩效目标的治理活动中，会根据约束条件不断修正自己的治理方式与利益相关者管理手段，以达到总的社会福利的最大化。

二 管理者无差异曲线

当然，公司治理与公司社会绩效看上去是一个充满矛盾的问题，但两者并不是完全冲突的。公司虽然是以营利为宗旨，但是营利与担负社会责任之间并不意味着一定会发生冲突，处理得当的话公司完全可以同时达到这两个目标。现代社会的发展，需要我们通过一系列的讨论，包括公司社会责任存在与否、公司社会责任与公司治理结构的关系、公司治理结构中利益相关者参与等，来进一步澄清一些问题，并给我们许多启示。

企业作为公司治理的客体，同时也是利益相关者管理的直接责任方，面对经济绩效与社会绩效的冲突，会在不同的情境下采取恰当的策略，以获得最大程度上的管理者效应。管理者由代表股东的董事会推选，从企业治理制度和公司管理的角度，代表的是股东利益相关者的利益，履行股东委托的经济责任。不过应该清楚的是，公司治理机构会因为公司外部治理环境的压力以及内部治理环境的变化而减轻对经济绩效的过度追求，而这种压力也间接影响到管理者的决策，再加上公司长期运营过程中形成的价值观影响，管理者形成自己的社会责任战略。从管理者的决策偏好角度，笔者借用了经济学理论中的无差异曲线，将企业的两种绩效追求用一条无差异曲线来进行衡量，以描述代表治理客体和社会责任主体的管理者效用。

图 3-5 中的曲线为管理者对于经济绩效和社会绩效的无差异曲线。不同的无差异曲线所代表的是不同企业规模或发展水平的经济绩效和社会绩效，与原点离得越远，表示企业得到更好的经济绩效和社会绩效。基于公司治理和利益相关者压力下的公司管理者效用，可以被描述为三种不同

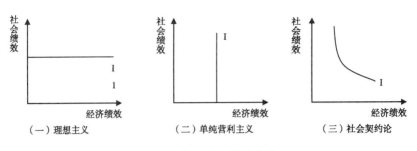

图 3 - 5　管理者无差异曲线

的管理者无差异曲线。不同的企业内部，有着不同的管理者偏好和管理者决策机制。单纯营利主义的管理者，追求的纯粹就是经济绩效，说明此时的治理环境不完善，利益相关者对企业的压力过于弱小；理想主义的管理者除了企业价值观和自身价值观的内因，还受到企业内外压力的影响，一切以满足企业社会绩效为主要任务；而社会契约理论则认为企业管理者在各种错综复杂的契约的约束下，会表现出一种综合的决策机制。下文分别对图 3 - 5 中的三种类型无差异曲线进行阐述和分析。

图 3 - 5（一）描述的是理想主义的管理者的无差异曲线 I。管理者追求的是社会绩效，对经济绩效缺乏认可，此时的无差异曲线 I 表现为一条与纵轴直行的直线。在这样的一种管理状态下，经济绩效的提高对于公司的管理者来说，并不会使其效用获得提高，公司的管理战略关注的仅仅只是社会绩效。理想主义下的管理者无差异曲线，说明管理者的企业战略是以并不是从成本与收益的角度来衡量企业绩效，更多的是考虑其他利益相关者的利益，希望实现对社会的全面回馈和贡献。

图 3 - 5（二）描述的是单纯营利主义的管理者的无差异曲线 I。因为管理者追求的是经济绩效，对社会绩效缺乏认可，此时的无差异曲线 I 表现为一条与纵轴平行的直线。社会绩效的提高对于公司的管理者来说，并不会使其效用获得提高，公司的管理战略关注的仅仅只是经济绩效。管理者的社会责任履行，对于管理者效用没有影响，企业的一切重心都是围绕着企业的经济绩效来实施和运营。这种无差异曲线，是很多学者所坚持的一种企业本质观点。企业理论学者认为，企业的唯一功能就是创造财富，要实现企业以外的公共利益和其他利益，应该不属于企业的关注重点。所以说企业会寻求如何最大化实现经济绩效。简单来说，这种状态下的管理者效用，就是以为股东赚取最大化的经济利益作为衡量目标。

图 3 - 5（三）描述的是社会契约带来的中间状态的管理者无差异曲

线 I。这种状态下的管理者无差异曲线 I，表现出与前面两条曲线完全不一样的特点，具体表现为两个方面。首先，无差异曲线的斜率是负的，因为经济绩效与社会绩效在某种程度上表现为一种相反的方向。其次，无差异曲线真正表现为一条曲线，而且是凸向原点的一条曲线。之所以表现为凸向原点，是因为管理层在经济绩效与社会绩效的取舍过程中，耗费的转换成本呈现为一种边际递减效应，比如说降低对社会绩效的投入，所节约下来的资源转换为经济绩效的效应，并不是水平转移，而是存在成本的投入，所以说呈现出一条凸向原点的曲线。

前面提到，传统的公司治理结构所传达的就是以实现股东利润的最大化为其终极目标，公司只是股东实现利润最大化的工具。股东之外的其他与公司有关的主体，只能根据其与公司订立的合同取得约定的或者固定的收益。股东享有对公司利润的剩余索取权，公司经营管理者的一切经营行为都应是为了使股东获取最大的利益。而按照公司社会责任观念，股东只是公司利益相关者之一种，它以外的雇员、消费者、客户、当地社区乃至影响公司和受公司影响的社会公众都分别与公司存在着某种利害关系，亦是公司的利益相关者。支持此观点的"利益相关者理论"认为没有这些利益相关者及其在公司中的利益，作为组织的公司将无法存续。公司，正是所有利益相关者围绕权益获取和保护的合作博弈所形成的契约组织，而非如传统理论所限定，仅为物质资本所有者或股东基于盈利动机而组成的联合体。

三　经济绩效与社会绩效在不同契约环境下的均衡

基于前面的管理者无差异曲线分析，我们可以得出一个企业的均衡决策过程。这一均衡的过程取决于两个方面，一个是企业所处的契约环境，它决定了企业管理者无差异曲线的形状；另一个是企业自身的规模、所处的生命周期阶段、企业创利能力等因素决定的企业资源因素，它决定了企业的总体可利用资源。当然这一分析是基于几个基本的假定条件：其一是假定企业资源用于两个目标，即用于经济利益和社会利益；其二是社会战略的投入与经济战略的投入效用不相容。在这样的假定下，作为公司的管理层，需要根据公司所拥有的资源、所制定的长期战略以及外部的契约环境进行权衡，这是由企业的资源所能创造出来的企业绩效边界所决定的，从而决定了企业管理者的一个最佳效用。下面本书用图 3-6 和图 3-7 来阐述这样的一种均衡是如何达到并演进的。

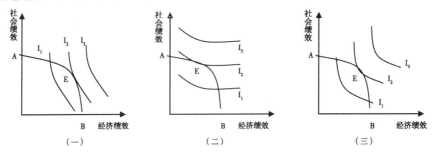

图 3 - 6　社会绩效与经济绩效的均衡

图 3 - 6 反映的是一种短期的均衡。从短期的企业社会绩效与经济绩效之间的关系看，因为企业本身的资源存在着一个边界，追求社会绩效，自然会减少追求经济极小的投入，所以两者之间是一种反方向关系。两者之间的资源转换并不是一种简单的线性关系，笔者在图 3 - 6 中用曲线 AB 来代表其资源边界，也可以将其理解为经济绩效与社会绩效的约束曲线。图中的三个结果代表了企业在经济绩效与社会绩效的三种短期均衡，相互之间的区别在于企业拥有的不同管理者无差异曲线。之所以呈现出不一样的特点，是因为企业管理者所面对的契约环境不一样。图3 - 6（一）的无差异曲线比较陡，表明企业外部和内部的契约环境比较有利于股东，所以管理者更重视经济利益，为了追求某一数量的经济绩效，可以牺牲超出其数量的社会绩效，外部的环境越宽松，无差异曲线就会越陡峭。图3 - 6（二）的无差异曲线比较平，表明企业外部和内部的契约环境比较严厉，所以管理者更重视社会利益，为了追求某一数量的社会绩效，宁愿牺牲超出其数量的社会绩效，外部的环境越严厉，无差异曲线就会越平坦。图 3 - 6（三）的无差异曲线介于两者之间，说明无论是对于股东，还是其他的利益相关者来说，相互之间的契约环境比较公平和公正。作为股东能够充分利用自己的治理主体地位来追求合法的权益，而其他的利益相关者则因为公司治理环境的改善，以及整个社会利益相关者活动的完善和推动，还有公司内部的整体价值观和个人的价值观影响，使社会绩效也成为管理者必须考虑的问题。在这样的契约环境中，可能会获得一种相对比较平衡的结果，也只有这样，才能真正实现整体社会福利的提高，而不是像图（一）和图（二）所展示的那样，只偏重某一方面的绩效，而忽略了另一方面的利益。

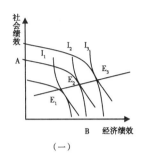 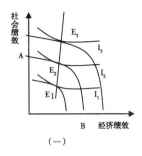 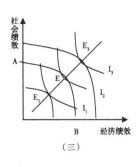

图 3 - 7　企业绩效与经济绩效的长期均衡效用

图 3 - 7 则换了个角度，从长期发展的角度来分析经济绩效与社会绩效之间的一种长期均衡。在长期内，企业更加偏重于追求一种经济绩效与社会绩效的总体效用，真正实现了两者之间的融合，所以说，培养一个良好的契约环境，实现企业内外治理环境的优化，保证企业利益相关者活动的效果，都能够实现社会福利的真正提高。为了更好地理解这一点，本书作者还是分别从三个不同的契约环境进行分析。图 3 - 7（一）延续了上述的分析，只不过是从长期发展的角度看，随着企业规模的扩大、企业资源的持续积累，企业的最优均衡点会越来越远离原点位置，从 E_1 逐渐向 E_3 推进，企业的总体效益会越来越好，只是因为企业的无差异曲线 I_1、I_2 和 I_3 比较陡峭，导致企业经济绩效的增长速度远远超过社会绩效的增长。图 3 - 7（二）也是从长期发展的角度来进行分析，随着企业规模的扩大、企业资源的持续积累，企业的最优均衡点会越来越远离原点位置，企业的总体效益会越来越好，只是因为企业的无差异曲线 I_1、I_2 和 I_3 比较平坦，使企业社会绩效的增长远远超过经济绩效的增长速度。只有在图 3 - 7（三）的契约环境下，企业在长期的发展中，才能真正实现社会绩效与经济绩效的均衡发展，实现一种长期的均衡，这也是两者之间的一种真正的融合。

公司治理与企业社会绩效在不同的背景下表现出不同的关系。在公司的外部治理环境并不是很完善的时候，企业的经济绩效与社会绩效经常表现出来的是一种矛盾的关系。企业在追求自身的经济利益的时候，企业面临的约束条件也在不断发生变化，企业的战略只能被动地去适应外部与内部环境的影响，在这样的背景下，企业的经济绩效与社会绩效肯定会存在比较大的矛盾，因为治理环境的不完善，企业更注重的是企业经济绩效，在一定程度上忽略了社会绩效；随着公司的外部和内部治理环境越来越完善，企业所处的法律环境、政策环境、市场环境表现出一种稳定的状态，此时企业的治理目标所受到的约束会更为严厉，对于企业来说，对社会绩效的关注程度会上升，企业经济绩效的实现会受到一定的影响；但是如果再进一步，企业的外部环境与内部的治理结构都达到很完善的程度，此时企业无法回避相应的责任，"企业社会责任"在这个时候与其说是企业的一个负担，不如说是企业运营中的常规性事件，融入企业的短期与长期发展战略中，此时企业的社会绩效与经济绩效之间可以达到一个均衡点。在这个均衡点上，企业经济绩效的边际利润与社会绩效的边际利润相等，企业找到一个最佳的社会责任实施边界，这样就保障了企业经济绩效和社会绩效的最佳组合。要实现这样的融合，只有在企业内部与外部的治理环境达到了很完善的程度才能实现。在规范公司的目标职能和所面临的制约因素的时候，公司治理和公司社会责任是相辅相成的。一个有效的企业治理制度，可以防止那些损害利益相关者的非法行动的发生。一个有效的对社会负责的企业章程将防止那些合法但却不恰当的行动，因为会给他们的股东带来后果（Andrea Beltratti，2005）。在西方，因为治理环境比较完善，所以公司治理和社会责任出现收敛和聚合，相互影响，甚至等同。但是在治理结构和环境不完善的中国，外部治理环境影响大，公司治理对于社会责任的推动可能有效，是一种递进关系，但也有可能受到外部治理环境的影响更大，企业内部治理结构和企业社会责任呈现出不一致。

第五节　本章小结

利益相关者理论是一个"有益的谬误"，从根本上来说，企业存在的终极原因即是创造最大化的价值，所以企业社会绩效表现为企业在满足其经济绩效最大化目标下的利益相关者管理行为的结果。但是，社会绩效的表现在不同的治理环境下是不一样的，在发达国家或市场，企业的治理环境比较完善，在法律制度、政府行为、市场化程度等方面都形成了一个良好的企业运营氛围，企业遵循着利润最大化原则，其社会绩效表现差异化程度不大，在这样的市场环境下，公司的外部治理环境与治理结构对企业社会责任的影响会比较小，主要的差异表现在，企业可能会根据其经济实力、战略目标、管理者个人道德价值观决定企业的社会责任行为，影响的因素比较直接；但是在像中国这样的发展中国家或市场，企业所面临的治理环境非常复杂，尤其是大部分企业经历了一个资产重组、改制的过程，企业的目标可能受到很多因素的影响，不同地方和行业的市场化程度、法律和法规的标准、政府行为方式都存在着很大的差异，不同的治理环境可能会导致管理层形成不同的企业社会责任价值观，从而在具体的管理过程中形成差异，并带来不同的企业社会绩效。

　　国外在企业社会责任的问题上，理论研究已经比较成熟，尤其是从企业伦理层面出发，或者是用契约理论，或者是利益相关者理论，都分析得非常透彻；但是，国内企业的治理结构和整体环境与国外相比完全不一样，企业面临的契约条件是截然不同的，所以最重要的并不是分析企业究竟要不要履行社会责任，也不是企业履行社会责任会不会带来好的社会绩效，而应该是分析企业的社会责任究竟是由哪些具体因素推动，而这种推动又是如何落实在企业的日常经营管理当中，这也是本书重点从治理结构的角度来综合考虑这些问题的主要原因。

第四章

企业社会绩效的多维度治理框架

基于前面的分析，我们得出这样的结论，虽然企业的总体目标是追求企业经济价值的最大化，但不同公司治理环境下的企业社会绩效框架表现出不同的特征。在治理环境不是很完善的市场中，企业首先面对的是企业所处的外部治理环境与内部治理环境，企业构建自身的发展战略和企业社会责任战略，都无法脱离所处的环境，所以说企业社会绩效很大程度上取决于其治理环境带来的外在和内在的约束。本章站在公司治理角度，结合我国现有的治理环境所表现出来的特征，阐述公司在不同的治理环境的约束下，治理机制如何影响公司决策，在公司治理的经济目标与企业的社会目标之间进行取舍，从而实现对企业社会绩效的管理。既要保证经济利益，又要考虑其他利益相关者的压力以保障企业社会绩效，对于公司的管理者和所有者来说，是一个充满矛盾的决策过程，而从社会福利的角度来看，最好的结果就是企业的经济绩效与社会绩效总和能够达到最大化，这也是包括股东在内的所有利益相关者的共同目标。所以说，作为以经济利益为目标的公司治理主体，一方面要协调两者关系，另一方面要以社会福利为出发点，促进两者的共同发展。本书将狭义的企业社会绩效定义为企业通过公司的治理机制，影响利益相关者的管理决策，从而对社会责任原则进行响应并制定企业社会责任对策所获得的结果，具体表现为企业自身和社会的绩效评价。

第一节 企业社会绩效的多维度治理模型

一 企业社会责任的研究范畴

最早对社会绩效进行的研究始于 20 世纪 70 年代中后期，一些学者摆脱了原来比较狭义的概念，开始重视企业履行社会责任的过程，以及企业社会响应以后的结果，系统地从各个角度来进行分析，这才真正地推动了企业社会责任的实用性研究。首先是普莱斯顿（Preston）的研究，他于1975年提出应该以企业社会响应作为研究的重点，并建立一个比较全面的模型。这是最早将企业社会责任从静态的概念拓展为企业动态的行为研究，开始创造出一种新的研究模式。但这一框架似乎没有被广泛接受，因为企业的响应矩阵相对来说比较简单，也缺乏逻辑上的有效解释。在他以后的卡罗尔（1979）在社会绩效框架整合上做出非常重大的贡献，他在普莱斯顿的企业响应矩阵基础上归纳出一个更为完整的企业社会绩效模型，从三个维度对企业社会责任进行研究。他对企业社会责任的类型、企业的社会响应哲学以及所涉及的社会问题这三个问题进行深入分析和归纳，从逻辑上为企业社会绩效的全面分析提供了一个很好的研究范式，这一理论框架对于企业社会绩效概念和框架的建立起到了一个基础性的作用，或者说真正开创了企业社会绩效的研究工作。

表4－1　　　　　　　　　　卡罗尔的企业社会绩效模型

企业社会责任类型	企业社会响应哲学	涉及的社会问题
自愿责任 伦理责任 法律责任 经济责任	反应 防御 适应 前瞻	消费者保护主义 环境 歧视 产品安全 职业安全 股东

资料来源：卡罗尔（1979），pp. 497—505。

在此之后，瓦迪克和柯兰（1985）对卡罗尔的社会绩效模型进行了修正，将原来模型中的三个方面（类型、响应哲学、社会问题）的内涵进行了延伸，内容更为具体。他们的研究从社会责任原则、过程和政策这三个方面进行分析和修正，这一修正使企业社会绩效的框架显得更为完整和富有逻辑性，同时显示出比较好的实用性，也更有说服力。

表 4 - 2　　　　　　　　瓦迪克和柯兰的企业社会绩效模型

社会责任原则	社会责任的响应过程	社会责任政策
企业社会责任： (1) 经济的 (2) 法律的 (3) 伦理的 (4) 自主决定的	企业社会反应： (1) 反应性的 (2) 防御性的 (3) 适应性的 (4) 主动性的	社会议题管理： (1) 议题确认 (2) 议题分析 (3) 制定决策
目标： (1) 企业的契约责任 (2) 企业的道德责任	目标： (1) 社会条件变化的应对能力 (2) 社会反应的途径	目标： (1) 最小化不可预知因素 (2) 有效的企业社会政策
哲学取向	制度取向	组织取向

资料来源：瓦迪克和柯兰（1985），pp. 758—769。

　　不过他们的研究并没有脱离卡罗尔原有模型的研究范畴，只是将里面的内容进行更为具体的表述和解释，虽然比较全面地将企业社会绩效的范畴融入进来，但是如何在企业的利益相关者管理过程中具体实施和评价，在理论框架中没有得到很明确的体现。另外一个局限性就是虽然在概念和内容上比较全面，但是如何进行有效的实证分析来进行验证，却遇到了很大的难题。所以说这一框架还存在着许多需要改进的地方。

　　一直到 1991 年，伍德对企业社会绩效的模型提出新的见解，认为企业社会绩效的研究需要对社会响应的结果有所表现，所以说他构建了一个新的框架。伍德的企业绩效（CSP）模型也包括三个部分，不过这三个部分和前面的研究有所不同。模型的第一部分是企业的社会责任层次，立足于社会合法性、公共组织内部的责任和个人在组织内的管理自由裁量权；第二部分是企业的社会响应过程，包括环境评估、利益相关者管理和问题管理；第三部分是指企业行为的成果，包括社会影响、社会计划和社会政策。按照伍德（1991）的观点，她认为 CSP 是所有组织都需要考虑的一个关键因素，因为社会绩效的组成部分如社会问题、环境压力、利益相关者问题在将来肯定会影响到企业决策和行为，所以我们也可以认为社会绩效指的是公司满足重要利益相关者预期的程度。她的研究使企业社会绩效包含了从"为什么"到"是什么"和"怎么样"这几个方面，真正使企业社会绩效研究成为一个全面客观的模型。

表 4 – 3　　　　　　　　伍德的企业社会绩效模型

CSR1 原则
制度原则：合法性（Davis，1973） 组织原则：公共责任（Preston & Post） 个人原则：管理的自由裁量（卡罗尔，1979）；（伍德，1990）
CSR2 过程
环境评估（Bourgeois，1980） 利益相关者管理（Freeman's，1984） 议题管理（沃里克、科克伦，1985）
社会行为结果
社会影响：社会行为的影响 社会项目：执行社会责任，社会响应 社会政策：处理社会问题和利益相关者利益

资料来源：伍德（1991），第 694 页。笔者对表格形式作了修改。

当然，伍德的研究也存在着很多可以改进的地方，尤其是企业社会责任的实施缺乏一个可以借鉴的标准，也缺乏一个有针对性的实施途径，使 CSP 的研究很难应用于实践。到了 1995 年，随着利益相关者理论的研究越来越热，有的学者开始将利益相关者理论引入 CSP 的研究，将 CSP 研究具体化。其中比较有名的学者是格里芬，他从利益相关者角度对企业社会绩效进行了新的定义，他将 CSP 定义为企业管理和满足不同的利益相关者的能力。他提出的模型主要是针对其分类的主要利益相关者出现的问题。企业社会绩效的概念评价企业如何达到利益相关者的预期并考虑环境问题，因此，它主要立足于企业行为的结果（格里芬，2000 年）。

表 4 – 4　　　　　　　　主要的 CSP 模型的对比

学者	CSP 概念	CSP 维度
卡罗尔（1979）	三个方面的衔接和互动： —不同的社会责任类型 —与这些社会责任有关的具体议题 —解决相关议题的思路	企业社会责任不同层次概念： 经济、法律、道德、自由裁量 响应理念： 反应、防御、适应、主动 所包含社会议题： 如：消费、环境、歧视、产品安全、工作安全、股份制
瓦迪克、柯兰（1985）	社会责任原则之间的相互作用、社会响应的过程以及社会议题的解决政策	企业社会责任不同层次概念： 经济、法律、道德、自由裁量 响应理念： 反应、防御、适应、主动 社会议题的管理方法： 识别、分析、反应

续表

学者	CSP 概念	CSP 维度
伍德（1991）	商业组织的社会责任原则的配置、社会响应的过程、社会责任政策和方案，以及可观测的结果	社会责任原则： 制度、组织、个人 社会响应过程： 环境评估和分析、利益相关者管理、议题管理 社会行为的结果： 社会影响、社会项目和政策
克拉克森（1995）	管理和满足不同利益相关者利益的能力	该模型确定并区分了主要利益相关者的每一类具体问题：雇员、业主、股东、消费者、供应商、国家、竞争者等

　　资料来源：Jacques Igalens & Jean-Pascal Gond（2005），pp. 131 - 148。笔者对表格形式做了修改。

　　上述所总结的所有关于企业社会绩效的模型，比较全面地将 CSP 的研究进展展示出来，说明企业社会绩效框架不断被学者们完善，大家越来越注重企业的行为特征，用 CSP 模型来研究企业社会责任的操作性也越来越强。但企业社会绩效框架总体上仍然是在宏观层面上从企业外部研究企业社会责任问题，其主要的缺陷在于只分析了企业社会责任的原则，而没有对具体推动社会责任的条件进行分析。这些 CSP 模型没有仔细区分企业社会责任原则与相应条件之间的不同，将企业的外部环境与内部环境混在一起，这样很难真正分析清楚企业履行社会责任的驱动力。

二　企业社会绩效的多维度治理模型

　　对企业社会责任进行管理的研究起源于公司治理和公司管理，绝大部分学者关心的是公司治理与公司管理之间的关系，企业社会责任只是企业管理中的一个方面，比如巴纳格（Banaga，1995）认为公司治理机制包括监控机制和激励约束机制，而公司管理体制则包括对企业战略和决策的制定机制、公司的组织体系以及企业价值观体系等三个方面。我国的学者也纷纷对两者之间关系进行研究，并推出二者之间的各种整合模型。关于公司治理与社会责任之间的关系，最近成了一个热点，祖良荣在 2004 年就已经着重分析了企业重组的社会责任与治理体制的联系，因为中国企业治理机制的滞后，其研究对象以欧洲企业治理模式之间的区别为主。此外，对我国企业社会责任与治理机制之间关系的研究也逐渐成为学者们研究的热点，比如刘连煜（2001）希望从公司治理结构的角度，寻求一条比较好的途径，以更好地履行企业社会责任。高尚全（2004）也对企业社责任与法人治理结构的关系作了深入剖析。王长义（2007）则是重点从股东结构的角度，在理论上分析了公司治理模式影响企业社会责任的途径。

由于人的有限理性、社会环境的变化等等，导致社会与企业之间的契约通常是动态的和不均衡的；社会与企业在动态的"干中学"机制中不断地展开再谈判活动，获得新的契约。在新的契约中社会与企业会对彼此的责任、权力和利益进行调整。正是在这种不断循环的再谈判过程中，促进了企业社会责任观念的演进。韵江和高良谋（2005）基于协同演化和整合的角度，将公司治理、社会责任与组织能力融合在一起，构建了三者的整合模型和演化过程。在他们的模型中，组织能力、治理结构机制和社会责任三者相互影响并协同发展，企业的社会责任履行机制与公司治理、组织能力发生融合和交叉。企业与社会针对环境的变化作出相应的反应，随之调整自身的行为方式，这意味着企业社会责任在不同的文化、不同的行业、不同的社会甚至在不同的企业中，可以有非常显著的变化。企业内部与外部环境的不断变化，作用于公司的内部治理，使其不断完善，形成企业契约。表4-5是笔者根据前面的理论分析总结出来的一个企业社会绩效的动态治理模型。所谓动态治理，指的是企业在应对社会契约与道德契约的过程中，基于公司自身的响应条件，通过评估公司所处的环境和问题，不断调整公司的治理结构，以适应利益相关者管理的需要。这种对公司治理结构的调整，是在公司的内部和外部的治理环境不断演变过程中的一种主动和被动的改变，主动的改变可能更主要是公司战略调整的需要，被动的改变则可能来源于企业内部与外部的利益相关者的压力。

表4-5　　　　　　　　　　　企业社会绩效的治理模型

	原则	响应的条件	响应过程	社会行为结果
内容	社会契约 道德主体	治理结构 企业资源 企业战略	环境评估 利益相关者管理 问题管理	社会绩效
针对目标	制度、组织、个人 （治理环境）	应对主体 应对能力	应对策略 采取措施	社会影响 自我评估

企业社会责任的影响因素应该从两个角度衡量，一个是从规范的角度，即企业社会责任的内容与原则的影响因素；一个是从实证的角度，即社会责任行为的具体影响因素。前者主要受到社会契约和企业道德主

体意识的影响，使不同的企业因为不同的外部环境和自身特点形成一种共识，包括经济责任、法律责任、伦理责任和自愿责任，至于这种共识能否与企业的行为达到一致，则取决于企业的行为；后者受到企业自身治理结构以及企业资源、企业战略的约束，直接的后果就是企业社会责任对原则的响应过程。响应过程与原则的重合程度，决定着企业社会责任的社会绩效，而衡量这种重合度的指标或方法应该成为一个研究的重点。基于以上分析，我们可以将其定义为一个四阶段的社会绩效循环治理模型。

（1）第一阶段：基于社会契约和道德观的社会责任原则

企业社会责任的实施，从理论上来说，来源于社会和个体（企业内部的个体）对于企业这个组织的一种期望，所以说，企业的外部契约因素和个体的道德价值观从制度、组织和个体这三个角度，构筑起两个社会责任原则的体系，其一，是社会对所有企业组织所期望的一个普遍的社会责任原则，这一普遍原则来自于社会契约的影响，具体表现为公司外部与内部的治理环境对企业的直接影响；其二，是从组织和个体的角度影响到企业的社会责任原则，具体表现为企业整体的价值观和包括管理层在内的个体的价值观对企业社会责任的直接影响。企业的社会契约与道德观协同演进，给企业社会责任的原则构筑了基本的理论基础。

（2）第二阶段：企业对内部与外部治理环境的评估

作为营利组织的企业，与非营利组织不一样的地方在于，企业管理者将综合权衡企业社会责任原则，结合企业自身的资源、治理机制和公司的战略来进行评估，以确定企业对社会责任原则的反应策略，其始终坚持的目标是企业经济绩效。这一阶段是一个企业不同利益相关者的博弈过程，也是作为企业治理主体的股东、董事会、监事会与治理客体之间的一个博弈过程，同时也是企业资源的一个重新评估过程，企业只有在综合考虑了这些因素，并将其发展战略纳入权衡体系，才能做出进一步的决策。这个阶段是企业社会责任履行的最重要的阶段，因为公司的剩余控制权和索取权从根本上来说掌握在治理的主体身上，所以治理机制的不同决定了不同企业下一阶段的响应模式，作为治理主体的股东，会综合权衡外部与内部的治理环境，结合企业的资源与战略倾向，作出自己的判断，来影响作为代理人的管理者的行为，这也是为什么本书将企业社会责任的履行过程称为社会绩效治理的原因。

（3）第三阶段：企业对社会责任原则的响应过程

第三阶段则是第二阶段评估结果后的具体决策和实施过程。实施主体并不是治理主体，而是公司的管理者，公司的管理者作为治理的客体和企业行为的直接推动者，针对不同的利益相关者采取不同的措施，在不同程度上满足其利益。这一过程，其实就是企业社会责任的响应过程。公司的管理层作为代理人，其战略规划和经营过程一切以委托人的利益为重，所以说，作为利益相关者的管理层其实就是公司治理的客体，企业对社会责任原则的响应过程，也就是公司治理主体基于企业内部与外部的治理环境与压力，将社会战略委托给代理人，由管理层具体实施的结果。所以说，企业社会责任原则的响应过程，表现为企业的利益相关者管理战略的制定和实施。

（4）第四阶段：企业社会绩效的评估与反馈

最后一个阶段即企业社会绩效的评估与反馈过程。企业对不同的利益相关者履行社会责任以后，由外部社会和企业内部的主体进行综合评价。对于企业社会绩效的评估应该从两个角度来进行，这也是以前的很多研究所忽略的。绝大部分的研究是通过企业外部的评价来完成，比如通过声誉指数法、专家打分法、社会责任评价指数等；还有部分的研究则是根据企业自己发布的企业社会责任响应成果来进行分析。事实上，要真正实现对企业社会绩效的有效评价，应该综合两方面的分析，这样才能比较公正地反映企业社会绩效的真正水平。

在企业社会绩效的评估完成以后，将会通过不同渠道反馈给企业。外部社会通过不同的利益相关者反馈回来，或者由企业的内部主体直接反馈给企业。这一社会绩效的评估和反馈的结果，会打破原有的社会契约和公司响应的条件，从而带来一个新的治理循环过程。企业外部的反馈从制度规范的角度影响了企业外部治理环境的变化，企业内部的反馈则带来了企业内部治理环境的变化，作为企业治理主体的个体和机构，以及作为治理客体的管理层，会综合权衡新的治理环境，采取必要的治理结构调整，来影响管理者的决策，这是一个不断演进和动态变化的过程。

这一动态的治理过程其实就是企业从创建开始到不断发展壮大中公司治理模式对外部与内部环境变化的适应过程，这一过程不仅仅表现为短期的调整，也表现为企业长期治理模式的不断演进变化。对这方面的研究主要体现在企业的生命周期与公司治理关系上。也就是说，企业行使社会责

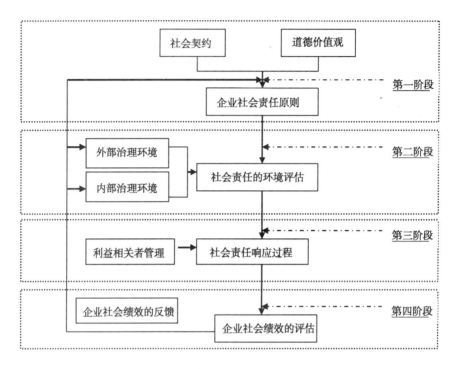

图 4-1　企业社会绩效多维度治理的四个阶段

任应该与其生命周期之间存在直接的对应关系，企业在不同的生命周期阶段，对社会效益与经济效益的关注点是不断变化的。

　　与企业发展的生命周期相对应，公司的治理机制也经历了一个动态的变化过程。在企业刚开始创立的时候，一般都是股东即管理者，也不存在治理问题。但是随着企业的发展，到了一定规模以后，股东会委托管理者从事经营，也就是从这个时候开始出现代理问题，公司治理开始成为企业的一个无法回避的问题。尤其是随着企业越来越成熟，规模越来越大，企业管理也日益复杂，就会出现多重委托代理关系，股东会感觉越来越难以控制，很难设计和实施监控和激励机制，而且这个时候由于企业的公众化过程，社会股东越来越多，除了企业股东、个人股东以外，机构股东也开始进入企业，这个时候股东结构的复杂化特点使利益要求更难平衡。那些大企业尤其是上市公司不仅要通过建立董事会、监事会、独立董事等治理结构来要明确各自权责界限，而其由于企业的外部治理环境因素也越来越影响到企业的利益，一些利益相关者对企业的影响力也日益扩大，甚至逐渐开始对企业也提出相对应的要求，此时的企业既要构建一个有效的内外

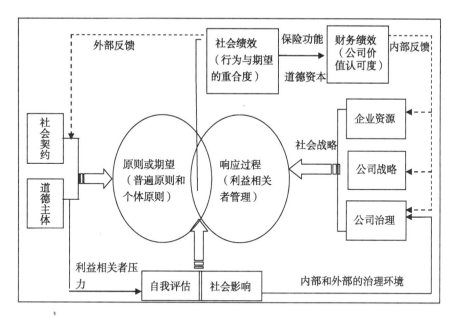

图4-2 企业社会绩效治理过程

治理机制来实现股东的经济利益，又要尽量通过博弈适应其他利益相关者的要求。

所以说，越来越多的人开始要求企业除了要为股东利益最大化服务以外，应该同时兼顾其他利益相关者，与社会期望相匹配，这使治理机制作为一种组织安排和制度设计越来越重要。其实影响企业社会责任的重要因素，不仅仅由企业内部的治理结构来决定，企业所处的竞争环境以及外部治理环境都是重要的约束因素。当然了，对于相对成熟和稳定发展的上市公司来说，外部治理环境中的法制化水平的影响效应更明显；对于公司内部治理结构的不同安排，持股比例要比独立董事比例、董事会和监事会规模更显著也更普遍地影响公司社会责任；公司治理结构的不同安排比外部环境的不同治理程度更能影响公司社会责任的变动。

以往的很多研究评估企业的社会绩效，往往直接比较不同企业的各种绩效指标，而忽视了不同情境下的企业可能会缺乏可比性，所以得到的结论往往相互矛盾。另外，很多学者分析社会责任的影响因素，很容易将原则和行为混淆起来，往往将推动企业社会责任的因素归结为契约下的制度和组织因素，以及契约外的道德主体因素，而这些概念往往比较抽象，很难得出准确的结论。其实分析企业社会责任的影响因素，应该从企业具体行为的角度来分析，则不难得出结论，即内部治理结构、治理环境和企业实际资源往往在很大程度上决定着企业社会责任行为。如何设计一套评估体系，分析社会责任响应与原则的重合度，更具有实际意义。

第二节　基于企业契约与道德观的企业社会责任原则

关于社会责任原则的驱动因素，笔者分别从理论导向、道德导向和实践导向来进行分析。对于同一类企业来说，首先会受到社会契约的约束，遵守宏观社会的制度规范；其次也不能忽视企业和个人作为道德主体所施加于企业的一种价值观的影响；最后也是直接驱动的因素则是企业社会责任原则的实践导向，这其实是理论导向和道德导向的一种外在表现形式。表5-6对企业社会责任原则的三个视角分别进行了描述。

表4-6　　　　　　　　　企业社会责任原则的三个视角

	理论导向	道德导向	实践导向
影响途径	社会契约	自由裁量	治理环境
关键因素	显性契约、隐性契约	企业价值观、个人价值观	经济、社会、文化、政治
分析层次	宏观社会	企业组织内部	场域

一　企业社会责任原则的理论导向

不同的社会发展阶段、制度环境、组织形式等决定了特定阶段的企业社会责任的形成背景。社会责任原则其实就是社会与所有企业或者说某一类企业的共同博弈而形成的某一阶段的社会契约。也就是说，企业的社会责任原则并不是某一具体企业的特定要求，而是一种普遍性的社会契约。所以说，对于特定企业来说，是否遵守了社会契约的要求，或者企业行为是否符合企业社会责任原则，则是由其他因素决定的。

（一）社会契约与社会责任原则

一般认为霍布斯（Hobbes Thomas）是社会契约理论的创始者，他1651年在其著作《利维坦》中按照普通契约理论的原则证明了国家作为社会契约的产物。邓菲（1991）提出，当社会契约以自由而明智的一致同意为基础，那么现实的或现存的社会契约就会形成企业道德规范的一个重要来源。关于社会契约与企业社会责任，帕尔默（Palmer E.）等学者（2001）认为社会契约论是对企业社会责任概念的支撑。按照他们的观点，企业的运作方式应当按照社会与企业之间的社会契约所约定的内容来确定，此外，其运作方式既可以在法律的指导下进行，也可以是企业自愿按照符合社会规范与期望的方式运作。帕特里夏·沃海恩（Werhane，Patricia H.）和爱德华·弗里曼（Freeman Edward R.，2001）与他们的观点一致，也认为社会契约可以成为企业承担社会责任的依据，并且社会契约方法一直被来处理企业伦理中遇到的问题。国内许多学者也对企业社会契约与企业社会责任之间的关系进行了深入研究。李伟（2003）认为，作为企业来说，利益相关者与它之间除了经济契约，还包括社会契约。所以说企业除了守信，也要试图践行社会契约，关注企业的所有方面，才能成为具备现代意识并受社会尊敬的现代企业。企业社会责任受一系列的契约约束，学者们将这些契约分为两类。一类是显性契约，主要指社会的政治制度、法律等；一类是隐性契约，包括习惯、风俗、承诺、信任等，对契约参与人同样具有约束力。

但是应该清楚的是，在影响企业运作的各种契约关系中，显性契约和隐性契约是并存关系，而不是相互独立存在。比如企业的雇用契约，我们可以看到，雇员和雇主之间可以在某些方面进行明确约定，形成显性契约，包括岗位、工作时间、工资水平等。问题是某些条件下雇员的效率和对企业的贡献价值很难进行评估，此时达成隐性契约就会发挥其用，比如雇用双方在签订雇用协议之前达成一种建立在双方的信任基础之上的隐性契约，这样的话，通过隐性契约的形成和有效实施，可以明显补充和改进显性契约（李向阳，2000）。从这个角度看，企业不能忽视隐性契约，而只考虑某些利益相关者的显性契约。现实中的企业有时候忽视与另外一些利益相关者的显性契约，导致错误的企业社会责任观的产生，并在实际管理运作中给企业带来很大负面影响。针对这种情况，多纳德逊和邓非认为，企业如果不慎重考虑且尽量满足利益相关者的要求，不重视企业社会责任的履行，那么企业的持续发展和长久生存会受到影响（多纳德逊、邓非，2001）。

（二）社会契约与企业社会责任原则的动态演进

我们应当清楚的是，企业与社会的契约并非静态不变，而是一个不断发展的过程。麦克尼尔（1994）曾经指出责任的来源既产生于关系，又产生于为关系的运作提供结构的外部社会。约瑟夫·W. 韦斯（2003）也坚持认为公司的利益相关者管理方法是建立在社会契约概念和变化的基础之上。笔者认为，企业社会契约的变化，主要原因是契约参与人在不断变化的社会环境下不断改变其行为策略，导致相应的契约参与者之间通过重复博弈，重新形成新的契约。正是这样的博弈关系使企业社会责任原则不断地演进，最后形成新的企业社会责任意识。

企业社会责任观念的演进来源于企业与社会之间契约关系的不断变化，那么现实中是一条什么样的演进路径呢？一般来说，企业的社会环境不断发生变化，这样使企业原来所遵循的一些原则逐渐不适应社会的要求，企业外部对企业的批评开始出现。这些批评会引起企业对社会环境的注意，这意味着企业与社会的契约关系与以前不一样；在这样的社会环境和约束下，企业必须作出相应的改变，通过回应社会环境压力，实现行动导向的企业社会责任，只有这样才能取得良好的社会表现，并实现企业声誉的提高。就在与社会之间所形成的良性互动过程中，企业构建起一种和谐的社会关系。当然，这种企业与社会的互动并不是一个单一的过程，而是一个不断循环、不断演进的动态过程，因为社会对企业的批评和期望并不会就此结束。企业与社会的契约就是在这样的演变中不断变化，所以我们可以看到社会环境的影响力对于企业的影响，而且这种影响力不断增强，其直接结果就是企业社会责任原则的演进。

二　企业社会责任原则的道德导向

当然，作为企业的一种社会责任，有时候不仅仅包含着显性契约和隐性契约，可能还会超越企业的内部利益相关者和外部利益相关者的利益。严格说起来，这不是一种社会责任，而是在企业战略以外的由于企业价值观和管理者价值观的不同，给企业带来的一种对社会或者非利益相关者的反馈。所以说，我们在分析企业的社会责任的时候，要能区分出这种所谓的契约外责任，或者说卡罗尔所说的"自愿责任"。早在重商主义时代，亚当·斯密在其著名的《道德情操论》一书中提出有三种体系是迄今为止对美德的本质所作的主要说明，即把美德置于谨慎之中的体系、把美德置于合宜性之中的体系以及认为美德存在于仁慈之中的体系。亨利·明茨伯格也认为，道德责任是企业及企业家在生产经营活动中自觉履行社会道德规范和社会伦理准则，它是一种高尚的企业行为方式。从自由裁量的角度来看，企业社会原则的道德导向体现在两个方面：

（一）企业层面的道德价值观

最早提出企业有义务承担最基本的道德责任主张的是商业伦理大师普拉

利，他认为企业活动中必须承担最低限度的核心道德责任，它们体现在对环境的关心，对工人最低工作条件的关心和对消费者的关心。从道德导向来分析企业社会责任的原则，是一种企业的自由裁量责任，取决于企业的商业伦理观念。林毅夫（2006）也认为，虽然说追求利润对企业来说很正常，但是由于信息不对称问题和外部性问题，有些企业会采取对社会、员工等利益相关者不利的行为。所以说，要实现社会的和谐发展，必须提倡企业加强社会责任感，另外，作为社会公民，企业对社会负有伦理道德义务。

（二）企业家层面的道德价值观

基于自由裁量的道德层次的企业社会责任意味着企业自愿承担企业的社会责任，这一意识体现在企业领导层的经营理念之中。企业管理层在经营过程中也会逐渐认识到，企业与周围环境的协调，包括与自然环境的协调和社会环境的协调，决定了企业是否能够很好地生存和发展。一旦企业管理者意识到其中的道理，自然会主动履行企业社会责任。也只有这样，企业社会责任才会主动倡导和推动社会责任理念，才会从个体的意识演变成企业家群体的履行，从个人履行转化为企业履行，最终带来企业社会责任的全面发展。

但是，应该注意的是，道德层次的企业社会责任，不应该完全脱离于企业的实际情况和约束条件。企业道德责任的实施，要从企业长期发展的角度来考虑和推行。因为对一个企业来说，首要的基础始终是发展和效益。如果说连自身的经营都维持不下去，甚至亏损负债，那么所谓的社会责任只是一句空话，至于持久地履行道德层次的社会责任则更是无稽之谈。

三 企业社会责任原则的实践导向

上面笔者从企业社会责任原则的理论导向和道德导向进行了阐述，但必须清楚的是，企业社会责任原则的实践导向究竟如何作用于企业的行为，是通过什么途径呢？事实上，企业的社会责任原则的作用机制，是通过公司的治理环境产生的。如许多组织社会学者所关注的那样，企业内嵌在经济与政治环境中，在这些宏观环境内，企业行为将受到制度力量的深刻影响。[1] 大量的研究从制度规范与社会同构来分析企业的社会责任行

---

① J. Galaskiewicz, Social Organization of Urban Grants Economy: A Study of Business Philanthropy and Nonprofit Organizations, Orlando: Academic Press, 1985.

为，因为从企业行为的内在动力来说，两者的逻辑融合了组织、法律、政治等多种原因。坎贝尔（Campbell，2007）提出，包括财务状况、行业竞争水平、社会经济的健康状况等在内的经济因素，首先作用于企业社会责任行动，在这一过程中制度因素起着很重要的影响，并关系到经济因素的最终效果。按照他的观点，在一些特定的制度环境里，企业倾向于承担责任，因为制度规范对企业社会责任行动起着非常关键的作用。

企业通过与同行竞争者、机构投资者、政府机关、非营利组织等之间所建立的各种关系，形成企业的中观环境。在这样的环境中，企业本身是利益最大化的个体，但利益相关者的价值观及其行动都会影响到其行为。所以说企业社会责任的实践导向和动力，一般都离不开社会同构的压力、行业惯例以及压力集团的要求。迈尼昂和罗尔斯顿（Maignan，Ralston，2002）对一些国家的跨国调查也发现，国家的特殊政治、文化等制度方面的差异使其企业的社会反应关键点和方式各不相同。实际上，制度力量对于企业来说，更多的是从治理环境的变化与影响作用于企业的治理机制，所以，本章将制度力量与社会同构的作用具体化为企业社会责任原则的实践导向，体现为企业治理环境的作用机制。

（一）政府行为

我国正处于制度转轨过程中，当前政府对经济的干预力量非常显著，这是我国公司治理环境中很明显的特点。刘连煜（2001）认为，作为一个道德性的抽象概念，社会责任要具体落实到企业，那么只能落实到公司治理环节中。首先，公司内部治理模式的设计必须以股东财产权为中心，在此基础上，才能以政府法规奖励负责任的公司行为，严惩不负责任的公司行为，以引导公司履行社会责任。梁桂全、黎友焕（2004）认为，企业的社会责任不仅仅是企业自身的事情，而是一个超越法律概念的问题，因为要维持一个经济体系的正常秩序，不能只依赖企业的自觉性，而是建立在法律和规则的基础上。朱锦程（2007）也指出，政府作为公众的监护人和协调企业私利与社会公益的仲裁人，应从维护社会公共利益和保证社会顺利运行的角度出发，通过国家立法和行使公共权力的形式，为企业社会责任的实现提供程序化和制度化的保证。

政府行为是我国公司治理环境中最为根本的影响因素，只有产品市场的竞争相对较少受到政府行为的干预。因此，从某种程度上可以说，公司治理问题其实是政府治理问题（Vishny & Shleifer，2004；陈冬华，

2003）。那么政府是如何做到这一切的呢？其实政府作为理性的经济人，同样也会追求自身的利益，通过控制企业来获得控制权收益。政府为了保证对企业的控制，不仅成为公司最大的控股股东，并通过绝对控股地位来实施控制，这使我国上市公司的股权结构呈现出股权高度集中、二元股权结构以及国有控股的特点。此外，政府还控制了公司的人力资本市场，政府对公司高管人员实行任命制，在这样的制度下，中国并不存在真正意义上的经理人市场。所以说，我们可以很清楚地得出结论，即政府的行为对于众多治理机制的有效性起着比较重要的作用。

（二）法律制度

法律制度的完善与否，对于企业社会责任的实践也起着很重要的作用。卢代富（2002）就提出，只有通过多方法律机制的配合，才能真正保障企业社会责任的实行。企业社会责任与利润最大化之间虽然存在着矛盾，但是可以通过制度安排寻找均衡，并实现二者的良性互动。此外，他认为企业社会责任的负责对象应当取决于责任性质的不同，而且应采取强制型规范和授权型规范相结合等途径，实现企业社会责任的立法体例，等等。

基于学者们的研究，可以得出结论，即法律水平对治理机制产生非常有效的影响，从而影响到企业社会责任的实践。其作用机制表现在几个方面，首先表现在对中小股东权利的法律保护水平，因为其会影响到公司股权结构的变化。如果法律对中小股东的利益保护比较到位，公司的股权自然会比较分散，反过来则股权会比较集中，公司股权结构集中被认为是法律保护的一个替代机制。除了利益保护机制，股权结构也会受到上市法规对公司投资额的限定、投资基金分散化要求的影响。其次，政府为了保证对企业的控股地位，通过对兼并收购的各种限制和股权流动性的规定实现对股权的有效性控制。

（三）市场化水平

市场化水平是企业治理环境的一个重要方面，而市场化的进程则主要是通过信息透明化和相互竞争来实现。随着要素市场和产品市场的发育程度越来越高，竞争也变得越来越激烈，有利于公司提供有关各种投资机会和管理者能力的信息（Blanchard，Kremer，1997），当然这也使企业越来越关注相应的利益相关者，并提高企业社会责任意识，带动社会责任的实践。随着市场化进程的推进，市场竞争的压力和市场秩序的制衡，迫使公司透明度变得越来越高，公司为了应付激烈的竞争压力，会积极主动地与投资者和其他利益相关者进行信息沟通，开展利益相关者管理，提高所有的利益相关者对公司的信任度。市场化发展还包括市场和中介结构的发展改善，这样会相应降低由于信息和交易摩擦而产生的危险，减轻对公司管理者的监督成本和执行事后公司控制的成本，充分消除治理主体与利益相关者之间的信息不对称的程度（Ferdinand A. Gul，Han Qiu，2003）。此外，市场化进程还可能通过经理市场（要素市场）的形成与完善对企业资本配置产生影响（陈钊，2004）。

（四）利益相关者活动

陈湘舸、邴爱峰（2004）认为企业社会责任运动的开展需要全社会的支持与关注。要很好地实现企业社会责任的履行，除了要加强法律、法规和政策的约束，还要加强对政府的监督，此外还要充分发挥各利益相关者的推动作用。利益相关者的推动包括投资者、基金组织、消费者协会、环保组织和工会等社会团体的作用，群众和大众媒介的监督作用，通过这些活动来推动和鼓励企业正确决策，以形成多渠道、多层次、全方位的监督体系，促成企业社会责任的社会环境改善。刘藏岩（2008）也主张通过社会即非政府组织、行业协会、大众媒体以及高校和科研机构等来推动企业社会责任的完善。

所以说，企业的社会责任范围取决于它有哪些关系紧密的利益相关者，企业所承担的社会责任其实就是满足这些利益相关者的需要，保障利益相关者在企业中的权益。企业的社会责任超越了以往企业只对所有者负责的概念，延伸到包括雇员、消费者、债权人或供应商、社区和政府等在内的所有利益相关者的社会责任。总体来说，企业社会责任在最基本的法律责任和法律之外，还包括对社区、环境保护、对社会公益事业的支持和捐助，以及其他所有者以外的利益相关者的帮助。

第三节　企业社会责任的响应条件

企业社会责任的响应其实就是企业社会战略的制定过程。在企业的不同发展阶段，其治理模式会表现出不一样的特点，不同的企业治理模式有着各自的优点和缺陷，但是都有可能在最优化约束条件下达到社会责任响应的改善和提高。当然，应该清楚的是，不同的企业因为其治理环境、资源和战略发展模式的差异，拥有各自的治理机制和监督机制，导致其响应的条件不一样，响应的过程也表现出不同的特点。

一　公司治理机制与企业社会责任响应

公司治理的主要内容包括三个方面，即治理主体、治理客体和治理手段。公司内部治理机制并不能解决所有问题，股东以外的利益相关者的利益需要受到外部市场的约束，这些外部市场包括金融市场、产品市场、经理劳动市场和技术市场等，这些市场通过评价企业行为，给其他市场参与者提供企业绩效信息，以约束和激励企业的行为。正是通过企业外部治理环境与企业内部治理机制之间的协调，使企业在主动调整的过程中不断改进，建立起一个比较科学的自我约束机制和制衡机制。这样的机制下，企业会坚持通过各种手段，采取措施满足不同利益相关者的利益，保障各自的权利，从而使企业围绕着这一共识制定出企业运营和企业社会责任的战略决策。

对于股东而言，对利益相关者的管理是一种间接的行为，通过公司治理机制来实现。不同的治理机制，如外部独立董事、两职合一程度、股权分散度、国有股控股程度等都对利益相关者管理的有效性起着一定的作用。随着公司的公众化，需要有这些公开的治理形式，这些选择更像是一把双刃剑，一方面保证了股东的利益，另一方面也防止一些因为损害利益相关者的行为所带来的对公司整体战略与发展的影响。所以说，企业社会责任从理论上来说更多的是通过公司的治理机制来间接推动，这种间接推动基于公司的外部利益相关者压力和内部利益相关者压力，公司的治理主体就是在这种压力下不断调整自己的治理结构来逐渐适应企业社会责任的原则，使企业的经济绩效与社会绩效得到协调，从而实现社会总福利的改善。

目前国内外对于公司治理与企业社会责任关系的研究主要集中在法律方面，关于二者关系的管理学实证研究几乎没有。刘连煜（2001）基于中外学说和判例，力图从公司治理结构入手，寻求落实公司社会责任的路径。卢代富（2002）基于倡导企业社会责任的立场，通过比较主流理论观点分析的逻辑思维，试图寻找以往理论之争的焦点和研究缺陷，并通过对企业社会责任正当性的探究，寻求与企业社会责任相适应的法律制度安排。王长义（2007）则认为，公司治理从两个方面影响了企业的社会责任，其一，不同的治理模式会影响到企业社会责任程度的高低；其二，股东目标的多样化、股东结构的变化、股东权利的变化也会影响到企业社会责任。

公司治理的目的是确保公司持续的增长和发展，正确的决策，基于有效的管理执行基础制定出恰当的管理决策，进行适当的监督，并实现对公司执行者的评价和激励。如果一家公司要实现其社会责任，同时又提高其竞争地位，有两个条件必须满足：首先，它必须对公司总的战略目标建立某些原则；其次，它必须建立一个系统，以确保在任何时候都不偏离这些原则的实施。换句话说，它必须建立一个有效的公司治理机制。企业治理机制既可以确保企业竞争力的提升，又可以防止公司不良行为和丑闻。如果说一家公司要加强对企业社会责任的实施，那么必须加强对公司的治理。

公司必须首先控制消极的一面，以恢复公众的信任，虽然它对企业社会责任的履行不是很理想。从理论上看，公司需要加强公司治理，以控制企业社会责任的消极影响。公司治理现在被视为一个既可促进企业社会责任，又能确保企业可持续增长和发展的系统。因此，每个公司应该从企业社会责任的角度，加强对公司的治理，更需要重视与利益相关者之间的关系，重新审视公司治理制度。

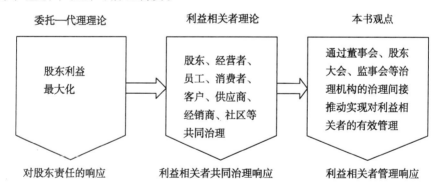

图 4 - 3　公司治理发展与企业社会响应

公司需要建立一种治理机制，保障利益相关者的利益，实现对企业理念和文化、管理制度、内部控制系统、风险管理系统、规章制度、披露与问责制度和审计制度等的完整管理，以确保企业社会责任的落实。这种治理机制的关键在于企业要能够实现对公司治理的核心理念的全面理解，按照时代和社会的变迁改善企业治理机制，间接通过董事会、股东大会和监事会等以保障 CSR 的执行。

二　公司的资源与企业社会责任响应

关于企业社会责任的响应，许多学者认为这种响应条件中一个非常重要的约束就是公司的资源约束，因为企业在股东利益和其他利益相关者利益之间进行权衡的时候，企业的资源约束会在很大程度上决定其响应策略。在这方面进行的研究也比较多，一个比较明确的结论就是企业的经济绩效对于企业社会绩效的影响是比较明显的。鲍曼和海尔（Bowman，Haire，1975）通过实证研究证明，企业的资本收益率（ROE）和企业履行社会责任的水平之间呈现一种反向的"U"形关系。也有一些学者认为，企业经济绩效和企业社会责任并不仅仅是权衡利弊与得失的关系，而是相互影响（S. A. Waddock & S. B. Graves，1997）。也有学者认为某些时候企业主动履行社会责任对企业经济绩效的影响是正向的（Pave & Krausz，1996）。当然，二者之间的关系并不仅仅是线性的关系，可能更为复杂，并且需要企业综合进行成本与收益的权衡分析。

三　公司战略与企业社会责任响应

对于企业社会责任响应来说，还有一个重要的影响因素不能忽略，那就是公司的中长期战略会在一定程度上影响到企业的响应。社会责任战略近年来备受管理学界和商界人士的关注（Poter & Kramer，2006；Werther，Jr & Chandler，2006），虽然公司战略因素将企业社会责任功利化，与本书开始的判断出现偏差，但不可否认，企业也会根据自身的战略决策，来实施自己的社会责任策略。公司社会责任战略虽然表面上是一种功利化行为，但是从其根本的驱动因素来分析，其实还是因为企业治理环境的变化以及利益相关者的要求，导致公司进行主动适应的过程，目的是减轻公司内部治理环境和外部治理环境的压力，更好地促进股东利益的最大化。所以说，很多学者认为战略因素的影响必须考虑。

早在 1984 年弗里曼就认为，公司在制定未来的发展战略时应该将社会和伦理问题更紧密地进行结合。乌尔曼（Ullmann，1985）就提出在分析企业社会责任原则的影响因素时，要将战略因素纳入研究框架，因为在社会需求变化的背景下，企业采用什么样的战略态度，企业是运用积极的还是被动的战略，还有利益相关者的影响力量强弱，以及经济绩效的好坏等都是企业战略的重要内容。基于这一观点，他认为对于社会绩效和社会披露，应该有八种不同的战略框架，以应对利益相关者要求。乌尔曼（Vllmann，1985）也认为，只要能够综合判断出企业的战略意图，以及利益相关者的力量，那么企业社会响应的过程和结果就能很好地预测出来。梅茨纳等（Meznar et al.，1990）学者关于战略概念的新思维，也认为企业在实施新的战略的时候，要充分考虑获得的合法性问题，以及利益相关者问题。明茨伯格则认为，两个非常重要的因素即企业社会责任和领导者的价值观，应该在企业制定战略的时候予以考虑。罗伯特（Roberts，1992）根据乌尔曼的研究，对他的研究框架进行了实证研究，验证了其结论，他发现在短期（1—3年）内，企业对社会责任的战略态度、利益相关者力量的大小，与企业社会披露的水平呈现非常显著的相关性。

我们应该明白，企业社会战略反应其实就是企业社会责任的一个响应过程，卡罗尔（1979）就很清晰地给出结论，即公司战略是一种社会责任和社会议题背后的模式和过程。所以说，公司战略的制定和实施，对于企业社会责任来说就是一种积极或消极的响应，公司通过战略视角，将公司的治理机制、公司的资源分配以及与其他等利益相关者有关的公司运营方式制度化和具体化，从而在实际上对企业社会绩效的结果产生最实质上的作用。

第四节　企业社会责任的响应过程

企业的慈善活动从本质上来说属于道德范畴，所以从理论上来说，慈善活动会给企业的经济绩效带来负面的影响。有的学者认为应该将慈善活动与企业的竞争力联系起来，那么，慈善活动就变异成为企业利益相关者活动。所以，本书所阐述的利益相关者管理其实也包括了以慈善为名义的企业战略性活动。至于那些纯粹的企业慈善行为，不包括在本书的分析框架之中。企业社会责任的响应过程其实就是对利益相关者的管理问题。利益相关者管理指的是企业在已有的公司治理框架内对股东以外的利益相关者承担应有责任，以配合公司总体战略与发展方向的管理策略。企业社会责任的响应其实就是利益相关者管理，响应的对象包括雇员、债权人、同业竞争者、政府、社会和社区等诸多非股东利益相关者。本章的主要内容即是根据利益相关者的类型（见图4-4），阐述企业如何在公司的具体运营过程中，有针对性地采取各种对策和措施，来进行有效的利益相关者管理。

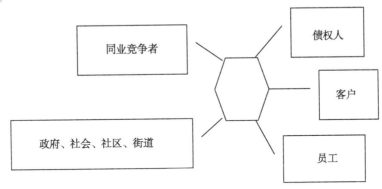

图 4 – 4　企业相关利益团体模型

一　企业对雇员责任的响应

作为企业的一个重要的利益相关者群体，雇员与企业的接触最密切，雇员会直接参与企业产品的生产，帮助提供服务。企业需要做到的是保障所有为企业做出贡献的雇员的权益，尽量采取各种办法帮助雇员获得应有的回报，并借此改善企业与雇员的劳资关系。如果说企业是构成社会的一个小的螺丝，那么雇员就是构成企业的螺丝。要对雇员责任做出有效的响应，需要企业在各个方面进行改进。虽然国家的法律法规对相关方面提供了完善的法律法规保障，政府部门也有着比较全面的监控措施，但企业自身的响应机制也非常重要，需要在日常经营中予以关注和维持。最重要的是，企业必须按照劳动法的规定保证实现雇员的就业与择业权、劳动安全保障权、社会福利待遇取得权、休假权、劳动报酬获取权、享受职业技能培训权与社会保险等法律权利。此外，企业需要做到的是承诺并兑现对雇员的约定，还要遵守相应的一些隐性契约中未约定的义务，比如说对职工的激励、企业对残疾人的雇用、就业政策等。总体来说，要实现对雇员的有效响应，企业不仅仅只是追求利润，也要想方设法在保证企业正常运营的前提条件下保障雇员利益，实现对雇员责任的履行，获得较好的社会绩效。

二　企业对客户责任的响应

客户作为企业直接面对的利益相关者，也是企业响应的重要对象。对客户责任的响应来说，主要衡量的是客户对企业所提供的产品与服务的要求、对企业各方面的满意度。作为企业来说，要保证提供良好的产品，提供令人满意的服务。此外，企业不得通过虚假经营等欺诈行为来牟利。由于客户的分散性、购买力水平的局限性及科技迅速发展所导致企业产品缺陷的隐蔽性等多方面的原因，客户在与企业打交道的过程中可能会造成损失或者利益受到损害。客户包括企业产品的消费者、企业产品的渠道商或供应商等，这些客户都是企业利润的源泉，所以说企业在社会责任的响应过程中要充分尊重客户的权益和需求，尽量满足不同类型客户的不同需求，在此基础上共同促进企业与客户的发展，并保障社会福利的提高。企业目前的市场环境日益复杂，市场竞争也越来越激烈，所以说企业的社会责任响应应该成为其日常运营中不可忽视的方面，采取必要措施，在提供给客户好的服务和产品的前提下，消除客户损失，使买卖双方权利受到保护。

三　企业对债权人责任的响应

除了雇员和客户，债权人是股东以外的一个非常重要的利益相关者。债权人作为企业的重要合作伙伴，对于企业的融资与资金来源起着非常重要的作用。债权人作为一个利益相关者群体，与企业之间的关系表现为债权与债务，企业与债权人的关系非常清晰简单，对于债权人责任的响应也相对比较清楚。债权人责任对企业的要求主要是要求企业遵守债务合同，能够按照合同要求严格执行。主要的义务就是能够按照合同约定还本付息，在运用资金进行企业运营的时候能够遵循原则，保证债权人借贷资金的安全。作为企业的响应过程，企业只有保持良好的商誉与信用，并使企业债务的及时支付与偿还不存在障碍，才能保证企业处理好与债权人的关系，增加企业的效益。

四　企业对同业竞争者责任的响应

与其他利益相关者不同的是，同业竞争者与企业表现为一种表面上对立的关系。同业竞争者与企业处于同一个竞争市场，面临着人力、技术、需求等的激烈争夺，但并不表示双方就是一种完全对立的关系，同业竞争者也被看作是企业的一个外部利益相关者。作为一个外部的利益相关者，首先表现出来的就是对企业产生一种竞争压力。不过要是换个角度，就可以理解，企业要获得长期的可持续发展，实现竞争优势的不断积累，就应该本着公平公正的原则，与同业竞争者和平共处，而不是进行无节制的价格战，或采取其他的一些恶性竞争行为。只有与同业竞争者良性竞争和公平竞争，才可能共同发展，也只有这样才能获得行业声誉，并得到更多的合作者支持。所以说，企业对同业竞争者责任的响应是企业社会责任响应过程中不可忽略的一个重要组成部分，管理者一定要意识到这一点，主动适应，才会真正从根本上提升自我，适应复杂的企业外部环境。

五　企业对政府、社会及社区责任的响应

除以上的利益相关者以外，与企业有关的利益群体还包括政府、社会及社区等。作为社会中的一个重要参与者，企业首要的义务是按照政府的有关规定，合法纳税并承担政府规定的其他责任义务，与此同时为社会和社区提供优质产品。企业在经营过程中应当接受政府的监督和干预，不能有其他的违规行为。那么，作为政府来说，也要帮助企业的经营，为之提供便利。

企业对这些利益相关者群体责任的响应，需要从多个角度采取合适的行为，满足其利益。企业在这方面的响应除了依法纳税和为社会提供就业等方面以外，还包括对社会的慈善事业、社会活动、环境和资源的贡献。首先，企业应该对社会的公益事业承担一定的责任，作出主动的响应，比如为社会提供服务、改善居民生活条件等。此外，企业还可以对社会中出现的就业、环境保护等问题作出自己的响应，帮助政府、社会和社区解决这些困难，比如企业增加雇用比例，实现对环境的保护。其次，因为企业作为社区的重要组成部分，在社区环境中经营，所以企业也有责任帮助社区改善社区内部关系。企业应根据自己的条件和可能，采取各种措施帮助社区发展文化教育事业，关心和参与社区有关社团活动。所以说，企业应该和政府、社区、居民建立良好的关系，提高社会责任响应的效率。最后，企业社会责任的响应还包括能源与环境问题，主要包括能源消耗、废弃物排放与处理、原材料运用等。

第五节　企业社会责任的结果

对于企业社会绩效的评价，分为两个层面，一个是从企业层面对自身

的一种评价。自我评价的特点在于比较直接，定量分析的可能性大，因为企业对自身的了解更清楚，其缺陷在于主观性较强，容易夸大；另一个层面是从外部对企业进行评价，如 KLD 数据库，其特点在于比较客观和综合，但主要的问题是很难做到精确定量。将两者比较好地结合起来的社会绩效评价体系并不是很容易得到，本书的第二章就曾介绍了关于企业社会绩效评价的诸多方法，在国外比较流行的是 KLD 数据库，在国内则缺乏一个完整的社会绩效评价体系，无论是从社会的角度还是从企业自身的角度。

一　自我评价

企业社会责任实施的结果，首先反映在企业对社会政策实施效果的评估。作为一个理性的经纪人，企业自己会通过对已经履行的社会责任来进行分析，以确认企业社会绩效与经济绩效之间的相互促进作用。作为公司治理的终极目标，企业的社会政策策略非常清晰，即在一定的治理环境背景下，在权衡利益相关者利益的基础上，通过恰当的社会政策实施利益相关者管理，用正确的治理模式来推动经济绩效的提高，所以企业的评价结果对于其后续的社会政策影响比较大。此外，社会绩效的评估，从技术的角度来说，企业自己由于掌握的信息最齐全，对企业社会绩效的相关方面的实施过程也比较清楚，所以由企业对自己的社会绩效进行评估，是一个重要的评价途径。但是这一评价方式的最大局限就是企业有夸大自己的社会绩效的倾向，从而使企业社会绩效的评价失去客观性。

二　社会评价

另外一个评价企业社会绩效的途径是站在企业外部对企业所进行的社会绩效进行评价。作为企业社会政策的实施对象，整个外部社会对其反馈在很大程度上决定了企业社会政策成功与否，并反过来通过改善企业的外部治理环境，来给企业施加压力或提供正面的评价，给企业创造一个更有利、更宽松的竞争环境。所以说，外部的社会政策反馈对于企业来说是最重要的，因为这种反馈决定了企业社会政策的成败。对于企业社会责任的结果，外部的利益相关者的评价和反响是最直接的参考，所以说作为企业来说，社会绩效的效率，最重要的评价途径应该是社会而不是企业本身。企业社会绩效的社会评价，包括专家评级、社会责任指数等形式。

三　企业社会绩效的反馈路径

企业社会责任的实施所带来的两个方面的影响，表现在企业社会绩效的具体体现，以及社会绩效所带来的对企业财务绩效的影响。两个方面的影响分别从不同的途径进行反馈，影响到企业社会绩效的动态治理过程。

首先是社会绩效所带来的外部反馈过程。社会绩效是企业自我评价和社会影响的综合结果，社会绩效的效果，会从各个角度将信息反馈给企业的外部利益相关者和企业内部的管理人员，社会绩效作为社会契约的一个直接影响因素，使企业的治理环境发生变化，社会契约的初始条件产生变化，这使社会对企业社会责任产生新的期望目标，从而影响到企业社会责任原则。

其次是社会绩效带来的财务绩效所产生的对企业内部的反馈，即内部反馈过程。企业财务绩效的改善或者恶化，是企业社会责任实施结果所间接导致的，这一结果会将相关信息反馈给企业的管理者，使企业管理者在未来的企业社会责任的响应过程中会考虑这些因素的影响效率。

第六节　本章小结

本章站在公司治理角度，结合我国现有的治理环境所表现出来的特征，阐述公司在不同治理环境的约束下，治理机制如何影响公司决策，在公司治理的经济目标与企业的社会目标之间进行取舍，从而实现对企业社会绩效的管理。企业既要保证经济利益，又要考虑其他利益相关者的压力以保障企业社会绩效，对于公司的管理者和所有者来说，是一个充满矛盾的决策过程，而从社会福利的角度来看，最好的结果就是企业的经济绩效与社会绩效总和能够达到最大化，这也是包括股东在内的所有利益相关者的共同目标。在不同的企业治理结构和不同的企业契约关系中，企业所面对的社会责任范畴会发生改变，社会责任的内涵在企业的不同发展阶段是动态变化的。本章分别从企业社会责任原则、企业社会责任响应的条件、企业社会责任响应过程以及企业社会绩效的评价及回馈等角度提出一个比较新的、逻辑框架更全面的企业社会责任多维度治理框架。

本章建立了一个比较完善的企业社会绩效模型，围绕着公司治理的主体、课题以及治理的目标，从企业社会责任原则、响应条件、响应过程和社会绩效结果等四个方面进行深入的分析。社会契约和道德价值观下的社会责任原则和期望，通过利益相关者行为具体地体现在企业的治理环境中，从企业内部与企业外部向企业管理层实施压力。管理层会基于企业实际的资源状况、公司既定的战略以及公司治理环境，实施其经济战略与社会战略，而社会战略的实施其实就是利益相关者管理，是企业对企业社会原则的一个响应过程，响应的结果即企业社会绩效，反映出企业行为与外部期望的一种重合度，所以说社会绩效对于企业来说，并不是一种功利化行为结果，而是一种博弈的结果，给企业带来一种保险功能和道德资本，这种资本在发生或然事件的时候会发挥出一定的作用。

第五章

基于公司治理的企业绩效
影响因素研究

第一节 研究回顾

本章主要是对狭义的企业社会绩效（即对企业社会责任的评价）的影响因素所进行的研究。关于企业社会绩效的影响因素，国内外的研究也是比较多的，但并不是非常完善，主要原因在于很多的研究将分析重点集中在个体层面，并且没有形成很系统的研究框架，不同的学者分别从不同的角度分析了企业社会绩效的个体因素，结论也不是完全一样。根据笔者对国内外相关文献的阅读，发现很多学者比较关注企业承担社会责任动机的个体因素，这方面的研究主要从两个角度分析，一个角度是个体的主观因素，另一个角度是个体的客观因素。

从个体的主观因素出发，埃齐奥尼（Etzioni，1988）发现追求经济利益并不是唯一的社会责任动力，他认为企业在作出决策的时候，不是被财富最大化驱动，而是存在其他的原因。塞恩（Sen，1988）的结论则更为直接和具体，即管理者和股东的道德价值观在企业运营和做出战略决策的时候，会起到非常重要的作用。针对这一论断，有的学者研究得更为深入和全面，从影响管理者个体价值观的各个因素出发来考虑个体的主观因素对企业社会责任的影响，其中比较典型是拉希德和易卜拉欣（Rashid & Ibrahim，2002）的研究。他们希望从企业社会责任态度的形成原因进行分析，找到企业履行社会责任的内在动机，结果发现家庭的培养以及教育带来的教养对于个体来说非常重要，影响到他们的信仰并形成基本的社会责任态度。除了教养，他们还发现包括个体所处社会团体的传统信仰与习俗、周边人员的行为甚至学校教育等因素都是个体社会责任态度形成的重要来源，从根本上影响到企业中的管理者，从而影响到企业的社会责任。海明威和麦克拉根（Hemingway & Maclagan，2004）的研究则更注重具体的操作层面，他们关注企业如何形成比较好的企业社会责任态度，他们的研究表明，企业社会责任只有通过有效地将企业运营与企业管理者个人的价值观进行连接，才可以很好地体现管理者个人的社会责任态度。有的学者只偏重于对某一具体的因素进行实证研究，原因在于企业社会责任的影响因素确实过于复杂，导致很多的实证研究比较片面，比如有学者仅仅从宗教信仰的角度分析社会责任态度（Brammer，Williams & Zinkin，2007）。从个体的客观因素出发，一些学者也做了很多研究，比如汤姆斯和西梅利（Thomas，Simerly，1995）的研究发现，企业社会绩效与企业高层管理人员的职业背景有着比较明显的关联。当然，个体的客观因素也比较多，包括个体的年龄、教育水平、行业、薪资等诸多客观因素都会对管理者的社会责任态度产生影响，所以学者们在这方面所作的研究也比较多，因为客观因素的数据比较容易得到，比较典型的研究是布朗（Browne，2003）的实证分析，他的文章通过多元线性回归，进行实证分析排除了一些次要因素，最后得出结论认为总裁的薪酬和其他高层管理人员的某些人口统计变量比较显著。

还有很多研究不局限于个体因素的影响，更多的是从组织和制度的角度来分析企业社会绩效的影响因素。比如罗伯特（Robert，1992）认为不应该仅仅局限于个体因素对企业社会责任的影响，他的实证检验结果表明企业战略态势和企业经济绩效等因素与企业社会责任披露水平都显著相关。布拉默和帕维林（Brammer & Pavelin，2004）认为企业规模很重要，因为规模越大，越容易受到政府管制机构、社会团体、媒体等的关注。詹金和雅克维里瓦（Jenkin & Yakovleva，2006）对美国公司的社会责任信息披露现状进行的调查研究发现，行业属性是公司披露社会责任信息的影响因素。国内的学者在这方面做的研究非常多，比较典型的是李清（2006）的研究和李正（2006）的研究。李清首先做的研究是构建了一个企业社会责任的评估体系，然后针对这一体系对湖南省293家企业进行单因素方差分析，发现行业属性、规模属性和所有制属性对于企业社会绩效的影响比较显著。李正（2006）以上海证券交易所521家上市企业为研究样本，发现包括股权性质、企业规模、财务状况和压力集团等变量都与企业社会责任信息的披露显著相关。王建琼、何静谊（2009）的研究运用二手数据，分析上市公司治理因素和经济绩效因素对企业社会绩效的影响，比较有代表性。

此外，也有些研究是从个人层面、组织层面和制度层面进行综合分析，如诺西亚和提格纳（Norcia，Tigner，2000）将企业社会责任决策中的动机归纳为很多方面，包括公司的、个人的、组织的、伦理的、社会的动机等，但他们的研究并不是很深入，实证研究和研究方法存在着一些问题。国内关于这方面的研究比较热门，但是理论综述多，而实证研究少。比如李双龙（2005）从五个方面分析企业社会责任的影响因素，包括利益相关者需求、企业所有制特点、心理预期、企业的外部治理环境（一国的历史、文化、制度与社会发展水平），还有发达国家和跨国公司的影响。这种归纳有一定的启发性，但是要真正对这个系统框架进行实证分析非常困难。田虹（2006）的研究也比较全面，她归纳了国内外许多学者的研究，通过总结提出了一个比较科学的系统，分别从宏观、中观和微观三个层面归纳了企业社会责任的影响因素。

表 5 – 1　　　　　　　　企业社会绩效的影响因素实证研究

实证研究对象	影响因素	研究学者
个体层面	个体的主观因素 （道德价值观、家庭教养、信仰与习俗等）	Etzioni（1988） Sen（1988） Rashid & Ibrahim（2002） Brammer，Williams & Zinkin（2007）等
	个体的客观因素 （职业背景、CEO 薪酬、高层管理人员人口统计等）	Thomas & Simerly（1995） Browne（2003）等
组织层面	企业战略因素 企业经济绩效因素 组织效率因素等	Robert（1992） 李正（2006） 李清（2006）等
制度层面	公司治理因素 （利益相关者压力、内外治理环境）	Palmer E.（2001） 王建琼、何静谊（2009）等
综合层面	个体因素 组织因素 制度因素	Norcia & Tigner（2000） 李双龙（2005） 田虹（2006）等

资料来源：基于卡罗尔（1999）、郑海东（2007）等文献整理而成。

基于上述文献的分析，笔者认为对企业社会绩效的影响因素的实证研究，存在着一些基本的问题。首先，无论是国外的研究还是国内的分析，对于企业社会绩效影响因素的研究并不完善。绝大部分的国外文献注重于对个体因素的分析，而关于组织层面和制度层面的研究更注重于理论构建和阐述，国内的研究则比较分散，原因在于国内企业的竞争环境千差万别，不同的实证研究视角得出了不同的结论；其次，即便学者们归纳出各种层面的影响因素，在实证分析方法的选择和数据的选择上也没有形成共识，研究方法与国际接轨的比例不高，获取的数据相对比较粗略，使实证研究不是很深入，研究的结果不一致；再次，关于组织层面和制度层面的实证研究，国内学者主要是从所有权性质、规模和产业类型等角度出发，也获得了相对理想的结果，但是公司治理环境和竞争环境等制度性因素对于企业社会绩效的影响非常重要，而且与企业内部治理机制相互影响，从根本上促使企业在日常经营决策中推出各项社会责任决策，而学者们关于这方面的研究不多。

第二节　研究假说

基于上述分析，可以看到企业社会责任的响应，来自于社会责任原则与企业自身响应条件的驱动。随着治理理论的不断演进，以及利益相关者理论的引入，给社会责任研究的发展带来了很深的影响，使公司治理与企业社会责任之间不断融合。在规范公司的目标职能和所面临的制约因素的时候，公司治理和公司社会责任是相辅相成的。一个有效的企业治理制度，可以防止那些损害利益相关者的非法行动的发生。一个有效的对社会负责的企业章程将防止那些合法但却不恰当的行动，因为会给他们的股东带来后果（Andrea Beltratti，2005）。在西方，因为治理环境比较完善，外部影响因素比较小，所以公司治理和社会责任出现收敛和聚合，相互影响，甚至等同。但是在治理结构和环境不完善的中国，外部治理环境影响大，公司治理对于社会责任的推动可能有效，是一种递进关系；但也有可能受到外部治理环境的影响更大，从而使企业内部治理结构和企业社会责任呈现出不一致。

一　公司外部治理环境

关于公司的外部治理环境，本书第四章已经做出了详细的介绍与研究。公司治理环境的几个方面，无论是政治环境、文化环境还是法律环境或者经济环境等，都会影响到企业社会绩效的实施与效果。为了研究的需要，本书将公司的外部治理环境划分为三类，即政府行为、法律水平和市场化程度。主要原因在于，这三个方面能够较好地代表企业的外部治理环境，其他的很难进行定量分析。更重要的是，在复杂的公司外部治理环境里，政府行为和法律水平对于企业社会责任的影响最大，所以用这三个变量代表外部治理环境基本上可以实现研究的需要。我国企业所有权结构的特点，使法律对控股股东的约束力在某些条件下会减弱，尤其是在政府干预比较厉害的时候。更多的时候政府干预水平和法律水平相互影响，决定了企业社会责任的履行。弗朗西斯（Francis, 2005）等认为，法律制度环境越是健康，这个国家的企业会计准则越是倾向于透明。法律执行越好的地区，其对当地企业的监督职能也越完善。基于上述分析，提出假设 1a：

H1a：企业的社会绩效受到公司法律环境的影响，法律环境越完善，则社会绩效表现越好。

从当前中国企业所处的市场环境和治理环境来看，似乎政府的行为是更根本的治理环境因素。随着中国市场经济的深化以及资本市场的飞速发展，上市公司的治理机制越来越完善，治理环境越来越得到改善，但是政府在当前的市场体系下仍然起着至关重要的作用，对于企业社会绩效的改善起着基本的保障。政府的响应体现在几个方面：首先，很多上市公司的国有股权比重比较大，政府作为股东在治理机制上影响到企业的社会责任决策；其次，国有股比重比较大的企业的高官任命会受到政府干预；再次，对于所有上市公司进行监管，是政府的职责所在，政府治理环境越完善，对企业的监管体系越严密，企业的社会绩效表现就越优异。所以说，政府行为是我国公司治理环境中最为根本的影响因素，按照陈冬华的观点，公司治理问题在某种意义上就是政府治理环境的问题（陈冬华，2003；Vishny & Shleifer, 2004）。要让企业社会绩效得到重视和改善，则政府治理环境成为一个关键性的影响因素。基于上述分析，提出假设 1b：

H1b：企业的社会绩效受到政府响应性条件的影响，政府治理环境越完善，则社会绩效表现越好。

市场竞争型环境，也是影响企业社会绩效的重要因素之一。作为企业治理环境的一个方面，企业会根据所处区域、所处行业和所处各类要素市场的基本条件和情况，结合自身的内部治理环境，做出企业社会责任决策。市场的竞争性环境，在我国表现为市场化的深化过程，企业在这样的发展过程中，无时无刻不感觉到市场环境给企业的压力。企业市场竞争性环境主要表现在企业所面对的产品市场和各类要素市场的环境。布兰查德和克雷默（Blanchard，Kremer，1997）指出，产品市场和要素市场的发育程度越高，竞争越激烈，企业越愿意提供各类信息，企业的社会绩效也会越来越为企业所重视。陈钊（2004）提出市场化的发展也会对公司内部资源的分配带来一定的影响。有学者还认为市场和中介结构的发展也会降低上市公司与投资者之间的信息不对称的程度（Ferdinand A. Gul，Han Qiu，2003）。所以说，市场化程度较好的地区，企业会充分考虑到市场化程度，不断地完善公司自身的治理机制和管理体系，平衡股东与其他利益相关者的利益，保证企业信息的公开化和企业参与竞争的公平化，从而提升企业的企业社会绩效。基于上述分析，提出假设1c：

H1c：企业的社会绩效受到公司市场竞争性环境的影响，市场竞争性环境越完善，则社会绩效表现越好。

二　公司内部治理结构

除了外部的治理环境以外，企业社会绩效还会受到内部治理结构的影响，如股权分散度、两职合一、独立董事、国有股比例等的影响，使治理主体的行为受到影响。而这些内部治理结构的变化，很大程度上也取决于外部治理环境的成熟度或者内部和外部的利益相关者的影响。

从公司治理的角度研究企业社会责任与公司治理之间的关系并不是很多。国外关于这方面的研究主要集中在企业社会责任与公司治理的相互促进与融合。国内关于两者之间的关系所作的实证研究比较少，理论分析要多一点。如刘连煜（2001）希望从公司治理结构的角度，寻求一条比较好的路径，以更好地实现企业社会责任。王长义（2007）也是从理论分析的角度，认为公司治理影响企业社会责任的途径主要是通过不同的治理模式以及股东结构的变化、股东目标的多样化、股东权利的变化等方面来实现。关于实证研究，比较典型的研究是王建琼、何静谊（2009）对中国制造业上市公司的经验实证研究，证明了公司治理结构与企业社会责任之间的关系。基于上述分析，本书提出假设2：

　　H2：公司内部治理结构的不同安排同样会对中国上市公司社会绩效有显著影响作用，但是其持股比例的影响可能更显著。

　　两权分离度比较低的企业，对于企业社会责任来说可能会存在缺陷。因为在这样的两权合一的条件下，企业的运营缺乏一个有效的约束机制，作为股东代表的董事长和作为管理者代表的CEO，本质上的目标追求是不一样的，所以说一旦两者合一，则他们更倾向于追求股东的利益最大化或者是个人利益的最大化，却忽视了其他利益相关者的利益，使企业社会绩效下降，从而导致社会福利的丧失。作为董事长，通过组织和主持董事会会议来制定决策并督促战略的实现；作为CEO，通过具体的执行和管理来保障董事会决议的实施。所以说，两权分离程度过高，可能会使董事会很难充分发挥作用，基于上述理由，我们提出假设3：

　　H3：两权分离度低的企业社会绩效相对于两权分离度高的上市公司来说，表现更差。

　　董事会和监事会对与企业社会责任的实施起着非常重要的作用，两者通过对管理层的治理以及监管达到公司治理的目标，其规模大小在一定程度上影响到利益相关者利益的实现。除此之外，独立董事是现代企业治理机制发展的一个有意义的安排。关于独立董事与企业社会绩效之间的关系，也存在很多的观点。按照正常的逻辑来说，独立董事参与董事会，一方面利用其专业的知识与视野对董事会决策提出自己的独立观点；另一方面也是对公司整体利益实现的一个重要保障，而不仅仅是股东权益最大化。所以说，独立董事与其说是一种治理机制的安排，毋宁说是一种兼顾股东利益与其他非股东利益的润滑剂。法玛和詹森（Fama，Jenson，1983）认为董事会中较高的独立董事比例将有利于监督和限制经营者的机会主义行为。当然，从中国的实践表现看，上市公司独立董事制度的实施对强化公司利益相关者管理具有积极的作用，基于以上分析，笔者提出假设4：

> H4：董事会规模、监事会规模和独立董事在董事会中的比例等因素与企业社会绩效的表现呈正相关关系。

除了上述治理因素以外，企业股权结构对于上市公司的企业社会绩效来说也是非常重要的，尤其是在中国这样的国有股比重比较大的市场。国有股比重大的企业，与其他类型的企业在企业社会绩效的表现肯定存在着很大的不同，因为国有股比重大的企业代表着全民所有，这样的企业在进行战略决策和履行社会责任的时候，可能会更有动力考虑到整个社会的利益，当然也包括像员工、消费者和债权人等利益相关者的权益。与外国发达的市场体系和法律体系不同，中国企业的目标可能会受到政府政策的影响，对于维护社会稳定、扩大就业等社会问题可能会更关注，考虑更充分。而作为政府机构，因为掌握了企业的控股权，可能也会在某种程度上很快将企业作为实现政策目标的工具。所以说，国有股比重越大的公司相对于比重小的公司可能更多地承担社会责任，基于上述分析提出假设5：

> H5：国有股占比重比较小的上市公司，企业社会责任的表现比国有控股比重大的上市公司表现更差。

三 经济绩效、其他因素与企业社会绩效

企业经济绩效与社会绩效之间的研究很多，绝大部分的研究认为公司社会责任与企业绩效之间在一定程度上存在正相关关系。不过经济绩效与社会绩效之间的关系非常复杂，本书中仅仅是将之作为一个控制变量。关于两者之间的研究，如普莱斯顿（1997）得出结论，认为社会表现和财务绩效之间存在正相关关系。而瓦多克和格雷夫斯（Waddock & Graves，1997）的研究表明，企业社会表现与以前和将来的财务绩效存在肯定的关系。我国的陈玉清、马丽丽（2005）分析了上市公司社会责任与会计信息披露的现状，结果证明这一信息与我国上市公司价值之间的相关性不

强。李正（2006）的研究结果证明当前承担社会责任越多的企业，其价值越低，不过从长期看，承担社会责任并不会降低企业价值。至于说经济绩效评价指标的选择问题，格里芬和麦洪（1997）总结出一般的经济绩效指标有 ROA、ROE、5 年以来的 ROS 等。本书主要从每股收益（EPS）来综合考虑企业经济绩效，提出假设 6：

H6：公司经济绩效对企业社会绩效的影响是正面的，企业的盈利能力越强，企业社会绩效越好。

乌尔曼（Ullman，A. H.，1985）指出，企业规模会对企业社会责任、企业绩效产生影响。企业的规模对企业社会责任的影响肯定存在，不同规模的企业在社会责任行为上表现出不同的特征。可以理解的是，那些规模比较大的企业提供的产品不同，所处的地理位置不一样，面对的群体更是庞杂。所以说，规模大的企业越是会重视外界的观点，对外界的负面攻击也更敏感。可以得出这样的推论，即企业的规模与企业社会绩效之间存在着一定的关系，规模越大，就越会关注社会团体、媒体等利益相关者的看法和期望。作为一种应对的措施，不同规模的企业将社会责任的实施和披露作为一种策略，以此增强公司的声誉。基于以上分析，本书提出假设 7：

H7：公司规模对企业社会绩效的影响是正面的，公司规模越大，企业社会绩效越好。

第三节　研究方法

一　研究变量设计

本书认为，企业社会责任不能仅仅是一种内生化的概念，外部的治理环境应该起着非常重要的作用。内部治理结构对企业社会责任起着一定的作用，但并不一定是一种线性关系，而且主要体现在股权集中度上。

表 5 – 2　　　　　　　　　　　　　　　研究变量定义

变量	定义	度量
被解释变量		
CSP	企业社会绩效水平	RLCCW 公司发布的企业社会责任报告分数
解释变量		
Mardex	市场化指数	采用樊纲、王小鲁编制的 2006 年市场化进程指数
Govdex	政府干预指数	采用樊纲、王小鲁编制的 2006 年政府干预指数
Lawdex	法制化指数	采用樊纲、王小鲁编制的 2006 年法制化指数
Cr1	股权集中度 1	第一大股东持股比例
Cr2t5	股权集中度 2	第二到第五大股东持股比例
Bsize	董事会规模	董事人员数量
Dsize	监事会规模	监事人员数量
Indrateh	独立董事	独立董事人数
So_ top	国有控股度	国有股比重
P_0	两权分离度	控制权和所有权之间的差值
控制变量		
SIZE	公司规模	年末公司总资产的自然对数
IN	行业	按照证券代码划分为 6 个行业
TQ	公司业绩	托宾 Q 值。TQ = 企业总资本的市场价值/企业总资本的重置资本 = （年末流通市值 + 非流通股净资产金额 + 长期负债合计 + 短期负债合计）/年末总资产 = （企业年末股价 × 流通股数量 + 每股净资产 × 非流通股数量 + 企业负债合计）/年末总资产
BH	是否发行 B 或 H 股	虚拟变量，公司发行 B 或 H 股，则为 1，否则为 0

（一）因变量

国外的很多研究一般把 KLD 指数作为企业社会绩效评价的方法。此指数之所以比较时兴，是因为几个特点：首先，KLD 指数其实正是所有社会投资者最关注的一个方面，而且由具体的标准表示，可以增加这一指标体系的可靠性。其次，这一指数包括了很多的代表性企业（总共 600 多家公司），而且可以保证使用者能够对多个时期的社会责任表现进行纵向评价，从而实现一个动态的评估企业社会绩效的结果。基于以上的原因，以及其全面性的特点，KLD 指数一般被学者们用来作为衡量企业实施社会责任的具体指标，伍德和琼斯作为利益相关者理论的知名学者，也认可这是一个设计先进使用方便的体系。

社会责任的量化问题是个世界性的难题，目前世界各国关于社会责任的披露尚处于定性披露阶段。MCT 社会责任报告评价体系评分采用结构化专家打分法，并在深入细化评价指标的基础上，努力倡导企业社会责任报告的规范化。新版 MCT2009_ 1.0 评价体系从 Macrocosm-整体性、Content-内容性、Technique-技术性三个零级指标出发，分别设立一级指标和二级指标对报告进行全面评价，设置了包括"战略有效性""责任管理""编写规范"等 16 个一级指标，70 个二级指标。

MCT2009_ 1.0 评价体系满分为 100 分，其中整体性评价 M 值权重为 40%，满为 40 分；内容性评价 C 值权重为 40%，满分为 40 分；技术性评价 T 值权重为 20%，满分为 20 分。MCT2009_ 1.0 评价体系内容性评价指标得到深入细化，由"责任战略" – "责任管理" – "经济责任绩效" – "环境责任绩效" – "社会责任绩效" – "绩效质量" 6 个一级评价指标组成。例如，"责任管理"中，将具体评价报告对"集团公司或母公司推进下属企业履行社会责任的体系及机制"的披露，而在"环境责任绩效"中将具体评价报告对"公司通过环境管理体系认证及年度复核的情况"的披露。而"绩效质量"则强调社会责任报告披露绩效指标的质量，比如"公司披露与可持续发展实质相关的绩效指标的多少及深入程度"，等等。

（二）测试变量

第四章的研究指出企业社会责任的响应条件包括公司治理、公司资源和公司的战略。公司战略作为实证研究的变量，很难真正做到客观和数据化，所以笔者在考虑测试变量的时候忽略了战略因素，当然这样做的一个依据是本书所选取的样本基本上属于各行业中排名靠前的企业，公司的整体战略具有某种相似性，为了简化研究，本书将公司战略这个响应因素忽略。

我们以樊纲、王小鲁（2004）对市场化进程的研究内容来定义治理环境的主要内容，主要包括政府和市场的关系，非国有经济的发展、产品市场的发育程度、要素市场的发育程度以及中介发育和法律制度环境。投资者关系管理是资本市场上公司与投资者之间信息的互动沟通，能够保障投资者的知情权，保护投资者利益。

作为企业外部治理环境的测试变量，我们将樊纲和王小鲁提供的各地区市场化相对进程得分、政府与市场关系得分以及市场中介发育和法律制度环境得分，分别作为本书中各地区的市场化指数（Mardex）、政府干预指数（Govdex）以及法治水平指数（Lawdex），从而获得各地区治理环境数据。由于各地区市场化进程、政府干预程度以及法治水平在不同年度间相对稳定，我们采用了樊纲和王小鲁报告的 2006 年度的数据。

作为企业内部治理结构的测试变量，Cr1 是第一大股东持股比例，用以控制第一大股东持股比例对企业社会责任的影响；Cr2t5 是公司第二大股东至第五大股东持股比例之和，用以控制公司其他大股东持股比例对企业社会责任的影响。从对中小股东的侵害角度来看，公司第一大股东以外的其他大股东可能会对第一大股东形成制约；Bsize 代表董事会规模，以董事会成员的总人数进行衡量；Dsize 则代表监事会规模，以监事会的总人数进行衡量；Indrate 代表独立董事比例，以独立董事占所有董事人数的比例衡量。P_0 代表两权分离度程度，以控制权和所有权之间的差值。So_ top 代表国有控股度，以国有股比重衡量。

（三）控制变量

ε 是模型的误差项，ComSize 为公司年末总资产的自然对数值，用以控制规模因素对企业社会绩效的影响；另外由于企业社会绩效的特殊性，特别设立一个 TQ 代表公司的经济绩效，设置这一变量的目的是控制企业经济绩效对企业社会责任的影响，因为企业社会绩效很大程度上离不开企业经济绩效的影响。此外，虽然公司的股票发行方式（BH）和行业（IN）对于企业社会绩效的控制也是存在的，但本书没有将这两个因素纳入回归研究，而是单独进行单因素方差分析。

二　实证检验结果与分析

（一）主要变量的描述性统计

数据的描述性统计结果表明：（1）第一大股东持股比例平均在 45.4%，说明样本公司股权高度集中，大股东有能力影响公司的信息披露策略；（2）样本公司中独立董事所占比例平均为 28.9%；（3）市场化指数、政府干预指数以及法治水平指数的最小值分别为 5.26、5.85、3.2；最大值分别为 10.41、9.02、12.15；市场化指数越大代表市场化进程越快，政府干预指数越大代表政府干预越少，法治水平指数越大代表法治水平越高，由表 5-3 可见，样本公司所处地区的治理环境差异明显。

表 5 – 3　　　　　　　　　　　　各变量的描述性统计

变量	最大值	最小值	均值	标准差
CSP	72.09	15.12	29.47	5.06
Mardex	10.41	5.26	8.61	4.29
Govdex	9.02	5.85	7.94	3.12
Lawdex	12.15	2.63	7.12	1.61
Cr2t5	0.5771	0.0181	0.45	0.13
Cr1	0.7397	0.2103	0.16	0.11
Bsize	16	6	11.57	10.11
Dsize	9	2	4.64	2.98
Indrateh	7	0	3.58	5.23
So_ top	0.8846	0	0.3947	0.5685
P_0	0.3597	0	0.1954	0.2312
TQ	7.172	0.929	1.807	3.652
ComSize	4.9893	0.701	2.34	3.17

（二）对全体样本公司的多元回归分析

在多元回归模型中，如果解释变量存在多重共线性，将对参数估计、统计检验以及模型估计的可靠性、稳定性产生不利影响。为了判别回归模型是否存在着多重共线性以及为了预检验解释变量与被解释变量之间的关联程度和方向，表 5 – 4 列示了主要研究变量之间的相关性分析结果。从表 5 – 5 中可以看出，除社会责任水平与独立董事次数相关系数符号与研究假设相反外，其余变量与水平相关系数与研究假设一致，这表明在不控制其他影响投资者关系管理的因素时，制度环境和董事会独立性变量与社会绩效水平变量两两正相关，初步印证了本书的研究假设。为了更清楚地了解社会责任与这些因素之间的相关关系，我们运用多元回归方程进行实证分析。为了检测变量之间可能存在的多重共线性问题，我们测试了 VIF 值，发现所有的 VIF 值都小于 2，因此，多元回归模型不存在多重共线性问题。

表 5 - 4　　　　　　　　　　　　研究变量相关系数

	CSP	Cr1	Cr2t5	Bsize	Dsize	Indrateh	So_top1	P₀	Mardex	Govdex	Lawdex	SIZE	TQ
CSP	1												
Cr1	- 0.083 **	1											
Cr2t5	- 0.090 **	0.006	1										
Bsize	0.010	- 0.020	0.083	1									
Dsize	0.152	0.088	0.141 **	0.092 **	1								
Indrateh	- 0.024	- 0.009	0.061	0.925 **	0.066	1							
So_ top1	0.260 **	0.055	- 0.068	- 0.348 *	0.021	- 0.210 **	1						
P₀	0.219 **	- 0.062	0.053	0.053 **	0.258 **	- 0.014	0.207	1					
Mardex	0.087	- 0.067	0.050	0.042 **	0.032	0.046	- 0.02	- 0.0	1			0	
Govdex	0.0204 **	0.019 **	0.007 **	0.006	0.019	- 0.063	0.298	0.05	0.089	1			
Lawdex	0.219 ***	- 0.062	0.053	0.053 **	0.258 **	- 0.014	0.234	0.05	0.089	0.04	1		
SIZE	0.0204 **	0.019 **	0.007 **	0.006	0.019	- 0.063	0.247	0.04	0.091	0.31	0.28	1	
TQ	0.252 *	0.941 *	0.061	0.029 *	0.248 *	- 0.021	0.051	0.04	0.032	0.06	- 0.0	- 0.062	1

说明：＊表示在 10% 的水平上显著；＊＊表示在 5% 的水平上显著；＊＊＊表示在 1% 的水平上显著。

表 5 - 5 为所有样本公司的多元回归分析结果。在这四个模型中，模型（1）没有纳入公司治理的相应变量，至于模型（2）—（4），则分别纳入公司治理指标，还有政府干预程度、市场化进程和法治水平这三个治理环境变量。

假设 1：从模型（2）—（4）的结果可以看到，CSP 与 IndexGov、IndexMar 和 IndexLeg 之间存在关联，分别在 0.05、0.01 和 0.01 以下的水平显著正相关。从这一结果可以看到，公司治理环境的改善给公司的 CSP 带来正向的影响，也说明研究假说 1 可以得到证明。此外我们可以从表中看到，法制化指数的影响系数要比市场化指数和政府干预指数大，说明法制化水平对 CSP 的影响比后两者的影响更明显。公司治理环境对于企业社会责任的影响主要体现在几个方面，比如说在那些制度环境比较优越的地方，整个市场中的产品市场比较全面，也有着完善的要素市场。当地的法制化水平也比较健全，这样会使公司压力很大，为了应对这样的环境，公司往往会在董事会中设立各种专业委员会，采取各种措施来应对市场环境的变化，并积极提高社会决策的比重，改善治理结构，以提高战略制定的有效性。正因为这三大公司治理环境因素的影响，公司会积极采取措施，通过各种手段改善企业社会绩效，提高各利益相关者对企业的信任，优化公司治理结构，提高公司社会绩效。

表5-5　　　　　　　　对全体样本公司的多元回归分析

变量	(1) 变量	t	(2) 变量	t	(3) 变量	t	(4) 变量	t
截距项	6.156**	24.462	4.295**	21.605	5.582**	21.605	4.318**	21.605
Mardex			0.213*	2.095			0.209*	1.973
Govdex			0.307*	2.923			0.307**	2.707
Lawdex			0.553**	2.724			0.496**	2.521
Cr1					-0.554*	2.053	-0.503*	1.911
Cr2t5					-0.219*	2.191	-0.201*	1.968
Bsize					0.011	0.895	0.009	0.895
Dsize					-0.008	0.518	-0.001	0.422
Indrateh					0.028	1.587	0.023	1.098
So_top1					3.039	1.083	2.847	0.882
P_0					0.004	0.764	0.003	0.456
TQ	-0.002**	2.879	-0.014**	2.645	-0.018**	2.379	-0.015**	2.271
ComSize	0.037**	2.982	0.029**	2.154	0.032**	2.654	0.031*	1.854
Sample no.	371		371		371		371	
F	32.58**		30.26**		23.43**		28.59**	
Adj-R^2	0.425		0.436		0.256		0.469	

说明：** 表示在1%水平上显著；* 表示在5%水平上显著。在模型的回归结果中，6个行业变量未列入；股票发行方式未列入，是因为该变量与研究变量之间存在严重的多重共线性，方差膨胀因子达21.743。

从表5-5的模型（4）可以看得更加清楚，公司治理环境和企业社会绩效在1%的水平上表现出非常显著的正向关系。每个企业所在地的市场化程度用一个相对指数作为衡量依据，不同水平的指数对公司社会绩效的影响不同。此外，那些市场化水平和法制化水平比较高的地区的上市公司，对于利益相关者的利益保护更完善；另外，有些地区的市场化水平越高，企业金融环境也更优越，则企业与投资者以及其他的利益相关者之间的沟通会更为顺畅，企业可以通过各种有效的手段进行社会管理，吸引各种类型利益相关者对企业的信任，保证企业战略的有效实施。

假设 2、3、4：考察 CSR 与内部治理结构的关系，可以发现，在模型（3）和（4）中，CSP 与 Cr1 都显著负相关。这表明，公司社会责任与第一大股东持股比例之间存在着对应关系。CSP 与 Top2Top5 之间存在反向关系，且比较显著。这一结果证明，其他股东与大股东之间存在着某种程度上的合谋，这也验证了假说 2 的部分观点。此外，从模型的实证结果可以看出，包括董事规模、监事会规模等治理结构因素对于企业社会绩效的影响并不显著，两职合一或分离这一变量也没有通过假设检验，也就是说实证结果拒绝了假设 3。这可能是由于中国资本市场有效性不强，CEO 受董事长牵制过多；此外，独立董事规模对于企业社会绩效的影响也不显著，其实证结果拒绝了假设 4。

假设 5：我们再看表 5 - 5 的结果，发现企业的国有股控股比例与 CSP 呈现出正向关系，而且两者之间的相关系数比较大。不过，回归结果并未通过显著性检验。在回归方程中，笔者进一步对变量的内生性问题进行分析，以保证方程回归的一致和无偏性。要实现这一点，文中对上面的回归模型（1）进行内生性检验，以进一步确认国有股控股比例和 CSP 的明确关系。检验的步骤首先是用国有股控股比例作为待检验变量，然后对第三个模型中所选择的所有变量用 OLS 做回归分析；在得到回归结果以后，再进一步提取出残差序列，将其作为附加变量，再引入上述模型，重复运用 OLS 的回归分析，得到下面的检验结果（见表 5 - 6）。

表 5 - 6　　国有股控股比例与社会责任的内生性检验结果

因变量	So_ top1 残差序列的回归系数值	t	p
CSP	0.95	1.951	0.056

从表 5 - 6 可以看出，国有股控股比例与社会绩效水平在 5% 水平上存在内生性问题，且原方程的 OLS 估计很可能高估了国有股控股比例的回归系数。虽然在 OLS 回归结果中，我们没有发现国有股控股比例与社会绩效水平显著相关，但在 2SLS 的回归方程中，可以证明国有股控股比例与 CSP 正相关，且在 5% 水平上比较显著，说明在控制了国有股控股比例的内生性问题后，这一效应比较明显。

假设 6、7：在其他控制变量的回归中，以往企业财务绩效与社会绩效具有显著的正相关，起到推动作用；ComSize 与 CSP 之间呈现出比较显著的反向关系，说明企业的规模与 CSP 负相关。造成这一结果的原因，比较可靠的解释是小规模企业的发展前景更好，而且小企业的社会行为更容易让社会感知，从而使 CSP 表现出更明显的效应。公司规模和公司绩效与社会绩效显著正相关，这说明规模大、绩效好的公司更有主动性与投资者进行信息沟通，树立公司在资本市场上的声誉。

（三）研究结果可靠性分析

从回归结果也可以看到，所有的模型 F 值都在 0.01 以下水平显著，此外调整的 R^2 都在 0.40 以上。从整个模型的拟合性来看，模型的拟合效果比较好。此外，笔者还对模型的共线性问题进行了检验，最主要的工作是对每个模型中的所有自变量的 VIF 值进行计算和分析，结果表明自变量的 VIF 值都小于 2，进一步说明不存在共线性问题。最后，本书对模型中的回归数据进行了敏感性研究，试图证明模型的可靠性，并剔除掉那些 CSP 值 3 倍标准差以外的异常值的企业。敏感性分析结果表明，主要研究结论没有实质性改变。

第四节 本章小结

通过本书的研究可以看到，对企业社会责任的研究，首先就应该明确在不同的企业治理结构和不同的企业契约关系中，企业所面对的社会责任范畴会发生改变，社会责任的内涵在企业的不同发展阶段是动态变化的，并不能简单地进行分类，否则会混淆企业社会责任的主体和客体，造成责任不清，对象不明。在规范公司的目标职能和所面临的制约因素的时候，公司治理和公司社会责任是相辅相成的。一个有效的企业治理制度，可以防止那些损害利益相关者的非法行动的发生。一个有效的对社会负责的企业章程则可以避免那些合法但却不恰当的行动，因为会给他们的股东带来不好的后果。基于实证分析的结果，可以得出几个结论，它们包括：

（1）公司外部治理环境对于企业社会绩效的影响比较显著。公司的外部治理环境主要包括市场化水平、政府行为和法律环境。之所以出现这样的结果，笔者分析主要的原因在于中国的公司治理环境尚未完善，各个地区的政府监管水平、法律执行力度和市场发展程度参差不齐，不像国外的一些发达国家，企业社会政策的外部环境已经非常完整，对公司的监管也很严格，公司的外部治理环境表现出高度的统一性，其影响企业社会绩效的效果不如中国。

（2）公司的治理结构对于企业社会绩效的影响并不是十分显著。除了股权集中度和国有股比重以外，其他的比如董事会规模、监事会规模、独立董事规模、两权分离度等因素对于企业社会绩效影响的实证结果并不显著。这一结果其实也在一定程度上证实了上面所得到的论断，说明在中国上市公司的整体外部治理环境不完善的背景下，公司治理结构表面上的一些因素并不能实质性地改变公司原有的一些弊病，即便是公司的企业制度越来越规范，治理结构相对比较全面，也很难改变一些公司对社会绩效的忽视。

（3）公司的其他因素对于企业社会绩效的影响依然存在。这些因素包括公司的规模、公司的经济绩效、公司所处的行业等。中国上市公司从现阶段来说，应该还是那些规模比较大的，处于垄断性行业的、获得经济利润的空间比较有优势的一些企业，其社会绩效的表现要更为优秀，因为这些公司本身可能也是国有股权比重比较大，处于国家的一些关键性行业，具有绝对的竞争优势，所以在一定程度上承担了国家赋予的一些社会功能。

基于以上的分析，可以看出国内企业的治理结构和整体环境与国外相比完全不一样，企业面临的契约条件是截然不同的，所以最重要的并不是分析企业究竟要不要履行社会责任，也不是企业履行社会责任会不会带来好的社会绩效，而应该是分析企业的社会责任究竟是由哪些具体因素推动，而这种推动又是如何落实在企业的日常经营管理当中，这也是本书重点从治理结构的角度来综合考虑这些问题的主要原因。

第六章

基于沪深上市公司数据的社会责任与公司价值实证分析

本章实证研究的主要目的是与前面内容相对应，即社会绩效的结果并不是直接给企业带来经济绩效的改善或者是竞争能力的加强，而是对企业的一种间接的影响，这种间接的影响表现为企业道德资本的积累和对企业的一种保险功能。公司战略配合公司治理实现，通过利益相关者的管理带来道德资本的增加。公司治理与社会责任实施，不是为利益相关者创造利润，是为了防止其利润受到侵害，社会绩效的结果，带来的是一种防范效果。所以说试图证明企业社会绩效对于企业财务绩效的影响，不是一件很容易的事情。企业社会绩效给公司带来的是一种声誉、保险、道德资本，这种资本在资本市场中表现为一旦公司遇到负面事件，就能发挥作用。本章的研究内容即是根据这一判断，实证分析上市公司出现违规事件后，企业社会绩效对股票收益率变动的影响程度。

第一节 理论分析与假设的提出

企业社会绩效给公司带来的是一种声誉、保险或道德资本，这种资本在资本市场中表现为一旦公司遇到负面事件，就能发挥效用。本书的研究内容即是根据这一判断，运用事件研究法，针对沪深158家上市公司的面板数据，分析上市公司出现违规事件后，企业社会绩效对财务绩效的影响程度。实证结果说明，企业社会绩效对于企业财务绩效的影响，并不能够带来直接的效应，企业社会责任的履行，更多的是给企业带来道德资本的积累。

一　社会绩效与公司价值关系的实证研究回顾

（一）CSP-CFP 关系的实证研究概述

格里芬和麦洪（1997）总结了从 1972 年到 1997 年之间各种关于 CSP-CFP 之间关系的实证研究，并得出以下结论：（1）许多文章的结论没有明确的共识；（2）多数研究发现了 CSP-CFP 之间的逆向关系，但主要比较的是股市对潜在的非法活动或产品问题的反应；（·3）一些研究没有得出明确结果，因为他们在一个研究中发现同时存在正向和逆向的关系。

有些实证研究发现了 CSP-CFP 之间的正向关系。弗里曼（1997）对 27 个案例进行研究，分析了企业不负责任的社会行为、非法行为与证券市场反应的关系。他的结论是，证券市场对企业所犯下的对社会不负责任或非法行为的反应是负面的，这恰恰为 CSP-CFP 之间的正向关系提供了证据。瓦多克和格雷夫斯（Waddook & Graves）1997）用回归方法分析了 469 只标准普尔 500 指数的成分股，以一个类似于 KLD 指数的加权指标代表 CSP，以三个会计指标（股权回报率、资产回报率和销售利润率）代表 CFP。瓦多克和格雷夫斯（1997）用规模、风险和行业作为控制变量，并对模型进行了滞后变量的检验，他们的研究结果支持了 CSP-CFP 之间的积极关系。斯坦尼克（Stanwick，1998）对大约 115 家公司 1987—1992 年的横截面数据进行回归分析。他们以企业声誉的财富调查作为 CSP 的衡量因素，代表回归方程中的因变量，自变量包括销售额、规模和基于环保署有毒排放清单报告的环境业绩变量。他们发现 CSP 和 CFP 之间存在明显的正向关系。

另有一些研究发现 CSP-CFP 之间的反向关系。比如英格拉姆和弗莱齐纳（Ingram，Fraiziner，1983）、Freeman 和 Taggy（1982）的研究，证明了 CSP-CFP 之间呈现出一种反向的关系。我国也有很多学者做了这方面的研究，得出相同的结论，其中比较知名的是李正（2006）的实证研究，他用上海证券交易所 2003 年 521 家上市公司作为研究样本，用 Tobin's Q 度量企业价值，结果证明社会责任实施越多的企业，企业的价值反而会越低。

有的研究则指出 CSP 和财务业绩之间的联系仍不清楚。实证研究结果表明两者之间的关系比较复杂（如 Alexander & Buchholz，1982；Aupperle. Carrol & Hatfield，1985；Ullman，1985；Shane & Spicer，1983）。此外，

即便有很多学者在两者之间建立了一种积极的关系（如 Wokutch & Spencer，1987；McGuire Schneeweiss & Sundgren，1988），目前仍然不清楚是否只是那些经济上成功的公司有更多的资源用于 CSP 从而获得更高的标准（资源理论），或者是企业在不同维度的 CSP 上的更好表现带来更佳的财务成果（McGuire et al.，1988；Ullman，1985）。

格里芬和麦洪（1997）在文献中发现若干他们认为应在将来的实证研究中期待解决的问题。首先，绝大部分研究使用了多个行业的样本。这种方法带来的问题是，一个行业的独特性质会因为不同的内部特征和外部需求使其 CSP 呈现出不同特点。罗利和伯曼（Rowley & Berman，2000年）的研究也表明，对 CSP 的研究应该在狭义上定义为特定的行业。他们认为跨行业研究混淆了利益相关者之间的关系，复杂化了针对利益相关者特殊的 CSP 和 CFP 进行的合适度量方法。实证研究显示，在多行业分析中所属行业是一个重要变量。

表 6-1　　　　　　企业社会绩效与经济绩效关系的实证研究

CSP & CFP 关系	研究视角	研究学者
正相关	企业竞争优势积累；企业社会资本积累	Cochran & Wood（1984） Freeman（1997） Waddock & Graves（1997） Stanwick & Stanwick（1998） Godfrey（2009）等
负相关	公司治理目标；企业剩余价值的分配	Freeman & Taggy（1982） Ingram & Fraiziner（1983） Me Williams & Siegel（2000） Subrot & Hadi（2003） 李正（2006）等
不明确关系	不同情境下的企业社会绩效与经济绩效；研究方法的选择	Ullman（1985） Wokutch & Spencer（1987） Griffin & Mahon（1997） Rowley & Berman（2000）等

资料来源：基于格里芬、麦洪（1997）、戈弗雷（2009）等文献基础整理。

（二）CSP-CFP 关联度所采用的实证研究方法评述

但是我们应该看到，在这方面已经进行的大部分实证研究都存在着各种缺陷和不足。米尔顿·莫斯科维茨（1972）最早提出进行企业社会责任和经济绩效研究，并指出具有社会责任的企业一般都有较好的投资回报。他没有详细说明他是如何选择经济绩效进行了实证分析，仅仅推荐了

14 家认为有高社会责任的企业，但没有说明他是如何选择这 14 家企业的。他对这 14 家企业的经济绩效进行实证分析，发现这 14 家企业股票的平均价格在过去的六个月里上升了 7.28%，而同期的道—琼斯指数仅仅上升了 4.4%，纽约股票交易所指数上升了 5.1%，标准普洱工业指数上升了 6.4%。这个发现也在一定程度上支持企业的社会责任度和经济绩效存在正相关的关系。

但是，万斯认为米尔顿的结论是错误的，他们对其推荐的 14 家企业 1972—1973 年的股票价格进行研究分析，发现这些企业的股票价格是下降的，并且下降的幅度大于同期的三大指数。为了证明米尔顿结论的不准确性，万斯按照 *Business & Society Review* 杂志上关于企业社会责任度的调查报告，把社会责任度高的企业和社会责任度低的企业的经济绩效进行比较，发现企业社会责任度低的企业的经济绩效高于前者。尽管这种区别在统计上是不显著的，但是他认为企业社会责任和企业经济绩效之间存在负相关的关系。

问题在于，米尔顿和万斯的研究方法也存在相同的问题。首先，样本的个数太小，而且样本的选择很主观；其次，经济绩效衡量的变量是企业资产的回报率，没有考虑投资的风险因素，问题是并非所有股票的风险是相同的；再次，米尔顿研究的时间跨度太短。

鲍曼和海尔（Boman & Haire，1975）用另外一种方法对企业社会责任和经济绩效的关系进行了研究。他们按照权威杂志的调查报告将 82 家食品企业按照社会责任度从高到低进行排列，然后对它们 5 年期的股票回报率进行评估，最后得出结论，即那些社会责任度为中等的企业股票回报率反而最高，而社会责任度最高和最低的企业要相对更差，所以结论是企业社会责任和企业经济绩效的关系是成"U"形的。但是鲍曼和海尔（1975）的研究也存在着很多不足。首先，什么是企业社会责任？他们没有给出明确的定义。其次，选取的企业样本中，企业社会责任度低的企业的个数（51）超过了另外两种分类的企业（中间 18，高 13）。最后，用股票回报率来评估企业的经济绩效可能不是很合适，因为股票回报率不仅反映出企业的利润，也反映出企业的金融实力，而且他们没有进行显著性测试，也没有考虑企业之间不同的风险因素。

斯特迪文特和金特尔（Sturdivant，Ginter，1977）在米尔顿研究的基础上，把 67 家企业按企业社会责任度分成高、中、低三部分，再在这 67

家企业内选取 28 家企业分成四组，再把这四组内各种企业的 10 年期的 EPS 进行比较，最后得出结论，即社会责任度高和社会责任度中等企业的经济绩效要好于社会责任度低的企业的经济绩效。但是他们没有得出企业社会责任度中等企业的经济绩效是最好的，而这个结论由鲍曼和海尔得出。

在此之后，亚历山大和布赫霍尔茨（Alexander & Buchholz，1978）在这方面进行了重要的研究，他们和米尔顿和万斯最大的不同是，他们研究的时候考虑了风险因素，最后发现企业社会责任度和企业经济绩效之间是无关的。随后，艾伯特和慕森（Abbott & Monsen，1979）用相似但是更巧妙的方法进行这方面的研究。他们对财富 500 强进行了调查，并用 28 个条款（SID）来确定企业的社会责任度，把企业社会责任度分成高和低两类，同时观察他们的利润率。最终，他们发现企业社会责任度和企业的经济绩效之间没有显著的关系。但是他们的研究还是存在一些问题，因为没有考虑风险因素，SID 也不能准确地测出各个企业的社会责任度。

2000 年，阿比盖尔和唐纳德（Abagail & Donald，2000）提出新的方法。他们认为企业社会责任与经济绩效的关系不是简单的一对一函数关系，而是多变量的函数关系，企业的经济绩效不仅和企业社会责任度有关，还和企业的规模、风险、研发投入和广告投入等有关。因此在比较企业之间由企业社会责任度不同造成经济绩效不同的研究中，要剔除控制变量的影响。他们最后得出结论，即企业社会责任和经济绩效在长期是没有关系的。这些研究运用了不同的方法，并得到了不同的结论，但是都存在着各自的不足，比如调查企业的样本选择，企业社会责任的评估指标的选择，经济绩效的评估指标的选择和风险因素的选择等。

二　社会责任、道德资本与保险功能

一个更有价值的问题是，如果一个企业战略中包含了通过使用企业资源参与社会活动，那么什么时候股东能获得回报？特别是企业参与某些类型的社会责任活动，为公司创造了某种形式的声誉或道德资本，在负面事件发生时可以提供类似于保险的保护（戈德贝里和弗布伦，2006；戈弗雷，2005），从而保护了股东价值（CFP）。因此，本章从一个比较独特的角度来研究 CSP-CFP 之间关系，即企业社会责任活动可以提供一个保险机制，以维护而不是产生 CFP。

在企业社会责任的实证研究文献中，有一些研究运用的方式和变量与保险有密切关系（例如 Blacconiere，1994；Blacconiere & Northcutt，1997；Orlitzky & Benjamin，2001）。虽然这些研究有助于我们日益了解何时以及如何维护社会责任活动的 CFP，但是我们需要进一步的研究，以解决相关研究中存在的一些缺陷，并从一个侧面去了解和分析企业社会绩效对企业财务绩效的影响。

首先，一些研究缺乏理论解释或者无法提供明确的理论理据。尤其是，我们提出某些类型的企业社会责任活动可以产生道德资本或商誉（戈弗雷，2005），从而在使企业在遇到负面事件的时候，可以缓和利益相关者的惩罚性制裁（即保险效应）。我们认为，由此产生的道德资本可能与创造经济价值没有多大关系，而在于保护经济价值的巨大作用。

其次，现有的一些研究使用相对比较粗糙的度量 CSR 的方法（例如，通常是单一的社会责任，或仅仅用信息披露或慈善金额来作为代表）。但事实是应该在模型中将企业社会责任定义为是一种多元的行为（如戈弗雷、哈奇和汉森，2008；希尔曼和凯姆，2001；马丁利和伯曼，2006）。

最后，许多早期研究集中于将行业或经济层面发生的事件作为负面事件。公司在一般事件中具体的特征所体现出的作用给研究带来了某些启示；此外，将公司具体特点与公司的具体事件联系起来可使我们深入了解 CSR 能够保持 CFP 的机制。所以说我们可以将公司层面的 CSR 活动与公司具体的负面事件关联起来，从而可以更为深入研究不同的事件类型与企业社会绩效的关系。基于以上分析，我们需要更多的实证研究来测试在发生危机时是否会发生某些反应。

（1）CSP 和股东价值的保障

按照资本资产定价理论（马科维茨，1952；夏普，1964）的观点，在有效的市场中，追求利润最大化的经理不会进行风险管理。当然，在现实世界中，即使耗费的成本超过预期，企业仍然会进行风险管理（如火灾保险）。史密斯和斯图尔兹（1985）及 Stultz（2002）的研究显示，由于完善的市场假设被打破，降低风险的行为给股东创造价值。一个典型的例子是，通过一些减少风险的行为，投资者在企业发生严重财务困难时可以得到保障，而这在证券市场上不可能做到。

（2）CSP 和道德资本

企业社会责任的这种自愿性特点，可以被广泛视为公司给予各种利益团体的一种馈赠或礼物。然而这并不意味着企业社会责任是一个不附加条件的礼物。社会学家和人类学家指出，CSP通过某种未指定的互惠来获得回报，礼物相当于购买尊重（Tonkiss & Passey，1999）。CSP结果还承担着一种信号传递功能，以降低其他利益相关者尤其是股东的搜寻和评估费用（肯尼特，1980）。在这种情况下，我们认为，企业社会绩效传递出一种愿意实施无私行为的信号，而不是纯粹自我的一种行为（雪利，1983）。

宏观的商业机构的标准是谋利（弗里德兰、阿尔福，1991），这在资本主义社会是原则并为各种公共行为者所接受。既然是为了谋利，就要求企业高度自治，并且是一种自利行为。这些现实掩盖了一个观点，即社会责任活动可以创建一个信号，表明企业在定位上是完全或主要的利他行为。我们认为，企业社会责任的作用并不是给利益相关者一个利他的信号（因为这个缺乏利润动机），而是通过社会责任活动给出信号，表明该公司并不完全是利己的，其领导人可以通过决策，并考虑给他人带来影响，或产生社会福利的良好影响。总之，管理人员和他们的公司会采用恰当措施以处理各种利益相关者的关系。当这些信号被外部利益相关方感知和接纳，企业产生积极的结果，带来道德资本（西蒙，1995），通过积累达到某种程度，从而使这些外部利益相关者看到该公司在采取他们认为在社会或道义上可取的行为（戈弗雷，2005）。

企业社会绩效的两个特点决定了其信号的潜在价值大小。首先，活动必须是公共信息，通过企业自身的报告或他人的报告和分析予以公布。其次，企业社会责任的参与必须是实质性的，否则不足以创造一个可信的无私和合理的意向声明。媒体或外部评估注意的企业社会责任行为（如会议委员会或投资评级分析师，例如工业组）意味着投资很大，足以被看到并当作一个可信的承诺。符合这两个标准的企业社会责任行为能够被称为重大的或值得注意的企业社会责任。

（3）作为保险的道德资本

即使在最好的情况下，商业活动有时也会在一些重要的利益相关者群体中造成不利影响。一些负面影响可能会相对温和，如产品或服务中断，有的后果可能是地方性的，如工厂的关闭。其他不利事件可能带来全球影响，如破坏市场稳定的欺诈或环境灾难。当消极事件发生时，利益相关者通过轻度回应（抵制或唱衰公司）或重度回应（撤销做生意的权利）给予惩罚。

如果能够帮助利益相关者将负面事件归因于善意管理，而不是恶意，并因此减轻他们对公司的反应程度，那么基于 CSP 结果的道德资本会创造价值。测量利益相关者的心理过程很困难，甚至是不可能的，但是，我们可以观察到利益相关者群体的行为是否与理论化推导过程一致。这种一致性将意味着企业社会责任活动提供保险类的保障（弗里德曼，1953；戈弗雷，2005）。

三　假说的提出

（一）企业社会绩效与企业财务绩效

在企业出现负面信息的时候，市场中的投资者会根据其自己的判断来对公司的股价走势作出判断，判断的依据当然就是企业的相关信息。在这些信息当中，违规事件当然就是最直接的影响，投资者在作出反应的时候，肯定会对这些违规事件进行估计，企业所表现出来的社会绩效在一定程度上会影响到投资者的判断，抵消掉其负面影响。前面的分析就是从企业道德资本和保险资本的角度评价了企业社会绩效的效果，而所谓的保险资本当然就是在发生事件的时候发挥作用。结合上述分析，提出本章的第一个假设：

　　　　假设 1：企业在出现违规事件的时候，企业社会绩效的不同表现影响企业超额收益率的波动。

（二）违规事件特征的影响

从违规事件的类型来看，可以把违规事件分为两类，其一是市场交易违规行为，主要指的是公司通过二级市场进行违规交易的行为；其二是非市场交易的违规行为。笔者认为，如果是通过二级市场所进行的违规交易，投资者会降低对违规事件的敏感度，这一类违规事件的企业超额收益率的下降不会表现得比较明显。而非市场交易的违规事件，因为涉及企业的具体运营和管理，会让投资者比较敏感，此时企业超额收益率的下降可能会相对比较明显。基于以上分析，本书提出相应的假说：

　　　　假设 2：上市公司市场交易违规事件所带来的对超额收益率的影

响，比那些非市场交易的违规事件所带来的影响要小。

（三）违规事件处理对象不同带来的影响

对于出现违规事件的上市公司，我们可以从不同的角度对其进行分类，因为不同类型的公司在遇到违规事件的时候，超额收益率可能会表现出不同的特点，本书从两个角度对这些事件进行分类。

对于违规事件出现的原因有两类，一类是上市公司相关的个人违规所导致的处罚通知，还有一类与个人无关，而是针对公司经营管理行为所进行的处罚通知。笔者认为，企业社会绩效对于公司的影响，可能更体现在公司层面而不是个人，在出现违规事件的时候，市场上的投资者会关注究竟是个人还是组织违规，个人违规的时候，社会绩效的影响可能会比较小。而在公司出现违规事件的时候，投资者会结合企业社会绩效给他们留下的印象来综合判断。对于这种分类方式，本书提出相应的假设：

假设 3：上市公司公司层面的违规事件所带来的对超额收益率的影响，比个人违规事件所带来的对股价的影响要大。

第二节　实证研究方法

本章的研究基础，主要是借鉴了证券市场的有效性检验方法，股票市场半强式有效市场的证明，比较典型的是事件研究法。事件研究就是根据某一事件发生前后时期的统计资料，采用一些特定技术测量该事件的影响。[①] Ball 和 Brown（1968）最早使用事件研究法对会计盈余报告的市场有用性进行研究，差不多同一时间，Fama（1969）也用此法对股票分割的市场反应进行了分析。事件研究法在有效市场理论的验证等方面有着非常好的研究价值，很多关于半强式有效市场的研究都是运用此方法进行分析。比较典型的是围绕某些证券所发生的事件为对象，分析其是否有影响，并以此检验市场对它的反响，通过这样的方法验证证券市场是半强式有效市场或者不是。

本书选择事件研究法进行相关的研究。运用事件研究法考察企业社会

---

① 迈克尔·J. 塞勒：《金融研究方法论大全必备》，清华大学出版社 2005 年版。

绩效对财务绩效的影响，主要是看某一违规事件公告发布前后的某段时间内样本公司实际收益与公司股票的预计收益之间的差额大小，然后根据这一特点来判断违规事件对证券价格波动的影响程度。需要计算的指标主要包括超常收益（abnormal return，AR）和累计超常收益（accumulated abnormal return，CAR）。其实这一方法基本上借鉴了资本市场有效性检验实证方法，研究违规事件发生后投资者的超常收益变化的方法，而且主要采用半强式检验的方法，与证券市场半强式有效市场的检验在本质上差不多，不同的是在这里主要验证不同的社会绩效下公司面对违规事件的反应。

一　样本选择和数据来源

研究样本主要涵盖2008—2010年上市公司所面临的违规事件。数据来源于CSMAR兼并收购数据库中2008年年底至2010年发生的违规事件，按照一定的标准剔除掉一些干扰到实证内容的样本。违规事件按照公告的内容进行分类，满足以下标准的违规事件被纳入样本，不满足的则被剔除。

（1）确定事件日。关于事件日确定关系到本书结论正确与否，也是研究的首要环节。所谓的事件原则上被定义为针对上市公司的违规事件公告，本书将最早出现公告发布的事件时间界定为事件日，以避免同一事件多次发布公告的情况。

（2）调整事件日。本书选取的样本，事件发生时如果正好遇上周末或假期，或者说市场停市，或者公司因重大事件暂时停牌，使当天缺乏交易数据的条件下，本书采用顺延的方式，将事件日延后为公告日后发生交易的第一天。

具体说来，在出现违规事件的时候，如果整个市场休市，这样自然要使事件日进行调整，改为首次公告日后发生交易的第一天；此外，在公司自身的问题停牌或临时停止上市的时候，也需要进行调整，不过最多只能顺延3天。在3天后如果还无法获得数据，那么就剔除此样本。之所以这样做，主要是为了避免不能准确衡量违规事件对收益率的影响。

（3）选择事件期与估计期。关于我国股票市场上事件的反应窗口，学者们并没有形成一致的意见，不同的学者采用了不一样的事件期。为了保证数据的客观性，本书选择相对比较长的事件期间。本书选取的事件期是[-5,5]，估计期是[-125,-5]。对于事件期的要求就是事件期内必须尽量有连续的交易数据。

本书对估计期的要求更加宽松，只要能够取满 120 天的数据就可以满足研究的需要。这样做的目的是排除一些极端的情况样本带来的对研究结果的影响，也是为了尽量准确地捕捉到违规事件带来的全面后果。

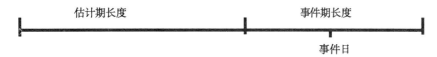

图 6 - 1　违规事件的事件期和估计期

（4）剔除重大事件的影响。为了减弱其他重大事件对股票价格的影响，本书确定如果同一公司在某次违规事件公告的事件期内发生其他可能影响股价变动的重大事件（如分红、配股、送股、公布年报），就应该从样本中剔除。

（5）在以违规事件为研究对象时，本书明确规定，如果同一公司在同一日内发生多起违规事件，都应该视为只发生一起事项。

二　研究模型和变量意义

（一）检验模型

根据以往文献中所列示的企业财务绩效的影响因素，笔者以同期市场指数收益率、公司规模、盈利能力、行业因素、资产负债比率作为控制变量，以企业社会绩效作为测试变量，以企业发生违规事件后的累积超额收益作为被解释变量，模型中各变量的含义见表 6 - 2。

表 6 - 2　　　　　　　　　　　　　研究变量定义

变量	定义	度量
被解释变量		
$CAR_{-5,5}$	企业财务绩效	企业违规事件后的累计超额收益
测试变量		
CSP	企业社会绩效	RLCCW 公司发布的企业社会责任报告分数
控制变量		
INDEX SIZE ROE_{t-1}	市场收益率 公司规模 公司盈利水平	沪深 300 指数同期平均收益率 年末公司总资产的自然对数 公司前一年的净资产收益率
IN LEV	行业因素 公司负债比率	当研究样本为重污染行业时，该样本为 1，否则为 0 负债总额/资产总额

（二）社会绩效的确定与计量

关于社会绩效的度量，2010 年和 2011 年润灵公益事业咨询分别对 A 股上市公司发布的上年度社会责任报告进行了评价打分，并在评价中首次使用了由中国本土机构开发的第一套 CSR 报告评价工具——MCT 社会责任报告评价体系，可以说，这套体系带有社会责任的中国特色，同时又与国际主流报告评价体系接轨，评价体系及评价结果得到了政府监管部门、交易所、投资者、上市公司和公众媒体的一致好评。RLCCW 由 A 股上市公司社会责任报告的评价报告出发，通过表征信息比对、地域得分比对、行业得分比对以及股票市场表现实证研究等独特视角，向社会各界传递社会责任报告发布中取得的经验及存在的不足。而特别值得一提的是，该评价体系对于企业社会责任报告评价得分与企业股票市场表现关联性进行的研究是目前国内具有先导意义的实证研究，也得到了非常好的实证结果（CSP 报告得分前 35 名的上市公司的平均每股收益是 A 股平均值的近 1.9 倍）。本书所采用的企业社会绩效的数据即来源于 RLCCW 对 A 股上市公司的 CSR 报告进行评估所得到的结果。

1. 因变量

我们感兴趣的变量是财务绩效的变化，即围绕一个负面事件所导致的股票收益率的变化，我们以那些针对公司不利的法律或法规行为的公司为样本。研究的总体样本分为两部分，首先是发布《企业社会责任报告》的上市公司，其次是其他没有发布《企业社会责任报告》的上市公司。我们通过搜索国泰安公司的《中国上市公司违规处理研究数据库》，回顾 2010 年 4 月至 2012 年 4 月期间所有出现的违规事件，以配合现有独立可变信息的时间框架。此搜索产生 285 次违规事件，有多家公司经历了数次违规事件。违规事件可能是由客户、第三方、竞争对手或者监管方导致（例如调查、罚款、罚款等），还包括管制行动宣布决议（例如解决不良平等就业机会的索赔）。在这些发生违规事件的公司中，有 169 家是发布了社会责任报告的上市公司，其他 116 家是没有发布报告的上市公司。我们筛选了这 285 个潜在的事件：（1）任何干扰（如盈利调整或预测，主要的销售量或合并公告）在 7 天的期限前的焦点事件；（2）筛除那些 ST 公司，最后得到 168 个样本事件，其中的 91 个样本是那些曾经发布《企业社会责任报告》的上市公司，其他 67 个样本是没有发布《企业社会责任报告》的上市公司。

股东价值（因变量）的变化表现为围绕着这些事件带来的超常的股票报酬率的变化。除了这些公司的具体事件以外，股票价格每天也会由于市场条件变化而变化。按照坎贝尔·罗和麦金利（1997）的方法，我们对样本公司的股票日收益率与市场收益（用上证综指的日收益率）进行回归分析，时间跨度为负面事件之前的第 125 个交易日到其发生之间的前 5 个交易日之间，使用的回归公式为：

$$Rit = \alpha i + \beta iRmt + \varepsilon it \qquad (6.1)$$

模型中 αi 代表的是第 i 家公司没有市场波动情况下的股票收益率，β 度量的是公司收益对市场收益的敏感度，Rit 反映的是第 i 家公司股价的预期回报。εit 表示的是第 i 家公司的超常收益，可以用下面的公式表示为：

$$\varepsilon it = Rit - (\alpha i + \beta iRmt) \qquad (6.2)$$

利用股票价格股票价格数据，计算围绕这 10 天（事件发生前 5 天，以及事件发生后 5 天）的超常收益。累计超常收益是对实际回报与预期回报之间的差异进行加总：

$$CAR_{-5,5} = \sum_{t=-5}^{5} \varepsilon_{it} \qquad (6.3)$$

它规定了对 T 为中心的时间窗口（T = 0 表示的是事件发生日）。时间窗口的确定在不同的研究中是不一样的，有的学者采用事件前后 8 天，如 Godfrey 等（2009）。CAR 代表了企业实际和预期之间日收益率差异的总和。我们依靠的帕特尔 Z 轴测试的统计解释，以确定适当的时间窗口。帕特尔 Z 的限制性参数测试，检验的是样本期的每一天中观测样本均值与它的期望均值之间（单个的企业）差异不为 0 的可能性（帕特尔，1976）。帕特尔建议用两天的时间窗口（T_{-1}，T_0，即事件的前一天和当天），来计算观测值与预期收益之间的显著差异，但是考虑到违规事件与其他的事件如并购等的区别，我们选取的主要变量是时间窗口为 10 天（T_{-5} 和 T_5）的累计超常收益（$CAR_{-5,5}$）。

2. 变量统计数据

总体样本包括所有通过国泰安数据库获得的在 2009 年 1 月 1 日至 2010 年 4 月 30 日的 158 家上市公司的数据，即 67 家没有发布《企业社会责任报告》的公司和其他 91 家发布《企业社会责任报告》的公司。计算 $CAR_{-5,5}$ 的过程异常复杂和烦琐。第一步，通过国泰安数据库，获得各违规上市公司的 120 天的日收益率以及相对应的市场指数日收益率（沪深 300 指数），再通过最小二乘回归法得到这 158 家上市公司的 αi 和 βi；第二步，运用公式 $\alpha i + \beta i Rmt$（Rmt 代表同期的指数日收益率）获得每一家上市公司的日期望收益率；第三步，计算违规事件发生前后五天（共 10 天）的实际日收益率与期望日收益率之间的差额 εit 并加总，从而得到 $CAR_{-5,5}$。由于数据过于庞大，且计算过程复杂，笔者只在表 6 - 3 中列出 43 家已经发布报告的上市公司的 $CAR_{-5,5}$ 的部分数据。

表 6 - 3   违规公司累计超常收益

股票代码	αi	βi	T 值	F 值	AD. R^2	$CAR_{-5,5}$
000026	− 0.02	0.964	9.119	83.152	0.408	0.003632
000063	0.001	0.757	9.9591	91.985	0.431	− 0.02266
000503	0.004	0.871	5.135	26.372	0.164	− 0.003
000541	0.0001	0.821	7.155	83.813	0.414	0.003203
000547	0.006	0.762	5.947	35.367	0.223	0.005397
000623	0.007	1.125	6.972	48.602	0.293	− 0.01548
000671	− 0.001	0.994	8.268	68.360	0.348	0.00082
000690	− 0.001	1.019	7.681	58.999	0.330	− 0.01125
000707	− 0.001	0.678	5.421	29.389	0.189	0.004389
000732	− 0.001	1.236	9.910	98.205	0.443	− 0.0101
000732	− 0.004	1.216	8.241	89.564	0.497	− 0.03
000732	− 0.002	1.282	8.768	83.453	0.508	− 0.014
000792	− 0.002	0.714	6.106	37.286	0.228	0.005664
000858	0.002	0.755	9.417	88.672	0.412	− 0.00805
000937	0.0001	0.702	7.878	62.069	0.332	− 0.02315
000962	0.0001	1.339	9.292	86.346	0.404	− 0.00905
000982	0.003	0.435	2.675	3.997	0.023	− 0.01192
000982	0.003	0.435	2.921	3.997	0.034	− 0.01222
000993	− 0.001	1.112	4.198	98.205	0.443	− 0.01317
002016	− 0.001	1.236	9.910	98.205	0.426	− 0.01613
002016	− 0.001	1.122	8.126	91.231	0.413	− 0.015
002019	− 0.002	1.221	6.910	45.152	0.4213	− 0.014
002033	− 0.002	0.835	6.332	46.036	0.201	0.00919
002033	− 0.003	0.879	6.922	44.129	0.271	− 0.0018

续表

股票代码	αi	βi	T 值	F 值	AD. R²	CAR₋₅,₅
002033	− 0. 002	0. 863	4. 317	49. 575	0. 212	− 0. 0123
002078	− 0. 001	0. 836	9. 109	82. 973	0. 378	− 0. 00359
002078	− 0. 001	0. 805	9. 478	82. 973	0. 312	− 0. 0102
002102	− 0. 003	1. 051	11. 447	131. 03	0. 502	0. 000291
002152	0. 002	0. 914	11. 605	134. 67	0. 525	− 0. 00739
002175	− 0. 001	1. 077	8. 756	76. 665	0. 370	− 0. 00423
002200	0. 002	0. 731	8. 938	79. 887	0. 369	− 0. 0106
002249	0. 004	0. 902	5. 805	33. 702	0. 215	0. 005597
002249	0. 004	0. 902	5. 805	33. 702	0. 215	− 0. 017
600218	− 0. 001	1. 236	9. 910	98. 205	0. 443	− 0. 018
600352	0. 004	0. 609	4. 336	18. 798	0. 129	− 0. 00058
600460	0. 0001	1. 255	9. 218	84. 97	0. 385	0. 010425
600501	0. 001	1. 237	12. 188	148. 545	0. 535	0. 005636
600549	− 0. 0001	1. 458	11. 932	142. 364	0. 525	− 0. 00562
600580	0. 001	0. 804	6. 926	47. 975	0. 275	− 0. 00359
600585	0. 0001	1. 004	9. 559	91. 368	0. 424	0. 005322
600644	0. 002	1. 301	9. 218	84. 966	0. 400	− 0. 01118
600836	0. 0001	0. 948	6. 908	47. 714	0. 280	− 0. 01266
601899	− 0. 001	1. 142	10. 249	105. 037	0. 458	− 0. 00176

（1）参数的自相关检验

表 6 - 4 列出了相关参数的主要统计量。αi 指的是利用估计期各股收益率和市场指数收益率数据，βi 指的是根据市场模型进行回归得到的最小二乘回归参数，而 R_ Squared 则是拟合优度 R^2。我们可以从均值看到，总体样本的系统风险与我们采用的市场指数的系统风险等同，而且满足市场模型的条件，因为 αi ≈ 0，βi ≈ 1。还有，我们可以看到 R^2 的均值在 0. 41 以上；另外，相关公司的回报率与市场的回报率之间的相关系数 R 等于 0. 68，比较好地展示出我们的模型的正确性，因为它清楚地将各公司回报率与市场指数回报率之间的关系表现出来。此外，样本的一阶自回归系数 p_ DW 值非常小，而杜宾统计量 DW 值为 1. 9852，这也充分说明各变量之间不存在显著的自相关问题，参数估计较正确。

表6-4　　　　　　　**总样本估计期各参数的汇总统计量**

变量	均值	标准偏差	N	最小值	最大值	中位数	偏度
αi	-0.000	0.0015	158	-0.0136	0.0108	-0.0003	0.6172
βi	0.9624	0.2607	158	0.0234	2.3270	0.9862	-0.5132
R^2	0.4233	0.2016	158	0.0001	0.9138	0.4226	0.0075
DW	1.9852	0.2151	158	0.9346	2.6848	1.9976	-0.3163
p_ DW	0.0001	0.1067	158	-0.3432	0.5154	-0.0056	0.2791

（2）参数的可靠性验证

为了进一步检验 αi、βi 等参数的可靠性，本书继续对这些统计数据进行横截面回归，也就是说，对这158家上市公司的 β 系数与其历史数据（即违规事件之前120天）的平均收益率进行回归：

$$\overline{Ri} = \overline{r_0} + \overline{r_1}\,\overline{\beta i} + \mu i$$

其中，$\overline{Ri}$ 是证券 i 的平均收益率，$\overline{\beta i}$ 则取自最开始进行回归的证券 i 的系数，$\overline{r_0}$ 和 $\overline{r_1}$ 是横截面回归的待定系数，μi 是残差项。

表6-5　　　　　　　　**横截面回归结果**

因变量：$\overline{Ri}$				
样本数：158				
变量	系数	标准误	T	P
$\overline{r_0}$	-0.038382	0.008791	-3.367094	0.0017
$\overline{r_1}$	0.039746	0.008896	2.340540	0.0028
	F 值	12.84029		

可以看到 $\overline{r_0}$ 是 r 的一个估计值，$\overline{r_1}$ 是证券对 β 系数的斜率。CAPM 断定平均收益率与 β 之间存在线性关系。因此在回归中我们期待 β 的系数 $\overline{r_1}$ 不显著区别于零，不然的话，与 β 的关系就不是线性的。将这158家公司的 β 系数和各自的平均收益率，运用公式 $\overline{Ri} = \overline{r_0} + \overline{r_1}\,\overline{\beta i} + \mu i$ 进行统计，可以得到上面的回归结果。

根据各公司与其 β 系数之间的关系，笔者将这158家公司进行回归得到的系数表现在图6-2当中，得到证券市场线。

根据以上的检验结果，笔者得到以下的几个结论：

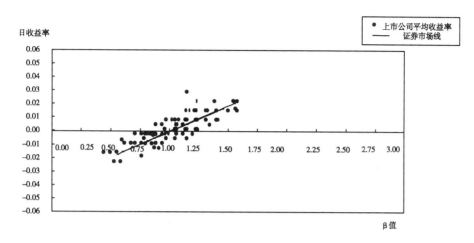

图 6 - 2　证券市场线

首先，从统计指标上，证券市场 β 的系数 $\overline{r_1}$ 为 0.039746，$\overline{r_1}$ 的标准差为 0.008896，$\overline{r_1}$ 的 t 统计量为 6.340540，$\overline{r_1}$ 的 P 统计量为 0.0027。给定 $\alpha=0.05$，查 t 分布表，在自由度为 158 - 2 = 109 条件下，得临界值 $t_{0.025}(109)=1.833$，因为 t = 2.340540 > $t_{0.025}(109)=1.833$，所以拒绝 H0：$\overline{r_1}=0$。这表明如 CAPM 所预期，在中国股市中，系统性风险 β 对收益率存在正相关关系的显著影响。

其次，给定 $\alpha=0.05$，查 F 分布表，在自由度为 1 和 109 条件下，得临界值 $F_{0.05}(1,109)=3.12$，因为 F = 12.84029 > $F_{0.05}(1,109)=3.12$。因此，也说明 β 与 $\overline{Ri}$ 有十分显著的线性依赖关系。

再次，回归方程的拟合优度（R - squared）$R^2=0.668727$，由于 R^2 统计量越接近 1，则说明模型的拟合优度越高，因此，说明 β 与 $\overline{Ri}$ 有较为显著的线性依赖关系。

经过实证检验得出以上结果，我们认为它证明了 CAPM 理论中关于系统性风险和股票收益率的线性相关关系的结论，并在样本期内通过显著性统计检验。

（3）$CAR_{-5,5}$ 的描述性数据

除了将 158 家公司分为"发布社会责任报告公司"和"没有发布社会责任报告的公司"以外，本书又对这 43 家上市公司的违规事件的特征进行比较，查询《中国上市公司违规处理研究数据库》，发现这些违规事件可以按照两种方式进行分类。

第一种方式是按照违规事件的类型进行划分，国泰安数据库将其分为14 种违规类型（1 = 违规购买股票；2 = 虚构利润；3 = 虚列资产；4 = 擅自改变资金用途；5 = 推迟披露；6 = 虚假陈述；7 = 出资违规；8 = 重大遗漏；9 = 大股东占用上市公司资产；10 = 操纵股价；11 = 欺诈上市；12 = 违规担保；13 = 违规炒作；14 = 其他）。按照本章的假设 2，笔者将这 14 种违规类型归纳为两类，其一是市场交易违规行为，主要指的是公司通过二级市场进行违规交易的行为；其二是非市场交易的违规行为。

第二种方式是按照违规后所针对的处理对象类型进行划分，数据库将其分为 4 个处理对象（1 = 处理公司；2 = 管理层；3 = 处理公司和管理层；4 = 公司股东）。按照本章的假设 3，笔者将这 4 种处理对象归纳为两类，其一是针对公司的处理，其二是针对管理层和股东个人的处理。

表 6 - 6   样本 $CAR_{-5,5}$ 的描述性数据

		最大值	最小值	均值	标准误差
总体样本 N = 158	非社会责任报告公司（N = 67）	0.0134	- 0.0313	- 0.0067	0.00944
	社会责任报告公司（N = 91）	0.0249	- 0.0532	- 0.0093	0.01612
违规类型样本 N = 91	市场交易违规（N = 42）	0.0122	- 0.0389	- 0.0057	0.00923
	非市场交易违规（N = 49）	0.0139	- 0.0329	- 0.0088	0.01253
违规处理对象样本 N = 91	公司违规（N = 54）	0.0129	- 0.0274	- 0.0065	0.00877
	管理层和股东违规（N = 37）	0.0142	- 0.0354	- 0.0086	0.00995

综合以上的统计和分类，可以得到这 158 家公司最终的 $CAR_{-5,5}$ 的数据，如果看这 158 家的总体样本，可以分为 91 家发布了社会责任报告的公司和 67 家没有发布社会责任报告的公司；在这 91 家发布了社会责任报告的公司中，从两个方面进行分类，具体数据见表 6 - 6。

三　实证结果和分析

（一）可靠性检验

为了确保违规事件所带来的股价变动影响的可靠性，我们先对 CAR 进行显著性检验。如果检验结果显著，则表明事件期内股价变动不是由随机因素产生，违规事件对股价有显著影响。本书对 CAR 建立的显著性检验的 t 统计量借鉴了 Boehmer、Musumeci 和 Poulsen（1991）所采用的横剖

面法（residual cross-sectional method）[1]，其计算公式为：

$$t_{CAR} = \frac{CAR_{-5,5}}{\sqrt{VAR(CAR_{-5,5})}} = \frac{\dfrac{1}{158}\sum_{i=1}^{158} CAR_{i(-5,5)}}{\sqrt{\dfrac{1}{158(158-1)}\sum_{i=1}^{158}\left(CAR_{i(-5,5)} - \dfrac{1}{158}\sum_{i=1}^{158} CAR_{i(-5,5)}\right)}}$$

统计量 t_{CAR} 符合自由度为 T – 2 的 t 分布，它们可以用来检验 $CAR_{-5,5}$ 是否显著异于 0。经过对违规事件涉及的 $CAR_{-5,5}$ 的显著性检验，得到 T 统计量为 – 8.679，从检验的结果来看，$CAR_{-5,5}$ 在出现违规事件的时候，其变动显著性不等于 0，说明可以进行下一步的检验。

（二）违规事件的曼—惠特尼（Mann-Whitney）检验

为了实证分析企业社会绩效对企业财务绩效的影响，本书首先采用的研究方法是 Mann-Whitney 检验的 U-Test。这种检验是非参数检验法，检验的目的是分析不同样本的 CSP 测量数据是否有显著性差异。Mann-Whitney 检验一般用来检验两个独立样本是否取自同一总体。作为非参数检验方法，它与参数检验中独立样本的 t 检验相对应，选择这一方法的依据是由于数据不满足参数检验的要求。此外，按照 Rice 的观点，曼—惠特尼检验比较适用于小样本检验（Rice，1988），笔者选取的违规事件总共为158 次，其中那些发布了企业社会责任报告的公司仅 43 家，应该说样本的数量并不是很理想，但因为时间跨度不大，很难再获得更多的样本，这是笔者选用此方法的主要原因。

表 6 – 7　　不同样本的累计超常收益（$CAR_{-5,5}$）的曼—惠特尼检验

		N	秩的平均值	秩的总和
总体样本 N = 158	社会责任报告公司	67	15.80	1058.6
	非社会责任报告公司	91	17.21	1566.11
发布报告样本 N = 91	市场交易违规	42	15.93	669.06
	非市场交易违规	49	19.56	958.44
发布报告样本 N = 91	公司违规	54	18.12	978.48
	管理层和股东违规	37	21.79	806.23

我们可以用 Mann-Whitney 检验法来完成实证检验。第一步是将两个

---

① Boehmer E., J. Musumeci and A. Poulsen, Event study methodology under conditions of event-induced variance, Journal of Financial Economics, 30, 253 – 272, 1991.

样本放在一起，然后对所有的数据按升序进行排列，得出第一组样本的每个观测值大于第二组样本的每个观测值的次数；然后再计算样本二的每个观测值大于样本一的每个观测值的次数，用 u_1 和 u_2 分别表示这两个数字。如果 u_1 和 u_2 比较接近，则表示两个样本来自相同分布的总体；如果 u_1 和 u_2 差异比较大，则说明两个样本来自不同分布的总体。将原假设（即不同公司表现差异）作为虚无假设，而相反的观点作为研究假设，然后用计算统计量 Z 并与临界值比较。｜Z｜＜Z（a/2）则拒绝研究假设，接受虚无假设。

表 6 - 8　　　　　　　　　　　　　统计量检验结果

	总体样本 N = 158	按违规类型 N = 91	违规处理对象 N = 91
Mann-Whitney U	226. 500	127. 460	133. 870
Wilcoxon W	479. 500	273. 330	291. 270
Z	- 4. 135	- 2. 709	- 2. 592
Asymp. Sig. （2-tailed）	0. 019	0. 002	0. 002

（1）总体样本下的两组样本检验

对于大样本的曼—惠特尼 U 检验，其抽样分布接近于正态分布。组别 1 代表的是发布《企业社会责任报告》的上市公司，组别 2 代表的是没有发布报告的上市公司。组别 1 的秩和 T1 = 1058. 6，组别 2 的秩和 T2 = 1566. 11。本书设定的显著性水平为 0. 01，然后我们进行双尾检验，通过查表得 Z（- 0. 01/2）的临界值为 - 2. 58，Z = - 4. 135 < Z（- 0. 01/2），故拒绝原假设 H0，认为两者的差异性显著，两组数据有统计意义。此外显著性概率［Sig.（2 - tailed）］为 0. 019。而当显著性概率小于 0. 05 时，我们可以认为样本之间存在非常显著差异。这一结果在一定程度上验证了本章的假设 1，即企业在出现违规事件的时候，企业社会绩效的不同表现影响企业股价的波动，那些发布了《企业社会责任报告》的上市公司的 CAR 在公司出现违规事件的时候表现要更好，而没有发布《企业社会责任报告》的上市公司的 CAR 在出现违规事件的时候表现比较差，说明企业社会绩效对于企业财务绩效起到一定的作用，当然这一作用主要表现为对短期股价波动的影响。

（2）不同违规事件特征的公司检验

对于表现出不同违规特征的两组样本，组别 1 的秩和 T1 = 669. 06，组别 2 的秩和 T2 = 958.44。设定显著性水平为 0.01，双尾检验，查书得 Z（ - 0.01/2）的临界值为 - 1.83，Z = - 2.709 < Z（ - 0.01/2），从这一结果可以看到，原假设 H_0 没有获得通过，也就是说两者之间存在着比较显著的差异，即上面两组不同的数据有着统计上的特征。此外，显著性概率［Sig.（2 - tailed）］是 0.02。在显著性概率比 0.05 要低时，可以断定有着比较显著的差异。验证假设 2，即上市公司市场交易违规事件所带来的对股价的影响，比那些非市场交易的违规事件所带来的影响要小。

（3）违规事件处理对象不同的公司检验

对于上市公司违规事件处理对象不同的两组样本，组别 1 的秩和 T1 = 978.48，组别 2 的秩和 T2 = 806.23。设定显著性水平为 0.01，双尾检验，查书得 Z（ - 0.01/2）的临界值为 - 1.83，Z = - 2.592 < Z（ - 0.01/2），从这一结果可以看到，原假设 H_0 没有获得通过，也就是说两者之间存在着比较显著的差异，即上面的两组不同的数据有着统计上的特征。显著性概率［Sig.（2 - tailed）］为 0.019，而当显著性概率小于 0.05 时，认为样本之间存在非常显著差异。验证假设 3，即企业公司层面的违规事件所带来的对超额收益率的影响，比个人违规事件所带来的对股价的影响要大。

（三）社会责任报告发布企业的 $CAR_{-5,5}$ 影响因素回归结果

1. 主要变量的描述性统计

表 6 - 9　　　　　　　　发布企业社会责任报告样本的描述性统计

变量	最大值	最小值	均值	标准误差
$CAR_{-5,5}$	0.0249	- 0.0532	- 0.0067	0.00944
CSP	72.09	15.1266	29.4727	5.0621
$INDEX_1$	0.0153	- 0.0322	- 0.0219	0.0191
SIZE	643.45	87.33	276.91	198.89
ROE_{t-1}	0.2521	0.0371	0.0722	0.0638
IN	1	0	0.282	0.535
LEV	0.8314	0.3246	0.6362	0.3771

2. 回归分析结果

从表 6 - 10 可见，各模型的 F 值都在 0.01 以下水平显著，Adj-R^2 在 0.2 以上，说明检验模型的拟合效果尚可。我们还考察了各模型中自变量

的 VIF 值，发现所有自变量的 VIF 值都小于 2，表明模型没有共线性问题。另外，我们对上述研究结果进行了如下敏感性分析，以考察其可靠性。敏感性分析结果表明，主要研究结论没有实质性改变。

从表中可以看出，企业社会绩效（CSP）对于财务绩效的影响在10%下显著，虽然结果不是很理想，但基本能够证明假设1的结论，即在企业出现违规事件并被中国证监会公布的条件下，企业在上一年度发布的企业社会责任报告在一定程度上对于企业市场表现有一定的影响，即企业所表现出来的社会绩效在一定程度上会影响到投资者的判断，抵消掉其负面影响，从而影响到企业的财务绩效。

表 6 - 10 回归分析结果

变量	- 1		- 2	
	变量	t	变量	t
Intercept	4. 156 ***	21. 605	4. 318 ***	21. 605
CSP			0. 013 *	2. 453
$INDEX_1$	0. 082	5. 243	0. 078 **	4. 107
SIZE	0. 0031	5. 942	0. 056 **	5. 621
ROE_{t-1}	- 0. 564	1. 653	- 0. 503	1. 253
IN	- 0. 312 *	2. 891	- 0. 201 *	2. 891
LEV	0. 015	0. 895	0. 009	0. 895
Sample no.	91		91	
F	27. 3313 ***		25. 8176 ***	
Adj-R^2	0. 2251		0. 2097	

说明：* 表示在10%的水平上显著；** 表示在5%的水平上显著；*** 表示在1%的水平上显著。

第三节   本章小结

对于上市公司而言，负面影响如产品或服务中断，有的后果可能是地方性的，如工厂的关闭。其他不利事件可能带来全球影响，如破坏市场稳定的欺诈或环境灾难。所以说当负面的事件发生时，利益相关者通过各个途径进行回应，在二级市场中的回应则比较典型。如果能够帮助利益相关者将负面事件归因于善意管理，而不是恶意，并因此减轻他们对公司的反应程度，那么基于 CSR 行为的道德资本会创造价值。测量利益相关者的心理过程很困难，甚至是不可能的，但是，我们可以观察利益相关者群体的行为是否与理论化推导过程一致，这种一致性将意味着企业社会责任活动提供保险类的保障。正是基于这样的判断，本章通过市场数据进行了判断和实证分析，试图证明相关论点。

实证结果说明，企业社会绩效对于企业经济绩效的影响，并不能够带来直接的效应，企业社会责任的履行，更多的是给企业带来社会资本的积累，并不断地给利益相关者输出其道德资本。这种道德资本对于企业财务绩效的影响，不可能给企业带来短期的经济利益。所以说企业社会绩效给公司带来的是一种声誉、保险、道德资本，这种资本在资本市场中表现为一旦公司遇到负面事件，就能发挥作用，实证研究的结果也验证了相关的假定。

第七章

中国企业社会绩效的多维度治理对策

本章基于企业治理结构的演进与企业社会责任发展之间的关系，结合治理改革与社会责任、法律法规的演进，以及中国的具体实践，阐述企业治理结构和治理环境对企业社会责任运动的影响。公司治理机制与治理环境之间的相互关系是决定企业社会责任能否得到真正履行的主要因素。

第一节　中国企业治理机制的主要特征

一　中国公司治理机制的演变

我国企业的治理机制的演变是一个时间很短却发展迅速的过程。在全民所有制企业刚刚开始进行改革的时候，政府事实上并没有确立一个如何进行国有企业治理机制改革的长远目标。随着经济体制的逐步改革和市场体系的建立，国有企业的治理机制改革也随之推进，其主要的改革思路表现在对企业剩余价值的索取和控制权及其分配体系。结合我国政府政策与法律体系的建立，我国国有企业治理机制演变的过程，大概可以分为以下三个阶段（参见表7-1）。

表7-1　　　　　　　　　我国公司治理机制演变过程

发展阶段	时间	特点	进展
探索阶段	1983—1986	企业经济地位于角色的确定	两步利改税改革
	1986.12	经营者自主决策权	经营承包责任制
	1988.4	明确所有权与经营权分离	《全民所有制工业企业法》

续表

发展阶段	时间	特点	进展
形成阶段	1992.5	明确法人治理是公司制的核心	《股份制企业试点办法》《股份有限公司规范意见》和《有限责任公司规范意见》
	1993.2	从法律层面确认公司的法律主体地位	《公司法》
	1999.7	上市公司的股东控制机制	《证券法》
		增设监事会，建立监督机制	《关于修改公司法的决定》
完善阶段	2001.8	加强内部监管机制	引进独立董事的指导意见
	2002	规范上市公司行为，维护股东权益	《上市公司收购管理办法》《上市公司股东持股变动信息披露管理办法》，以及5个与之配套的文件
	2002.12	加强股东监管机制	向合格的外资机构出售国有股和法人股
	2005.8	解决股东利益冲突，加强股东控制权的分配	《关于上市公司股权分置改革的指导意见》
	2006.1	治理主体对客体的激励机制	《上市公司高管股权激励试行办法》
	2006.1	重视公司治理结构中权力制衡的重视，对中小股东利益、监事会以及监事的职能、董事会秘书制度和董事回避制度	新《公司法》的颁布

在企业治理机制进行改革之前，我国企业的产权归属全民所有，由政府作为代表，通过统收、统支和统配等手段实现对企业的管理和价值的分配。按照其表现出来的特点，这个时候并不存在真正意义上的企业。如果用公司治理的思维，此时的公司其实表现为一种行政关系，通过自上而下的途径行使权利。这种体制带来了一些很难解决的困难，首先是与企业有关的信息不对称难题，企业外部监管部门与企业内部人员之间沟通渠道与机制的缺陷，会使企业出现代理问题，这种监管缺陷带来的代理问题使所有者利益受损；其次，作为企业的主管机构，政府部门会倾向于随意影响企业的经营决策，企业的正常经营和利润分配会脱离市场的实际情况，导致企业效率下降、利益受损。上述两个缺陷，本质上其实就是混淆了企业剩余索取权和控制权的归属，治理主体和客体不清晰，导致完整企业治理体系的缺失。当然，随着市场开放和经济体制改革的深入，企业的治理机制开始成为政府关心的问题，治理机制开始纳入改革轨道，成为我国经济

体制改革的一个重要成就。

公司治理的改革是从 80 年代初期真正开始的。尤其是 1984 年以后，我国经济改革的重心开始从农村转移到城市，此时国有企业成为关注的焦点，但公司治理机制的改革并没有引起重视。这一段时间的主要措施是对企业具体经营体制的改革，这是公司治理机制改革的前奏。国有企业改变了原来的经营模式，监管机构同意企业通过承包、放权和责任制等手段改善经营效率。一直到 80 年代末期，九成以上的预算内工业企业已经开始实行承包制。到了 90 年代前期，政府更是从法律上和制度上保证了企业经营机制改革的成果。

这种早期的经营体制的改革并不能从根本上改变企业所有权与控制权混淆的弊端，公司治理机制无法适应市场的飞速变化，企业的经营效率自然也很难长期保持一个比较高的水平。所以说，在早期的经营体制改革以后的一段时间内，国有企业还是缺乏持续性发展的动力，企业制度的缺陷带来了企业绩效的下降，其内在的原因就是企业契约的单一性，导致公司治理结构不适应现代社会。尽管进行了经营权利的放松，但以承包制为主的经营体制权利安排和分配机制不科学，企业内部缺乏有效的内部制衡。作为企业的经营者，管理者因为委托代理问题的不明确，企业信托责任无法得到有效监管，可能带来社会福利消失。

1992 年以后，中国明确了建设有中国特色社会主义市场经济体制的战略目标，标志着作为市场经济主体的国有企业机制创新成为一个焦点，"现代企业制度"这个名词开始成为经济体制改革的一个新的目标。公司治理结构的改革和创新是这一阶段的主要特点，从中央企业开始，各个层次的国有企业以现代企业制度为目标进行改革。要建立现代企业制度，首要的就是公司法人治理机制的完善。法人治理机制其实就是各个主体之间实现有效协调、相互制约，保证股东会、董事会、监事会和经理层的权责清晰，实现所有权和经营权的真正分离。除了政府层面和公司层面的改革，这个时候的中国出台了很多的法律法规，为相应的体制改革提供了一个宽松的法律环境。不过，国有企业所有权的特点，使国有企业所代表的利益主体没有得到根本上的解决，政府的行政干预过多，导致企业治理机制效率低下的问题一直无法根治。

基于上面所分析的问题，针对当前治理机制的缺陷，我国开始深化对公司治理机制的完善。针对公司治理结构不完善、内部和外部监督机制不健全的问题，推出相应的规则和法律，此外，为了真正实现所有权控制，新设了中央和地方两级国有资产管理机构。除此以外，重新对《公司法》进行修订，并规定企业的独立董事制度。新的《公司法》更重视权力制衡机制，重视对中小股东权益的保护；在制度上保证了监事会的功能得到实施，并建立了董事会秘书制度和董事回避制度。尤其是从 2005 年以后，我国开始对上市公司治理机制进行改革，实施股权分置改革，在制度上根除了不同股东之间的权益和义务之间的不对等。

二 当前公司治理的缺陷

我国企业各负其责、协调运转、有效制衡的公司治理机制还没有真正形成，公司治理在理论研究和实际运行中暴露出来的缺陷主要表现在以下几个方面。

（一）追求股东利益最大化，忽视利益相关者权益

企业治理机制的改革过程，尤其是国有企业的改革，具体表现为企业的放权让利，还有就是对企业经理人员治理机制的完善。股东利益在公司治理机制中成为一个过分追求的目标，追求股东利益最大化也成为公司治理目标是否完成的一个标准。从我国建立国资委的目的、具体做法和管理机制就可以比较清晰地看出这一点。2003 年我国建立了国资委，它的定位就是作为国有企业的董事会，对其管辖范围内的企业的具体经营活动进行监控。从诸多国资委的行为来看，国有企业的几乎所有管理活动都受到其控制，从管理层的任命，到企业战略制定和实施，以及其他一些日常管理活动，都成为国资委的监管内容。更为夸张的是国资委的职能甚至比董事会职能还要广泛，给企业带来的影响就是治理结构的不平衡。

出现这样的问题，其本质就是产权主体权利的滥用，国有产权与政府权力相结合，这样做的结果就是权力的过度集中，代表政府意志的管理者可能会忽视其他利益相关者的利益。这样的制度安排，使公司的其他利益相关者失去影响企业运营的可能，更打击了其积极性，自然使公司治理效率低下。

（二）内部人控制带来的代理风险

公司管理层如果滥用权力，企业监督机制缺失，产生的一系列问题即内部人控制问题。尤其是国有企业，内部控制人制度更为明显，股权越集中，越容易产生内部控制人问题。即便是对于上市公司而言，也出现了很

多的相关问题，委托代理问题依然没有得到解决。以国有企业为例，其委托代理机制分为几个层面，最上面那一层是全体人民与政府，代表最终的所有者；再下去一层是国有资产的监管机构；最下面一层才是国有资产监管机构和管理层之间的委托代理机制。这样的委托代理机制，使财富分配权力为政府机构所掌管，作为政府机构的执行者和作为企业运营的执行者，由于委托代理层面的复杂和产权主体的不明确，会使内部人控制问题变得更加严重。内部人为了追求自身的利益，可能就会损害公司的利益。一旦公司没有一个很好的治理机制来监控和约束内部人控制情况，内部人在管理企业、实施企业战略决策的时候就会过于关注自己的利益，追求自身利益的最大化，这样的代理风险给企业带来的影响是非常巨大的。

（三）中小股东利益保障的不足

上面已经讲到，国有企业的治理机制追求的是股东利益最大化，股东至上，但国有企业的产权结构特点使一些国有产权比重大的企业将国有大股东利益作为最核心的目标，却忽视了其他中小股东的利益。中国的一些法规更注重的是为国有企业的机制改革提供借鉴，重视国有资产的安全得到保障，但是关于中小股东的权利却没有得到很好的保护，如何在公司治理体制改革中保障中小股东的政策和理论研究，尚处于初步发展阶段。

要理解这个问题，我们可以观察上市公司的治理机制。中国的上市公司虽然已经成功地实施了股权分置改革，但目前的一个问题是很多上市公司的股权出现过于集中化的特点。大股东以外的股东很难参与企业的运营，对管理者的监控也会出现很多障碍，使他们很难直接实现对企业的控制，对于成千上万的小股东而言则更是如此。一个更为严重的问题是，在很多上市公司中，大股东几乎控制了所有权利，包括股东会、董事会和监事会在内的机构全部由大股东决定。如果这种情况一直持续下去，公司的经营就会偏离原有的轨道，中小股东的权益受损在企业内部合法化和公开化。总体而言，中国的公司治理效率远远低于西方的一些发达国家，因为包括英、美这样的国家，其公司的治理结构重点保护的是小股东。中小股东合法权利的丧失，从长期来看，就会使投资者对企业的资本投资不能保持一个理性的态度，公司的治理效率会受到很大的打击。

（四）外部机构的监督机制缺失

在一个完善的公司治理机制中，机构投资者作为一个重要的股东代表，应该在公司治理中发挥很重要的监督作用。其一，机构投资者代表的是数量很大的中小投资者的利益，一般拥有巨大的资金规模，可以在一定程度上避免股权过于集中，把原来的一股独大的股权结构转变为相对分散的股权结构。其二，机构投资者作为公司所有权的代表，可以积极参与公司治理，甚至成为治理机构重点代表，能够保障中小股东的权利，促进治理效率的提高。

不过对于现阶段的中国企业来说，由于金融市场发展的不成熟和金融体制改革的滞后，机构投资者还没有真正发挥其应有的作用。中国资本市场中的机构投资者成立时间短，规模有限，并且缺乏公司治理的经验，与西方国家的同类机构相比，仍然无法达到期望，在一定程度缺乏影响公司治理的基础。另外，尽管最近几年来机构投资者发展非常迅猛，规模以几何级数的速度扩张，政府也非常重视发展机构投资者的作用，但是还没有为机构投资者参与公司治理提供一个好的法律环境，还需要推出相应的法律法规来予以保障，否则机构投资者很难真正有动力参与公司治理。还有一个不可忽视的情况是，包括中央汇金公司、社保基金和很多公募基金在内的机构投资者都属于国有产权，其结果就是机构投资者缺乏动力去参与治理，即便是参与到治理机制中，也无法避免效率的下降。

（五）分权制衡的组织结构不完善

前面主要针对的是公司治理的参与者缺陷问题，事实上，公司治理机制的组织结构也存在着很多的问题，导致公司治理效率也很难得到保障。公司治理机制的组织结构安排，对于实现治理目的非常关键。组织机构安排给参与者提供一个相互分权和制衡的机制，尽最大可能降低管理者的代理风险，从而实现公司运营效率的提升。要保证制衡机制的有效，就需要建立一个完善的代表各类股东的董事会，建立一个拥有真正的监管功能的监事会，以及在董事会授权下的管理机构，这样才能比较好地实现治理目标。

分权制衡的组织结构虽然比较完整地建立起来，但是中国很多企业的组织结构仍然存在着很多不完善的地方。很多的公司董事会里，代表股东利益的董事结构过于简单，虽然在公司法颁布以后，上市公司也开始拥有独立董事，但发挥的作用基本上不大。在股东结构过于集中、类型过于单一的条件下，其他利益相关者的利益就很难得到保障。尤其是在两者之间发生矛盾时，董事会的选择肯定是以大股东利益为重，而不顾其他利益相关者的利益。这样的组织结构产生的另外一个后果就是公司利润被操纵，二级市场中的内幕交易也成为常态。此外，分权制衡存在的另外一个缺陷是监事会的缺位。在中国特色股权结构背景下，作为重要的公司治理主体的监事会，可能很难真正行使监督权，在公司治理中容易被董事会控制，导致公司利益的损失和其他利益相关者权益的损失。

三　企业治理机制与企业社会责任实践

基于以上关于公司治理机制改革的分析，我们也可以从不同阶段观察公司治理机制与企业社会责任实践之间的联系。公司治理机制经历了这么大的改变，作为中国经济社会的重要参与者，包括国有企业在内的企业的社会责任实践在不同的阶段也表现出不同的特点。

首先，在中国企业的公司治理改革之前，企业的社会责任是错位的。1949 年以后，国家通过社会主义改造，建立起了以全民所有制为特点的经济体系。这一阶段的企业承担了无限的责任，企业在某种程度上成为国家的一个微观基础，变成了企业办社会，取代了本来应该是国家和相关政府机构承担的义务。作为全民所有制的企业，国家将财富创造的义务、所有雇员的福利以及对社会的其他义务全部委托给企业。与其说叫企业社会责任，不如叫国家社会责任，因为国家将其制定的各种计划和战略通过分配，下放到各个不同的经济实体，包括雇员的生、老、病、死，还有他们的衣、食、住、行都交给企业承担，企业的功能无限扩大，代替了社会的功能。更荒谬的是，作为社会财富的创造者，企业的利益却并没有保障，尤其是最基本的经济利益，当然企业也不需要为这一基本的社会承担责任。全民所有制的后果带来的就是政企一体化。那个时候的企业的首要目标是完成部门任务，而不是最直接地追求经济利益。社会责任的不当扩展和错位，就是我国企业承担社会责任的第一阶段的主要特点。

其次，随着市场机制的建立，无限的社会责任已经成为经济社会发展的障碍，中国全民所有制企业的社会责任逐渐得到修正。企业的内在功能开始恢复，在合法的基础上追求经济利益成为企业最基本的责任。从原来的企业办社会到现在的追逐经济利润，由于市场经济的发展过于复杂，中国经济体制的改革在这一阶段出现了一些政策上的失误。最明显的失误就是企业所有者缺位带来的内部人控制，现代的治理机制尚未建立，对管理者的监管出现太多缺失，导致企业的利益相关者利益受到非常大的损失，包括股东、员工等在内等的利益被侵害。在这一过渡阶段，企业的社会责任成了一个被忽视的问题，无论是股东还是管理者，都会想方设法逃脱基本的社会基础责任。出现这样的问题，根本原因在于国有产权的委托代理问题无法得到妥善的处理，这样的背景下，企业出现逃税和侵吞国有资产等诸多违规行为，作为代理人的管理层，根本无须承担很大的经济责任，导致企业效益低下、员工下岗。总体来说，这一时期的企业走向了另外一个极端，无论是经济责任还是法律责任或者其他责任，都成为企业想方设法逃避的一个累赘。

再次，是 90 年代末开始的企业治理机制的改革和创新。此前 20 年的积累证明，在企业治理机制不完善的条件下，现代企业制度无法建立起来，承担企业社会责任就很难真正为所有企业所接受。随着市场经济体制的发展，绝大部分企业开始逐渐进行股份制改革，明晰产权，实行所有权和经营权的分离，从而建立起相对规范的企业制度。除了基本的治理机制，企业也开始更加关注企业社会责任，更开始愿意履行企业的社会责任。企业会比原来更加关注个利益相关者的权益，尊重其利益的实现。但是彼时的企业外部环境并不是非常有利于企业社会责任的履行，因为还缺乏一个有效的外部治理环境，企业的经营活动可能缺乏严格的政府监管，也没有严格的法律法规进行约束，导致很多企业主观上尽量规避社会责任。一直到现在，中国外部治理环境恶劣的问题仍然没有得到解决，由于政府监管、法律监督和市场化发展的不成熟，与社会责任缺失有关的事件屡见不鲜，包括每年频发的矿井事故、环境污染事故、雇员欠薪事件、违反公平竞争事件等诸多负面事件。所以说，即便是现在建立了一个表面上完善的治理机制，但是由于公司治理环境的缺陷，此一阶段的企业社会责任意识仍然淡漠。

从图 7 - 1 可以看出，在国有企业改制以前，企业表现为全民所有的色彩，经济绩效与社会绩效一体化，导致治理主体和治理客体不清，目标混淆。国有企业改制初期，由于治理机制与外部治理环境不成熟，不但外部利益相关者的利益受到损失，即便是企业股权的所有者——国有资产管理机构，也由于委托代理问题的处理不到位，对企业管理者的监管不严，而导致企业经济绩效受损。国有企业改制成熟以后，法律、外部的利益相关者压力小，企业更关心的是经济绩效；大的企业股权所有者集权，外部压力小，经济绩效为主要目标。

图 7 - 1 的企业改制的第三阶段，事实上仍然是当前中国公司治理机

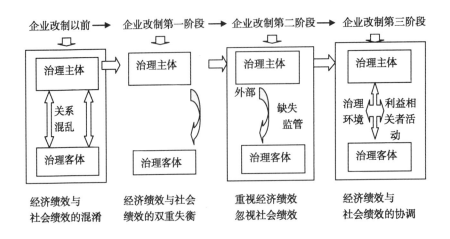

图 7 - 1   国有企业改制过程与企业社会绩效

制变革的重要任务。随着利益相关者活动的增强，公司治理受到了外部治理环境的影响和限制，公司治理纯粹经济绩效的目标会受到影响，衡量这一影响的指标即社会绩效。企业在经济绩效和社会绩效之间不断进行调整，这跟外部利益相关者影响下的治理环境有着很大的关系。

第二节   企业治理环境对社会责任的影响

外部的治理环境是公司治理得以实现的重要基础。缺乏完善有序的、严谨规范的政治、法律、市场等治理环境，公司治理机制的改革就很难真正实现。所以说，要构造一个良好的公司治理结构，就需要有一个良好的治理环境。公司的治理环境与每一个国家的政治、经济、历史、文化等都存在很紧密的联系。中国的现代企业制度发展时间比较短，在治理环境中存在着很多的问题，制约着企业治理结构的改善和企业社会责任的实施。

一   政府行为与企业社会绩效

公司治理机制的改革，需要有一个良好的治理环境，首要的是政府对企业的有效监管。企业对利益相关者利益的处理，离不开政府行为的影响。所以说，一个良好的政治环境，对于企业社会责任的实施是非常关键的。此外，由于国有企业所有权的特点，企业治理机制改革的关键首先是解决所有者缺位问题，政府作为国有产权的监管人，承担的责任从原来的行政责任变成了监管责任，保证企业履行社会责任也成为政府的重要职责。

政府行为对中国企业社会责任的推进作用体现在很多方面。一方面是与企业社会责任有关的政府机构的建立，一方面是政府针对企业社会责任所采取的行为。随着国际上企业社会责任的推行，各国政府对于企业社会责任的关注也越来越多。关于中国的企业社会责任活动，这几年成为政府重点关注的政策热点。在一系列企业社会责任活动中，最受关注的是从2003 年开始兴起的 SA8000 认证。关于 SA8000 认证标准的问题，最初只受到个体企业与行业组织的注意，政府部门并没有过早地介入，但是随着政府部门参与了 2004 年 6 月由国际标准化组织召开的关于企业社会责任问题的代表大会以后，政府部门开始成为 SA8000 标准认证活动的重要推动机构。这与中国整体的外部经济环境变化以及《劳动法》颁布都存在着很明显的联系，不过相对于中央政府的积极，地方政府可能还是比较被动，地方政府可能更多的还是基于财政收支的角度，将重心放在经济利益上，导致 SA8000 认证标准在地方上遇到一定的障碍。

2007 年 5 月 24—26 日，中央组织部、国务院国资委在大连联合举办"增强国有企业社会责任，推进和谐社会建设"专题研讨班。2007 年 4 月25 日，国务院总理温家宝主持召开国务院常务会议，研究部署加强节能减排工作，成立了国务院节能减排工作领导小组。2007 年 9 月 9 日，商务部发布《外商投资企业履行企业社会责任指引（草案）》。

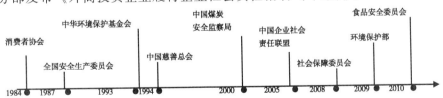

图 7 - 2　中国企业的相关部门和协会组织建立时间

2008 年，环境保护部与国家质量监督检验检疫总局联合发布《煤层气（煤矿瓦斯）排放标准（暂行）》《生活垃圾填埋场污染控制标准》《杂环类农药工业水污染物排放标准》《重型车用汽油发动机与汽车排气污染物排放限值及测量方法（中国Ⅲ、Ⅳ阶段）》四项国家污染物排放标准。2008 年 1 月 4 日，国务院国资委发布了《关于中央企业履行社会责任的指导意见》。同年 4 月 2 日，《中国工业企业及工业协会社会责任指南》和《关于倡导并推进工业企业及工业协会履行社会责任的若干意见》发布。

从目前我国经济发展的现状来看，经营效益好的企业忙于扩张，提高市场份额，而大部分中小企业则在激烈的市场竞争中为解决生存问题而苦苦挣扎。层出不穷的产品安全、环境污染等社会问题充分说明，绝大多数企业尚未具备主动履行社会责任的意识。与此同时，在发达国家中发挥重要作用的消费者运动、非政府组织等力量在中国相对滞后。因此，在现阶段，更应该发挥政府的主导作用，通过完善法规、加强监管等多种手段，主动引导企业履行社会责任。政府监督的目的是统一执行标准，促进服务水平和效率的提高，并且调节市场中存在的缺陷，如对垄断、非环保、不安全生产等行为进行干预，以保护消费者、职工等各方面的利益。我国政府在监督企业社会履行社会责任方面还存在着以下问题：一是政府相关监管部门权限模糊。由于我国现在还没有一个独立的部门来主管企业社会责任，以至于企业社会责任的监管工作都零散在各个相关职能部门之中。政出多头导致监管权力分散，监管权限和范围模糊不清。因此，当企业社会责任的履行出现问题时，又极易造成职能部门间互相推诿的情况发生。据统计，仅我国食品安全管理工作就多达 15 个部门参与监管，存在着两个或者两个以上部门共同管理的问题。二是政府监管力度不足。我国企业社会责任建设还相对滞后，其中一个重要的原因在于政府执法不严。比如《中华人民共和国劳动法》已经颁布十几年了，然而在许多企业中，不签订劳动合同、不缴纳养老保险、超时劳动等有损劳工权益的现象屡见不鲜，这已成为我国社会责任的主要问题。不仅给外界造成负面影响，削弱了我国出口产品的国际竞争力，更重要的是体现了政府在对企业实行社会责任监督上存在着问题。

二　法律环境与企业社会绩效

从 20 世纪 80 年代开始，我国的法律环境就开始得到了很大的改善，一系列的法律法规，给企业的正常运营提供了比较好的法律保障，更为企业社会责任的逐步改善提供了一个法律的依据。这方面的改善最早是在80 年代，最明显的标志是在党的十三届三中全会通过的《中共中央关于经济体制改革的决定》。从那个时候起，中国展开全面的改革，脱离计划经济体制，走向有计划的社会主义商品经济。其中一个主要的关于企业的改革目标是实现政企分开。它的任务是要把企业改革成为一个自主经营、独立核算的经营主体。在企业真正成为一个独立的法人实体以后，它们才能真正承担起对整个社会的责任。如果不能达到这一目标，企业将永远是政府的一个附庸，企业社会责任其实没有真正的实现空间。一直到90年代，与企业有关的法律法规体系更是比较完整地建立起来，通过的法律法规数量庞大。一直到现在，中国基本上建立起一个比较完整的法律法规体系，也从各个角度保障了企业社会责任的履行，有关法律法规可以见表7-2。

表7-2　　　　　　　　　与企业社会责任相关的法律法规

发布时间	法律法规	企业社会责任类型
1989年全国人大	《中华人民共和国环境保护法》	环境利益相关者责任
1991年国务院令第91号	《国有资产评估管理办法》	对银行、合作伙伴等的责任
1993年12月国务院	《企业所得税暂行条例》	对政府和社会的责任
1994年2月财政部	《企业所得税暂行条例实施细则》	对政府和社会的责任
1994年国务院令第159号	《国有企业财产监督管理条例》	对股东的责任
1996年国务院令第192号	《企业国有资产产权登记管理办法》	股东的责任
1999年6月全国人大	《公益事业捐赠法》	慈善责任
1999年12月25日修正版	《公司法》	经济责任
2000年国务院令第283号	《国有企业监事会暂行条例》	对股东的责任
2003年国务院令第378号	《企业国有资产监督管理暂行条例》	对股东的责任
2003年国务院国资委发布	《企业国有产权转让管理暂行办法》	对股东的责任
2005年国务院国资委发布	《企业国有产权向管理层转让暂行规定》	对股东的责任
2006年1月1日全国人大	《中华人民共和国公司法》修订案	对所有利益相关者的责任
2007年6月29日全国人大	《中华人民共和国劳动合同法》	对雇员的责任
2009年1月1日全国人大	《中华人民共和国循环经济促进法》	对环境和社会的责任

三　外部市场环境与企业社会绩效

公司外部治理环境中，不同类型的企业要素市场对于企业社会责任的影响是非常显著的，主要是通过企业产品市场以及资本市场、经理人市场等要素市场间接影响到企业治理结构，并进而影响到企业社会绩效。从不同的市场类型来看，中国的产品市场发展更迅速，其开放程度比要素市场要更大。在要素市场中，金融市场经历了二十多年的发展，依然存在着很多的问题；包括经理人在内的劳动力市场到目前为止还没真正建立起来，劳动力流动不通畅；土地市场、资本市场和技术市场等要素市场虽然近年来处于逐渐成熟过程中，但结构性瓶颈依然存在。

（一）产品市场发展与企业社会绩效

30 年的改革发展，使中国的产品市场拥有了一个相对公平和成熟的环境。产品市场发展给企业社会绩效带来的效应体现在两个方面。首先，产品市场的竞争环境越公正，企业规范经营的压力越大，企业的任何不正当手段都会给自己带来损失，各利益相关者利益也能够在健全的产品市场环境中得到很好的保护。其次，只有在健全的产品竞争市场当中，企业才可以真正建立一个比较完善的治理机制，降低委托代理费用，提高企业运营效率，间接促进企业社会绩效的发展。当前中国产品市场的市场化程度发展达到了一个较高的层次，绝大部分行业的政策进入门槛已经取消，完全竞争市场成为市场常态。现在至少 90% 的产品种类的价格完全由市场来决定，只有不到 10% 的产品价格还是受到各政府机构的影响，也就是说，中国的产品市场中的各类商品价格基本由市场主导。此外，产品市场发展的特点还表现在另外一个方面，即原来的一些被政府保护的行业，随着市场化的日益深化而改变，竞争能力加强，地方政府也逐渐取消和限制一些保护性政策的实施。

（二）要素市场发展与企业社会绩效

除了产品市场，企业外部市场环境中更受关注的是各种生产要素市场，包括劳动力、资本和土地资源等生产要素的发展。要素市场的发展所隐含的内容更为复杂，因为相关生产要素的变革与一个国家整体的经济制度、市场特点等都有着非常密切的关系。这些生产要素对企业的具体运营、资金运用等起着直接的作用，对企业社会绩效的影响更为深入和长远。中国要素市场的发展可以说是从无到有，最早是 20 世纪 90 年代开始的资本市场的改革，一直到现在，取得了相当明显的成效，优化了企业的竞争环境，为企业社会绩效的改善提供了合适的经济基础。

第一，完善的劳动力市场发展。企业社会绩效的一个重要特征就是与雇员有关的社会绩效满足，以及良好的劳动力市场带动下的企业有效运营，所以说，完善的劳动力市场是企业社会绩效提高的一个重要保障。从80年代到现在，中国的劳动力市场经历了天翻地覆的变化。从纵向的角度看，与其他要素市场的发展相比，发展最快的是劳动市场，其规模和数量呈现出爆炸式增长，形成一个范围广泛、种类众多的市场结构。此外，除了规模，劳动市场的价格（即薪水报酬）基本上已经实现了市场化，城乡劳动力在某种程度缩小了差距。但是，从横向比较来看，与其他国家先进劳动力市场相比，中国劳动力市场的竞争性并不是很强，市场要素的流动效率也不是很高，需要进一步实现劳动力市场的公平性、有序性、有效性。在当前的中国劳动力市场中，已经初步呈现出这样的特点，即劳动力的流动性越来越大，尤其是城市中乡村劳动力的不断涌入，使市场竞争性越来越强。但是劳动力之间的待遇差距还存在着太大的问题，给雇员社会绩效的提高带来很大障碍。尤其是农村劳动力在城市的福利待遇和户籍等问题，造成了企业雇员在生活、子女教育、医疗等诸多方面的困难，导致社会的不公平，更使一些企业随波逐流，忽视雇员利益，过于重视股东的价值，这是当前劳动力发展的最大问题。

第二，高效的资本市场发展。要实现企业社会绩效的有效发展，就需要有一个完善的公司治理结构，而一个高效的资本市场是公司治理机制能够实现其内在功能的必要保障。我们可以从几个方面来认识这个问题，首先是一个完善的资本市场保证了信息的对称，增强了市场的有效性，这样可以减少信息分析成本，实现对公司的有效投资；其次是完善的资本市场保证了股东的真正权利，实现对管理层的真正监控，通过投票权来影响董事会决议，保护自己的利益；再次是资本市场的外部监管机制，能够实现对管理层和董事会的外部监管，保证管理层能够从所有者利益的角度来进行运营管理。中国资本市场发展到现在，实际上市场化程度仍然比较低。在20世纪90年代初期，中国就已经建立了产权市场和证券市场，但是20年过去，中国的融资市场渠道仍然没有全面建立起来，不论是直接融资还是间接融资渠道，发展都比较慢，有的甚至出现倒退。至于说资本市场的政府监管和法律监管，也出现了很多的问题，导致违规事件和违法事件屡见不鲜。资本市场本身是市场经济发展的催化剂，所以说，解决中国市场化进程面临的这么多问题，是当前的重要任务。目前，尽管银行的利率市场化开始试点，在银行体制改革上也取得了相当显著的进展，企业的股份制改造也基本完成，但是和市场经济发达国家相比，中国的资本市场发展仍然有很远的道路要走。只有实现资本市场的真正飞跃，才能从市场角度实现对公司社会政策的监测和外在推动。

第三，灵活的土地市场发展。中国的土地市场发展，尤其是土地供应在最近十年来发展最快。土地市场对中国经济的影响实在是太重要了，对房产业、钢铁业、原材料等行业的发展起着内在的推动作用。从另一个角度说，土地市场对调控劳动力、资金、原材料、能源和其他资源的投入量和投入方向，实现资源的综合优化配置，并最终调控好经济运行的作用越来越大。中国的土地市场近年来发展很快，但在市场化的进程中，由于原有的土地管制体制、城乡发展的不平衡及法治不健全等方面的原因，土地市场的发展还需要进一步地深化。与资本市场化相比较，中国土地要素市场化程度更低。包括城市土地和农村耕地在内的土地市场，无论是在产权制度上还是在交易制度上，无论是在价格决定上还是在法律制度上，土地要素市场化配置的条件还远远不具备。而要素市场化发育的滞后，是中国以社会主义市场经济体制为基本目标的改革进程深化的突出矛盾。没有一个灵活的土地市场，居民对土地的所有权不能得到保障，整个社会包括企业土地的合法权益也得不到保障，经济发展的可持续性得不到保证，影响到了中国经济体制的转型，从而间接影响到了企业社会绩效的提高。

（三）市场中介组织的发展与企业社会绩效

市场中介组织是指在企业与企业之间、企业和消费者之间提供中介服务的组织，以及在消费者之间从事信息沟通和获取、产品传递、资金流转以及辅助决策，并为企业的生产经营提供劳动力、资金等生产要素的一类企业和组织。市场中介组织主要包括会计中介组织、法律服务组织、商会和行业协会中介、保险中介等。市场中介作为连接企业与其他组织、个人之间的服务性机构，既可以保护和帮助企业的正常运营，又可以保护其他利益相关者的权益。我国市场中介组织的发展非常迅速，与30年前相比，目前的各种类型中介组织数以万计，有效地促进了企业的经济绩效和社会绩效。

会计中介组织的发展对于企业社会绩效的促进非常明显。中国从90

年代初期开始定期进行注册会计师执业资格全国统一考试，并且颁布了《中华人民共和国注册会计师法》。自此以后，中国的注册会计师数量不断增加，到 2009 年底中国注册会计师协会拥有 15.5 万名注册会计师，拥有执业资格的有 9 万人左右，除此以外，全国共拥有 7300 多家会计师事务所。注册会计师行业作为企业财务方面的重要服务机构，给市场中的企业提供相关的服务，降低资源浪费，提高资金使用效率。

法律服务中介的恢复建立起源于 20 世纪 70 年代。最早是在 70 年代末，中国恢复了律师制度，80 年代初，又紧接着恢复和重建公证制度，以此为契机，中国的法律服务中介行业取得了前所未有的进步。经过 30 年的恢复重建，中国已经初步建立起了一个范围广泛、服务优良的法律服务中介行业。按照 2009 年的统计，中国目前已经有律师事务所 11691 家，其中合伙事务所 8024 个，合作事务所 1746 个。更重要的是律师的培养也成为法律服务的保障，目前中国职业律师的人数达到了 11.8 万人左右。除了服务主体的培育和发展，中国在法律服务的相关法规建设上也取得了很大的进步。首先，律师的职业资格要经过全国统一资格考试，要求非常严格；其次，律师以外的其他法律服务主体也要进行全国考核，比如公证员、专利代理人、商标代理人和企业法律顾问等诸多的服务个体；再次，更加细化了相关制裁制度，建立了各种规则和政策来规范职业者和其他法律服务者的行为。

商会与行业协会与上述中介服务机构相比，更具有公益性质，对于企业社会绩效的改善有着特殊的意义。商会和行业协会属于纯民间组织，或者半官方组织，从功能上说，商会与行业协会是沟通企业与市场、企业与社会之间的有效桥梁，也是维护市场秩序、规范企业正常经营、监督违法违规行为的重要机构，既能保障企业经济绩效的发展，又能从外部监督企业，保护其他利益相关者利益。此外，商会与行业协会作为企业与政府之间的中介，也能结合行业发展经验，为政府决策提供建议，帮助政府推出各项政策，保护企业及其利益相关者的利益。经过 30 年的发展，中国的整个商会组织已经在很多地区甚至海外建立起来，行业协会则更是在每一个重要的产业发挥着重要的作用。按照 2008 年年底的统计，中国的行业协会将近 6 万个的数量，其中有 600 多个是全国性的，此外，中国行业协会从业人员 40 余万。中国的行业协会商会发挥的作用非常广泛，比如工商联一方面帮助提供工商行业的政策建议和协助，一方面给企业提供市场、技术、人才等方面的信息和服务；其他还有很多不同行业、不同领域的协会，像中国保险行业协会、中国银行业协会、中国消费者协会、中国食品工业协会等，从各个角度为企业及其利益相关者提供协助。当前国务院法制办正在加快起草制定《行业协会商会法》，随着《行业协会商会法》的出台，国内各种类型的商会行业协会将会在努力完善职能、加强行业运营、维护利益相关者合法权益等方面发挥积极重要作用。

保险中介是指介于保险公司之间或保险公司与投保人之间，从事保险业务的销售和咨询、保险价值估值、损失评估等服务，并获取佣金或手续费的组织。中国的保险中介是改革开放以后才发展起来的。虽然保险中介起步较晚，但发展速度很快。中国的第一家保险中介机构设立于90年代，到目前为止，市场中的保险中介有将近3000家。此外，全国已经建立起一个比较规范的从业人员资格考试体系。

总体而言，中国的市场中介组织发展从总规模上来说取得了很大的成就，不过由于市场体系的不成熟和政府监管的缺失，相当一部分市场中介组织并没有完全承担起应有的职责和功能。主要的缺陷表现在三个方面：（1）市场中介组织的规模一般不大，从业者分布比较广，缺乏优质的业务水平。这样的结构导致各个中介组织提供的服务种类不多，服务的区域范围不广，给企业的支持力度还有待提高。（2）监督机制不完善带来的违规行为比较多，有些服务机构本身的自我监控机制不完善，从业者职业意识不强，导致违规事件的发生，给中国的中介市场带来了很大的负面影响。（3）现有的一些市场中介组织并未完全脱离政府机构范畴，并且与相关监管部门利益相关。作为企业社会绩效的重要影响因素，如果相关中介组织的体系不健全，无法提供优质的中介服务，企业就会丧失经济利益，也无法保障利益相关者的利益。

四　外部的利益相关者与企业社会绩效

首先，是国外利益相关者所推动的社会责任活动。外部利益相关者的压力也是企业社会责任能够得到很好履行的保证。外部利益相关者参与企业社会责任运动，这在西方国家一直是影响企业行为的重要基础，像工会、各种利益相关者协会、各种社会团体等，都是企业社会责任的重要推手。中国已经成为世界制造工厂，也是各国直接投资的主要对象。除了中国企业的生产优势以外，社会责任的履行状况也成为各国利益相关者比较关注的方面。中国的绝大部分出口企业基本上属于劳动密集型产业，无论是外资投资企业还是内资企业，只要是与国外发生经济往来，国际社会都会评估其行为，尤其是 SA8000 认证标准已经成为全球企业共同遵守的准则。中国最近几年劳工问题、环境问题等出现了很多影响恶劣的事件，使国际上的劳工组织和非政府组织更为重视。

针对这样的情况，有一些海外的利益相关者甚至专门针对中国制定了一些与劳工有关的准则和制度。更让人尴尬的是，一些国际上的非政府组织和跨国公司一起签署了"中国商业准则"，共同对中国出口企业进行规范，要求中国企业遵守基本人权标准和其他与企业社会责任有关的标准。从这一现状可以明显看出，中国的治理环境还存在着太大的问题，企业的外部监管机制明显不符合现代经济社会的基本要求，需要进一步改善。

其次，是国内的利益相关者活动。中国的利益相关者活动，也是得益于经济全球化的发展。随着中国经济体制的改革，各种社会问题层出不穷，最突出的矛盾表现为企业与环境的矛盾、企业与雇员的矛盾、企业与相关社会组织和团体的矛盾。中国的法律体系和政府行为在某些方面的不足，使企业的外部利益相关者的活动开始影响到企业的社会响应过程。国内的利益相关者活动包括社会上社会责任的各种评价体系，如《南方周末》推出的社会责任评选榜单、北京大学民营经济研究院推出的"中国民营企业社会责任评价体系"等。此外，包括各种行业组织、社会团体进行的各项社会责任活动，都提升了中国企业的社会责任意识。相关的社会责任推动力量，在全国各地举办了各种各样的论坛、研讨和评奖等，比如说中国纺织工业协会就是其中一个，它推出了中国第一个关于行业企业社会责任建设的管理体系。

除此之外，企业社会责任也成了中国学者们重点研究的一个问题，比如清华大学当代中国研究中心在 1999 年就已经最早开始我国理论与实践相结合的企业社会责任专题研究，即"跨国公司社会责任运动研究"。一直到 2004 年，SA8000 企业社会责任标准在我国成为学术界和实务界关注的焦点，它以劳工标准为核心内容，引起了全国范围内的参与和讨论。自此以后，各种各样的企业社会责任研讨与论坛层出不穷，比如 2002 年在西安召开的"21 世纪中国企业社会责任论坛"、中国人大主办的全球化背景下劳动关系与企业社会责任研讨会、2003 年在成都召开的"中英企业社会责任年逾企业发展高层研讨会"和 2005 年中欧企业社会责任北京国际论坛等许多的研讨会。还有关于企业社会责任的一些契约研究和实践也纷纷出现，如 2005 年全球契约峰会第一次在中国的上海召开，2005 年中国第一个企业社会责任管理标准与系统 CSC9000T 由中国纺织工业协会发布。

第三节　企业社会绩效的多维度治理对策

从西方企业社会责任运动来看，外部压力尤其是政府与社会的大力推动，是企业能否履行社会责任的重要原因。企业社会绩效的效率，受企业自身和社会发展阶段的影响。政府是经济社会中最具威权的组织，通过制定政策、采取各种措施来影响企业的社会战略。政府需要做到的就是完善各项法律法规和体制，推动公司社会绩效的提高。

一　完善法律体系，推动企业社会绩效

前面已经讲到，企业社会绩效的提高需要有一个完善的法律体系。只有具备一个公平公正的法律体系，企业才会真正实现经济绩效与社会绩效的融合。从企业的运营动力来说，其日常的经营行为一切以追求经济利益的最大化为基础，所以从市场机制的角度给予企业恰当的约束和监管，保护其他利益相关者的利益，这就需要有一个完善的法律体系来进行约束。以美国为例，美国的国会和地方议会甚至已经将企业社会绩效的管理和规划上升到法律的地步，很多州的议会根据利益相关者活动的发展和企业社会责任的履行实践，对公司法进行了修订，使企业管理者在制定企业战略的时候要考虑企业雇员的权益。除此以外，美国还设置了一些基本的法律制度来保证企业的社会绩效，如股东提案制度和经营判断法则等。所以说，要推动中国企业的社会责任响应，首要的就是完善现行的法律法规体系，挖掘其规范效用，促进公司能够考虑到利益相关者责任。具体来说，《公司法》虽然已经有了一次比较成功的修订，增加了很多有效的条款，但是企业利益相关者责任的相关内容尚未成为重点，在未来的法律工作中应当增加相关方面的法律条款，保障包括雇员在内的所有利益相关者。此外，政府和立法机构其实还可以通过各种途径，制定出合乎中国实际需要的一些条例和行政法规，形成一个多方位、多角度的完善的法律环境，这样才能从根本上推动企业社会绩效。所以说，当前我国应该着力打造一套

高效合理的社会责任法律制度，切实推动公司社会责任的实施。

（一）在法律层面明确企业社会责任的内涵

通过对西方各国社会责任实践的分析可以看出，在公司法中做出明确规定是我国有效实现公司社会责任提升的一个重要途径。某种程度上，我国的新《公司法》起到了很大的作用，极大地推动了企业社会责任的法制化建设。在《公司法》的第5条中，明确规定公司从事经营活动，必须遵守法律、行政法规，遵守社会公德、商业道德，诚实守信，接受政府和社会公众的监督。这一规定清楚地界定了企业承担社会责任的义务，从法律上予以强化。除了《公司法》以外，我国的《合伙企业法》第7条、《国有企业国有资产法》第17条也相应体现了这一内涵，明确规定企业必须承担社会责任。这些法律规则只是从立法层面强化了企业社会责任，但是这些规定要真正落到实处，而不是仅仅停留在概括性条款的规定上，则需要进一步的推动。也就是说，这些法律条款并没有具体界定企业社会责任的内涵，也没有明确指出企业承担社会责任的对象。尤其是在企业因为不当行为造成利益相关者利益发生冲突的时候，没有规定明确的取舍原则。在细则上，也没有规定企业社会责任的具体权利、义务内容，以及针对企业违反社会责任的专门法律责任条文，在法律条款中经常会用一些比较笼统的词汇如"商业道德""社会公德""诚实守信"等，从而使企业社会责任在实施的时候不能做到位，企业社会责任法律的规制效果无法达到预期。所以说，需要在今后加快完善《公司法》以及其他法律法规的实施细则。

（二）在决策机制上提高利益相关者的参与程度

从各国实践来看，保证利益相关者的参与，推动公司治理结构的优化，是推动企业社会责任非常有效的手段。在公司治理中，要注意通过有效的制度设计，保证利益相关者积极参与到公司治理中，尤其是在企业社会责任的实施过程中，更是不能离开利益相关者的参与，这也是确保公司社会责任效率的重要方式，同时也能有效保护公司利益相关者的合理利益。关于利益相关者参与公司治理的立法层面，我国新《公司法》的分则中也引入了一些制度，比如说股东代表诉讼等。不过严格说起来，这些细则存在很多不完善的地方，没有完全体现利益相关者的利益保护，比如说，企业的外部利益相关者如债权人、消费者等能不能参与公司治理，以及其他的一些问题，都还处于理论层面。所以说，在企业社会责任法律体系的构建中，应当充分体现利益相关者利益，完善企业的内部治理结构，实现完善企业社会责任法律体系的目标。此外，关于独立董事的任职、资格、职权、义务、责任等，也应该在《公司法》中作出更加明确的规定，对于独立董事的地位、任职资格、法定职权、义务等规则进行细化，保证其代表中小股东进入公司董事会，实现有效的监督。此外，董事会除了现有的薪酬与考核委员会、审计委员会、风险控制委员会之外，还可以增设专门的公司社会责任委员会，在保证中小股东利益的同时，推动企业社会责任的实施。

在企业的内部和外部利益相关者中，企业员工的利益在某种程度上体现出企业社会责任最为本质的内涵。在企业员工的利益中，最为主要的一种表现则是员工的参与权。对于企业来说，保证企业社会责任有效实施的第一步就是如何落实员工参与权。在新《公司法》中，我国对于有限责任公司员工参与董事会进行了规定，这一规定体现在第45条。但是，这一规定根据企业所有制的差异，在董事会中的员工代表存在着"应当有"和"可以有"的不同要求，不同的企业或者采取强制遵守，或者采取自主决定。同时，相关法规没有对股份有限公司董事会中是否要有职工董事明确进行约束，完全由公司自己选择。这样的制度下，企业员工很难真正保护自身的权益不受侵害。所以说，应当学习国外的制度，废除这种按照所有制形式不同而区分的做法，保证各类公司能够在相同的标准下设置职工董事。董事会能否设置职工代表完全由企业的规模和总的员工人数等因素决定，当企业员工人数达到一定的标准，企业都应该按照规定设置职工董事职位。除了职工董事的设置，关于企业监事会中的员工参与权制度也应该进行完善。新《公司法》虽然有关于监事会中的职工参与权制度，但是并没有明确的制度对于职工监事的人员构成进行规范。也就是说，职工监事可以来自一线职工，也可以来自管理层，这给公司设置职工监事的时候带来了很多操作空间。所以说，即便是规定了职工代表法定比例不得低于1/3，但是究竟占多少比例，由哪些层面的员工作为监事，都没有明确，导致企业可以灵活运用，钻法律空子，使职工监事会形同虚设。此外，《公司法》又规定，国有独资公司监事会人员不少于五人，说明对于国有和非国有企业是进行区别对待的，这明显不科学。基于上述原因，我国需要进一步完善《公司法》，在职工董事和监事参与权的设置上进行细化，明确其职权、职务及其选举、连任、罢免程序，并对职工董事、监事的行权设置保障性条款。

（三）在诉讼机制上推动制裁力度的加强

在企业社会责任的实施过程中，除了企业自觉实施推动社会责任行为、自我约束以外，还需要有非常严格的外部约束机制，保证企业行为受到严格的制裁。一个社会只有拥有完善的制裁机制，企业的违法行为能够受到惩罚，承担因为不遵守企业社会责任法规的代价，才能保证企业自觉地遵守法规，主动履行社会责任。在制裁措施中，诉讼是一种非常好的制度。有没有一个完善的企业社会责任诉讼救济，对于我国企业社会责任的实施来说显得非常重要，直接决定了企业社会责任体系的有效性。所以说，我国应该进一步完善诉讼机制，尤其是在法律程序上对与企业社会责任相关的诉讼进行完善，这是推动我国企业社会责任体系完善的重要保障。

在我国的新《公司法》中，其实也引入了股东派生诉讼制度，体现在第152条之中。这一规定，对于我国的公司立法来说，是一个不小的进步。一方面比较好地保护了中小股东的利益，一方面能够在法律上对于股东的诉求请求给予明确的支持。不过这条法规的细则相对来说比较笼统，缺乏可操作性，从而导致在企业的实践中很难在司法中予以明确的解释和限制。要解决这一弊端，需要在立法层面进一步进行明确和解释，对那些已经很清楚的条款，各级机构要严格监督实施；对那些规定不是很清楚的问题，尤其是程序性问题，可以相应结合《民事诉讼法》的相关细则实行。所以说，我国的立法机构应该着手在《公司法》中加快相应法规细则的制定和司法解释，尤其是要注意考虑到企业外部利益相关者如债权人、消费者和企业内部利益相关者如职工的派生诉权，并能够进一步予以明确其权利，真正做到股东诉讼制度的完善。

（四）在其他法律层面加强企业社会责任的保障

除了《公司法》以外，企业社会责任的法律保障是一个非常系统的工程，需要在其他法律层面进行完善，才能有效推动企业社会责任的实施。由于企业所处环境的复杂性，企业的行为需要多部法律的协调配合才能达到监控目的。从企业社会责任实施面临的社会环境来说，需要一个包括法律、经济、社会、文化等在内的诸多层面共同促进的系统。企业社会责任的法律完善和实施不是一部法律能够做到的，涉及的面太广，需要构建一个多层次的法律体系，以形成一个全面的企业社会责任法律框架。基于目前我国在企业社会责任立法方面较为分散、缺乏协调的现状，各级立法机构应当加快速度，尽早构建一个以《公司法》为主导、其他相关法律法规为辅的企业社会责任法律体系。具体而言，应该尽快对一些具体涉及利益相关者权益方面的法律进行细化，推动企业社会责任的落实。比如，完善《劳动法》的具体细则，尤其是在企业员工的社会保障方面，如医疗、养老、失业保险及安全、卫生环境提供和职工技能培训再教育义务履行等方面；完善《产品质量法》的具体细则，尤其是在企业的市场责任方面，如 SA8000 等企业社会责任国际标准的落实，推动企业改进产品质量，推动企业社会责任报告的公开和发布，并进行企业社会责任的评价。优化《税法》中制定的各类制度，通过修订，扩大税收优惠范围、提高优惠数额、简化办理手续，以此来鼓励企业自觉践行社会责任。

总体来说，企业社会责任的推动首先要解决的是法律体系的完善，保证企业受到法律法规的约束，尽管其无法从根本上解决所有问题。只有不断地健全市场经济制度、形成良好的法治环境、培育良性商业理念、完善公司治理制度，才能使企业社会责任理念深入人心，积极推进企业社会责任的落实。

二 出台有效政策，鼓励企业社会责任的响应

除了法律环境的改善，政府行为所带来的政治环境也会给企业社会绩效的提高带来很大的影响，尤其是在中国这样的国家，政府的强势地位使企业对于政府的政策和监管行为比较敏感。从目前我国经济发展的现状来看，经营效益好的企业忙于扩张，提高市场份额，而大部分中小企业则在激烈的市场竞争中为解决生存问题而苦苦挣扎。层出不穷的产品安全、环境污染等社会问题充分说明，绝大多数企业尚未具备主动履行社会责任的意识。与此同时，在发达国家中发挥重要作用的消费者运动、非政府组织等力量在中国相对滞后。因此，在现阶段，更应该发挥政府的主导作用，通过完善法规、加强监管等多种手段，主动引导企业履行社会责任。反观西方发达国家的企业社会责任推动实践经验，我们可以看到政府在促进企业社会责任实施方面的重要责任。政府作为重要的参与者，通过扮演规制者、推进者和监督者等不同角色，来具体推进企业社会责任活动。但是当前我国政府在具体的工作实践中，明显存在着行政不作为或者行政效率低下的现象。即使有法可依，相关部门可能在执行力度上与立法脱节。另

外，各级政府部门制定的一些推动企业社会责任的举措往往不合实际，效果比较差。所以说，从政府层面高效地推进企业社会责任，还需要各级政府推陈出新，采取有针对性的思路和对策。

（一）在国家层面设立企业社会责任协调机构，推进企业社会责任活动

政府应当设置相关机构和采取措施，监管企业经营行为，保护企业雇员的合法利益，尤其是在当今中国社会保障体系不完善的背景下，企业雇员的保护还存在着很大的问题和缺陷，政府应当将此作为最核心的工作，而不是让劳动市场缺乏严格的保护。和西方发达国家相比，我国政府在推动企业社会责任方面存在的一个差距就是没有科学的规划。最近几年，相关政府部门也采取了很多的措施，引导企业履行社会责任。包括沪深交易所、地方政府、国资委和各级行业协会在内的很多部门出台了很多的政策和指引，尽管也获得了一些效益，但到目前为止缺乏一个国家层面的机构负责协调企业社会责任工作。与此同时，也没有相应部门出面对中国的企业社会责任发展战略进行规划。再看西方发达国家，它们在推动企业社会责任方面的工作非常积极和到位，一方面根据实际情况制定出较为齐备的社会责任法律体系，另一方面则积极地在国家层面进行企业社会责任的发展战略规划。以英国为例，英国政府分别在 2001 年、2002 年和 2005 年，先后公布三份企业社会责任政府报告，再看法国，法国政府在 2003 年通过了可持续发展国家战略，并通过在国家层面建立参照体系、实践分析和社会责任投资开发三个目标，积极推进企业社会责任。所以说，要保证企业社会责任的有效推进，除了相关法律的制定以外，还需要有一个较高级别的协调机构来监督执行。当前我国《公司法》《劳动法》《消费者权益保护法》和《环境保护法》等法规都涉及企业社会责任的相关内容。不过这些法律法规绝大部分细则不清晰，导致其实际应用效果大打折扣。另外一个主要的原因是企业社会责任的不同方面可能涉及多个行政部门的监管，却缺乏有效的部门协调，导致执法效果不佳。所以说，在制定落实鼓励企业积极履行社会责任的奖励措施时，急需一个国家层面并且是跨部门的协调机构来负责相关的企业社会责任推动工作。

（二）在企业层面着力提升企业竞争力、培育企业社会责任意识

根据 Carlisle 和 Faulkner 企业社会责任演进框架理论，一个企业的社会责任行动通常经历了培养意识、提高认识、初步实施和全面推广四个阶

段。但是当前我国由于企业社会责任活动推动的时间较短，所以大部分的企业将主要精力放在如何提高企业的市场竞争力，导致其社会责任意识相对比较滞后，所以政府在培养企业社会责任意识、提高企业对社会责任的认知等方面，有很多工作可以推动。第一，在理念上要进一步培养企业社会责任意识，让企业主意识到承担社会责任不仅仅是义务，更是一种提高企业竞争力的有效手段。从经济发展整体实力来看，中国现在的经济总量已经排在全球第二，但中国企业在国际上的总体形象不是很理想，缺少国际上知名的品牌，缺少知名的大企业。通过适当的政策推动企业积极履行社会责任和披露社会责任报告，一方面能够完善中国企业的治理结构，保证利益相关者的权益，另一方面可以长期构建企业的核心竞争力，提升企业的国际竞争力。第二，通过企业层面的推动，促进相关企业建立履行社会责任的激励机制，从而主动履行社会责任。政府通过相应政策的完善和优化，直接推动企业主动履行社会责任。除了价格竞争以外，企业面临着很多其他的挑战。对于企业来说，有时候很好地履行社会责任的确会在短期内导致企业利润下降，所以需要政府建立一套有利于引导企业主动履行社会责任的政策激励制度，比如说对于企业在履行环保义务、解决就业、慈善捐赠等行为方面的优异表现给以一定的税收减免、财政补贴，也包括在市场准入、项目审批等方面的优先权。

（三）在监控层面建立科学的企业社会责任标准体系和评价体系

企业社会责任标准体系是指导企业开展企业社会责任工作的指引，同时也是评价企业社会责任实施效果的主要依据和对企业进行奖惩的依据。但是，从我国当前的企业社会责任标准体系来衡量，则缺乏一个较为权威的标准。以食品行业上市公司在 2012 年公布的企业社会责任报告为例，公布该年度《社会责任报告》（可持续发展报告）的 36 家上市公司中，其中 11 家未公布编制依据，15 家编制依据为沪深交易所社会责任报告编制指引，还有 10 家公司分别参照了国内外其他标准。在这样一个缺乏统一标准的条件下，各家上市公司企业社会责任报告信息披露呈现较大差异，既有非常简单的描述性语言，也有非常琐碎的篇幅进行描述，篇幅大小完全不一。此外，很多企业责任报告中关于社会责任的标准只是以文字性描述为主，很少进行定量描述，导致很多报告不能与同行业进行比较。所以说，既然企业社会责任标准体系建设对企业社会责任实践运动具有重要意义，那么在参考国内外主要社会责任标准体系的基础上，我国的相关政府部门应当结合我国实际，科学设计有效的企业社会责任标准体系，并且积极开展与国际标准体系的互相认可工作。

三　重视舆论监督，引导企业社会绩效

改善企业的政治法律环境，除了法律法规的推动和政府政策的运用，还要创造一个有利的社会文化环境，培养良好的舆论监督氛围，为企业改进社会绩效提供良好的社会环境。企业社会责任除了可以看作是一种显性的社会契约，还应该包括企业的道德责任。企业的道德责任不仅仅是企业管理者个人的一种道德价值观的体现，更大程度上取决于企业层面的价值观，企业的价值观决定了企业的社会责任决策。企业价值观的形成，除了企业家与管理层自身的伦理观点，也需要整个社会所施加的舆论压力。其他社会群体应当承担这一方面的责任，从不同的角度推动企业文化建设，无论是一般的社会公众还是消费者，或者其他的社会团体，都可以成为企业社会责任的重要影响力量。一些行业协会和商会可以举办各种会议、论坛，设立各种奖项，为企业社会责任响应提供一个很好的社会氛围。此外，还可以向全社会宣传企业社会责任的必要性，让全社会都主动监督和推动企业社会责任响应，一旦企业的行为不当，就会感知社会的压力。只有形成良好的舆论社会氛围，企业才会主动调整，相互之间进行良性竞争，保证企业社会绩效的不断提高。

（一）强化政府在舆论监督上的积极作用

通过各级政府部门的引导，可以提高不同层面的舆论监督主体的积极性，从根本上保证企业社会责任的履行。政府作为重要的角色，借助自身的力量以及各个层面的舆论监督，提升整个社会对企业履行社会责任的关注度，并且可以全面形成一个全社会对企业社会责任进行有效监督的氛围，推动企业真正有效地植入企业社会责任的理念，并且转变为内生化思想。2008 年的时候，国务院国资委的政策规定央企要积极履行企业社会责任，并定期发布企业社会责任报告。到 2010 年的时候，我国百强企业社会责任报告发布率只有 63.4%，明显低于发达国家。以日本和英国为例，日本的百强企业中，2007 年发布社会责任报告的比例达到 88%，英国也已经达到 84%。我国的那些已发布企业社会责任报告的企业，在其报告中缺少对企业是否达到国际先进水平、企业自身达标等情况的信息披露，更多的是对一些数据的介绍，导致投资者和其他利益相关者很难对企

业实施有效的监督，从而使这些公司发布的企业社会责任报告形式大于内容。所以说，政府在企业社会责任上的舆论监督角色非常重要，需要进一步加强工作，一方面积极推动和帮助企业形成良好的生态价值观，建立适合我国实际的企业伦理管理体系与规则；另一方面，则需要积极引导企业提升社会责任常识，充分发挥全社会监督企业社会责任的功能，并且能够推动建立企业社会责任监督与评估体系。

（二）鼓励媒体对企业社会责任的常态化监督机制

对于企业社会责任的实施来说，媒体的常态化监督机制应该说可以起到非常重要的作用。这些年来，很多企业社会责任的负面事件都是由媒体报道才为公众所知，媒体对于企业的监督作用非常明显。正是有了媒体的舆论监督，企业在遇到相关问题的时候才会感觉到压力。不过由于各种因素影响，我国媒体在对企业的常态化监督机制上还存在着较多的障碍。所以说，在当前的社会环境下，媒体可以从多个角度介入企业社会责任的常态化监督中，如监督企业的生产经营过程，开展前置性与常态化的监督，对企业的全流程生产形成无形的约束，给企业实施社会责任构建一个好的媒体监督环境。要实现对企业的前置性与常态化监督机制，必须通过各种手段帮助媒体建立常态化的企业社会责任舆论监督体系。比如，媒体可以设置专职记者长期跟踪企业社会责任活动，帮助其提高职业水平，培育多学科背景知识的专职新闻记者，还可以共同推动政府、企业、公众、股东等利益攸关者一起保护环境。此外，政府部门也要全力完善现行媒介制度，保证媒体不会出现新闻寻租、媒介越权、媒介审判等权利滥用的行为。

（三）强化公众监督促进企业社会责任的行为

社会公众作为监督企业社会责任的一个庞大群体，可以通过多种方式对企业形成一种有效压力，促使企业积极采取措施，一方面满足社会公众的基本要求，另一方面其实也可以提升企业竞争能力，扩大企业影响。截至目前，我国还没有在公众监督企业社会责任方面形成一个科学高效的体系，绝大部分的社会公众还没有形成共识，或者有这方面的意识，普通公众社会责任意识比较淡薄，一般会认为企业的主要任务是创造财富，而忽视了企业的社会责任。应该说，社会公众对企业社会责任越关注，企业履行社会责任的内在动力也就越强。所以说，如何培育社会公众的维权意识与自觉监督意识，显得非常重要。政府部门和相关社会机构应该重视对普通公众的知识普及，并通过多种手段增加公众对企业社会责任监督的渠道，重视营造公众监督的社会氛围，提高社会公众监督企业的效益，减少公众监督成本。同样，企业内部的员工如果也把企业是否履行社会责任作为一个重要的选择依据，企业履行社会责任的意愿也会越强。所以说，只有真正地形成一个对企业社会责任的社会公众监督机制，企业才会意识到社会责任实施的价值所在，并转化为自己的一种主动行为。

四　建立第三方监控体系，约束企业社会责任响应

除了法律政治环境的建设和完善，企业与社会之间还需要有一个公平公正的独立第三方机构，来对企业社会绩效进行监管，并对企业社会行为进行评价，这样既可以保证公司的合法利益，也可以协助社会和政府对企业行为进行监控。之所以需要有这样的参与者，是因为第三方机构从理论上应该与利益相关者没有任何利益关系，所以它们可以凭借自己的专业技能，保证企业的社会责任履行。我国关于企业社会责任报告的第一份第三方鉴证报告出现在 2006 年，由挪威船级社（DNV）和中国企业联合会全球契约推进办公室共同为中远集团《2005 年度可持续发展报告》出具。我国目前并没有出台关于企业社会责任报告进行第三方鉴证的强制性规定，报告是否进行鉴证是企业的自愿性选择，所以说我国关于企业社会报告第三方鉴证领域的发展尤其缓慢。

（一）独立第三方的审计人员的监控作用

审计人员一般作为组织的委托代理人，对企业进行外部审计，对企业运营的各个方面进行核查，提供公正的审计报告。在一个信息并不是完全对称的市场中，外部的利益相关者往往很难获得包括财务信息、管理信息、社会政策信息在内的一些问题，这个时候就需要有专业的独立第三方机构和人员提供帮助。当然，要达到这样的目标，就需要在中国建立一个更加完善的监控体系，包括各种资产评估、会计师评估、第三方环境监测机构等在内，以确保能够公平公正地实施第三方监控，真正实现对所有利益相关者的权益。我国的审计方式有三种，包括政府审计、注册会计师审计与内部审计。基于不同的审计方式，形成了三类审计主体，所以说对于企业发布的社会责任报告进行鉴证的主体可以有三种选择。当前我国严格符合对企业社会责任报告进行鉴证的主体比较难找，但是，一般以注册会计师作为企业社会责任报告第三方鉴证的主要执行者比较多，因为注册会

计师有着自己的特点，对企业社会责任报告的鉴证有一定优势。针对注册会计师在这方面的发展优势，其专业素质、职业道德水平、鉴证经验、学习能力等都需要有严格的保证，从而可以作为独立"第三方"的身份，公正公平地对企业社会责任报告进行客观的鉴证，这样可以减少重复劳动，节约成本，提高工作效率。

（二）参与到企业治理机制的独立董事

作为独立的第三方监控个体，独立董事在董事会中能够综合考虑所有的利益相关者的利益，而不是仅仅站在股东的角度。也只有充分发挥独立董事的作用，才能够保证企业的社会责任决策的合理性，因为独立董事作为非利益相关者，对于企业的经营决策的判断比较客观，也更为专业。如果缺乏一个公正的引入独立董事的体系，企业的治理结构就不完善，企业的社会绩效也就得不到保证。很多的研究也证明了独立董事与企业的社会绩效之间的关系比较显著。

（三）其他第三方监控机构的建立和完善

除了上述的审计机构和独立董事，还包括很多市场中的独立于政府机构的社会组织和机构，如行业协会、公益性社会组织，为企业的利益相关者提供很大的帮助。作为独立于企业和其他利益相关者的第三方机构，这些机构基本上属于非营利组织，以促进社会福利的发展为己任，是社会发展的重要推动力量，也是监控企业社会绩效的重要组成部分。前面已经阐述了我国相关的行业协会和商会的发展情况，我们可以发现其存在的很多问题，需要大力发展。对企业社会责任报告进行第三方监控的主体主要包括两类：一是投资基金组织。投资基金组织之所以要对企业社会责任进行鉴证，主要是保证投资给社会责任水平强、道德水准比较高的企业，同时也可以给企业压力，督促其达到投资者标准。二是社会公共利益监督机构，包括消费者权益保护协会、环境保护协会等，主要是为企业的内外部利益相关者提供信息，更好地做出对自己有利的决定，并给企业一定的压力，达到监督目的。

五　加强企业组织建设，保障企业社会绩效

前面都是从外部治理环境的角度来进行阐述，事实上真正决定企业社会责任绩效的，还是企业自身的治理机制和管理机制。企业需要有一个好的内部治理机制，实现对公司战略、公司价值观、股权结构、组织结构的

有效规划和组织。公司的内部治理机制是公司治理的核心，虽然说其终极目标是通过股东会、董事会对管理层的监管机制，实现公司价值最大化目标，但是仍然可以通过一些制度性建设和组织建设，让企业的社会绩效得到一定的保障，尽量实现经济绩效与社会绩效的融合。在企业的组织建设中，包括工会、职代会和监事会的组织建设。

（一）代表雇员利益的工会和职代会的建设

雇员属于公司重要的内部利益相关者之一，是企业日常运营的主要参与者，为企业的发展做出了很大的贡献，企业应该考虑到雇员的利益。要保障雇员的利益，就需要在企业内部有代表这一利益群体的机构，来影响和制约治理目标。因此，企业内部要发挥职代会以及工会的功能。雇员作为与股东关系最接近的利益相关者，对于企业各项目标的完成都起着关键的作用，但是雇员往往也是最弱势的一个群体，如果职代会和工会不能在组织上形成一种影响力量，那么雇员的利益就很难得到保障，这也是中国现在一个比较严重的问题，因为很多企业的职代会和工会往往依附于董事会和管理层，雇员的利益被忽视。所以说要加大职代会和工会的组织建设，让他们能够真正代表雇员，反映雇员的声音，形成企业内部利益相关者的一股重要的力量，在一定程度上影响到公司治理，从组织上给予公司管理层一种真实的压力，这样才能真正实现雇员利益的最大化。

（二）公司股东会的建设与改进

作为公司治理的最重要主体机构，股东会的建设也是非常重要的。《公司法》规定有限责任公司的股东会由全体股东组成，其职责包括决定公司的经营方针和投资计划；审议批准董事会的报告；选举和更换由非职工代表担任的董事、监事，决定有关董事、监事的报酬事项；对公司合并、分立、解散、清算或者变更公司形式作出决议；修改公司章程等。从这些职能可以看出，股东会是企业的核心权力机构。中国上市公司股东会的一个特点是控股股东的掌控能力过强，中小股东的利益可能会被忽视，从而间接影响到其他利益相关者的利益。所以说，股东会的建设要尽量防止公司的权力过于集中，当然也要充分体现所有股东的利益，对于一些很重要的表决，更是需要有特别决议方法，避免控股股东滥用权力。

当然，股东会的建设同时也不能忽视与董事会之间的关系，保证其基本的利益不会受到委托代理问题的影响。公司的组织建设不能忽视股东的利益，按照卡罗尔的观点，经济责任是首要的社会责任。随着经济的发展，大公司支配社会经济的时代到来，公司的控制权中心开始由股东会转移向董事会。虽然权力慢慢向董事会转移，但目前的股东会建设还是有许多措施保障股东的利益。我国《公司法》第 111 条规定，股东大会、董事会的决议违反法律、行政法规，侵犯股东合法权益的，股东有权向人民法院提起要求停止该违法行为和侵害行为的诉讼。问题在于这个内容太空泛，董事会的决策有很大的弹性，制约了股东会的监控。还有，我国《公司法》第 118 条第 3 款规定，董事应对董事会的决议承担责任。如果董事会决议违背法律行政法规或者公司章程，并导致严重损失，那么参与决议的董事必须承担赔偿责任。问题在于，董事会本身是企业的决策机构，这样很容易产生委托代理问题。

（三）董事会的建设

作为公司治理的主体机构，董事会在法律和公司制度中都应当具备对管理层任命、进行绩效考核和奖励的权力。虽然说从法律上董事会在外部董事过半和董事会选聘经理的制度与程序经过批准的前提下，可以按照企业战略和自身的选拔体制来选任管理层，但事实上董事的权责并没有完全实现，现代企业制度的最核心部分缺乏一个很清晰的结构，董事会的职责会受到很多方面的影响，尤其是国有企业更是如此，从而导致企业权责不清。所以，要保障董事会的主要职责，即代表股东选拔任命管理层，制定并审议企业未来的战略。确定董事会能够在股东授权以后，按照法定的规则来实施。当然，为了保证决策的正确，董事会的建设也需要有一定的约束机制。所以说，需要在董事会中加入一定比例的独立第三方的独立董事，这样有利于公司经济绩效与社会绩效的综合发展，也能尽量减少高管谋私利或者掠夺中小股东权益的机会。此外，职工董事作为公司治理机制的一种改革，也意味着董事会的经济利益最大化目标并不是一种一维的思路，应该是在保障雇员利益的基础上来追求利益最大化。《公司法》第 45 条第 2 款就规定，两个以上的国有企业或者其他两个以上的国有投资主体投资设立的有限责任公司，其董事会成员应当有公司职工代表，董事会中的职工代表由公司职工民主选举产生。所以说，董事会建设不但要保证其权利的合法性、公正性和均衡性，还要体现多元性和参与性，实现内部利益相关者之间的协调与融合。

（四）监事会的建设

监事会也是保证股东利益的一个重要的公司治理机构，监事会在公司内部和董事会的关系是平行的，由股东会选出并对股东会负责，它的主要职责就是监督董事会的行为和管理层的行为。监事会的主要工作体现在几个方面，如监控董事会的决策程序是否合法；监督公司的财务制度能否有效实施；监督董事与管理层的行为是否不违法；监督股东会制定的决议是否能够很好地实施。当然，监事会中也有一定数量的雇员参与，这是现代公司制度发展的一个成就，在一定程度上也保护了雇员的利益，监事会中的雇员监事，其实起的是一种对所有治理主体的监督作用，防止其他监事和股东过于关注经济利益。雇员参与监事会的制度在西欧的一些国家发展比较迅速，如德国、荷兰等国家。中国的职工参与公司监事会的制度在《公司法》中也有规定，比如《公司法》第 52 条第 2 款与第 124 条第 2款规定，监事会由股东代表和适当比例的公司职工代表组成。应该清楚的是，雇员参与监事会，监督股东、董事和管理层的价值不大，这些年在欧洲国家的企业里也体现出来了。本书在前面已经分析了公司治理的本质，说明公司治理主体应该是以股东为核心，至于雇员等监事或董事，实际上起到一种消极的监督作用，想要发挥重要的作用，体现雇员群体的整体利益，则基本上很难，对于中国的企业来说，监事会的功能更弱，其职权也仅仅是一种监督。所以说在监事会的建设上，要改变西欧一些国家的思路，将重点放在完善监督的体系以及信息的沟通上，至少能保障监事会所获得的信息能够公平公正地被社会公众所得知，通过内部与外部的治理环境压力来干预股东代表的股东会和董事会，这样才是监事会建设的最佳途径。任何试图将监事会建设成为一个真正介入公司社会绩效的权力机构可能很难达到。

（五）管理层的建设

管理层是公司战略的具体执行机构，从理论上来讲就是董事会的代理者，其拥有的权力和职责都来源于董事会的授权，面对的负责对象就是董事会，而企业社会绩效的直接执行者和推动者也是管理层。按照前面的理论分析，管理层本身既是公司治理的客体，又是企业社会责任的执行主体，是连接股东和其他利益相关者的主要机构。虽然说管理层只对董事会负责，企业社会决策最终还是由董事会作出，但是作为执行机构，企业社会绩效在很大程度上也会受到管理层的执行效率和执行动力的影响。所以说，首要任务是在中国建立一个高度发展的职业经理人市场，职业经理人不但能够忠实执行治理主体即董事会的委托任务，也能有自己的职业道德和操守，不会置股东以外的其他利益相关者利益于不顾，确保企业社会责任的履行不会过于依赖于董事会的单一决策，尤其是在其违背基本的企业伦理道德的时候。除了好的职业经理人市场，管理层的建设还要关注权利的均衡，保持董事会对管理层的监控流程，这样才能保证股东利益相关者的利益。

六　优化要素市场，建立企业社会责任的外部响应机制

前面已经讲到中国的要素市场的发展缺陷，所以说，要促进企业社会绩效的提高，就需要为企业提供一个良好的要素支撑体系。要做到这一点，必须加大改革力度，在土地市场、劳动力市场和资本市场等方面进行更深入的改革，以建立竞争性的要素市场作为主要目标，推动企业社会责任的响应。

（一）加大对劳动力市场的改革

通过劳动力市场的改革，可以有效地缩小收入差距，优化企业雇员的收入结构，保证雇员的经济利益，从长远来看，更是可以促进经济增长的目标，保证所有的利益相关者的合法利益。因此，要尽量改革不合理的体制，完善整体的社会保障体系。要做到这一点，第一是进行机制改革，优化各地的人才市场；第二是优化劳动者的就业条件，保证公平就业，比如建立一个全方位的服务于劳动者的体系，为不同类型、不同层次的劳动者提供信息和帮助、提供各种中介服务；第三是帮助低收入阶层的劳动者能够得到保护，在社会福利、薪酬制度等方面约束企业的行为，并建立一套生活困难劳动者的援助制度；第四是建立一个更加全面的针对不同劳动者的职业培训体系，帮助劳动者提高文化素养和工作能力，也为企业提供合格的高素质人才。

（二）积极发展资本市场，完善资本市场结构，提高市场配置资源的效率

资本市场的完善，对上市公司的行为监督和规范有着很重要的意义，企业社会绩效能够获得更大的保障，因为资本市场如果不完善，对企业管理者的行为和企业的社会责任策略的外部监督机制就很难发挥作用，企业的信息也很难透明，造成的后果肯定对企业社会绩效不利。中国资本市场已经有了20多年的发展，已经初步建立起一套完整的运营、监管体系。但是最大的问题是，无论是金融机构的监管还是市场交易的监管，都存在

着很多的问题。资本市场的建设已经成为当前很紧迫的任务，对企业、机构和其他证券经营者的违法操纵行为进行严厉的打击，保证上市公司信息的公平公正披露，监督上市公司的公平竞争，维护所有利益相关者的利益，这样才能保证企业社会绩效的一个正常经济环境。

（三）土地市场的优化

现有的土地市场存在着很大的问题，导致资源的浪费和低效，如何优化土地市场的改革方案，让土地不再成为制约社会发展的一个瓶颈，这是当前的重要任务。目前需要做的是改变政府对土地市场控制过度的问题，加大土地所有权制度的改革，这样才能真正实现土地要素市场的市场化。作为政府来说，也需要变更自己的职能定位，不能永远垄断对土地资源的控制权，最主要的职责应该是基于地方发展战略，用法律的手段和市场的手段来实现对土地资源的管理。

第四节　本章小结

本章主要基于公司治理环境与企业社会责任之间关系的分析，提出企业绩效的多维度治理路径。在市场经济条件下，需要从多个角度对企业社会责任进行直接或间接的规制，以形成有效的促进和保障体系。一是企业自我规制。承担社会责任对于企业来说是一种境界，需要认知上的自觉和行动上的自我规制。企业应从自身管理的角度将承担社会责任提到日程，确定承担社会责任的具体内容，并在企业管理的相关环节和过程中履行这些社会责任。企业的社会责任战略不仅要全方位地体现在战略定位、战略选择、战略实施、战略控制等战略管理的各个环节，而且要与企业的经营目标、组织结构、用工制度、利润分配等管理内容相互衔接。二是市场规制。企业承担社会责任是市场经济发展的必然，市场体制和机制越是完善，作为市场主体的企业的运行也就越是规范，越是能够自觉地承担起市场赋予企业的社会责任。事实上，不仅是企业对职工的责任，而且企业对整个社会、对自然环境的责任，都有赖于市场经济体制的进一步完善来加以规制。三是法律规制。为了通过法律来规制企业承担社会责任，所有涉及市场主体社会责任的法律都应明确企业社会责任的范畴，构成一个完整的企业社会责任法律评价体系。在此基础上，还要建立健全违反企业社会责任义务的公益诉讼机制。四是政府规制。一方面，政府对主动承担社会责任的企业应给予相应的鼓励与支持，如对那些恪守诚信、依法经营、照章纳税、节约资源、保护环境、关爱职工、热心社区建设、支持公益事业的企业予以表彰和奖励，并给予政策上的倾斜和优惠；另一方面，政府要充当维护社会公共利益的监护人、协调企业利益与社会利益的仲裁者的角色，并以间接调控或直接干预等手段，引导、监督、约束企业依法承担社会责任。五是行业规制。行业协会不仅可以通过各种渠道促进国内企业之间、企业与消费者之间、企业与政府之间的沟通和合作，同时还可以连通国内企业与国外企业以及国际社会之间的合作。六是社会舆论规制。社会舆论对企业承担社会责任不仅具有鼓励、监督等规制作用，同时又具有客观评价的作用，应该建立企业承担社会责任的评价体系，鼓励企业定期发布社会责任报告，公布企业履行社会责任的现状、规划和措施，搭建起企业与公众之间沟通的平台，完善企业社会责任沟通方式和对话机制。

第八章

企业社会责任研究展望

基于企业社会绩效的影响因素及其与经济绩效之间的关系，依托公司治理理论和利益相关者视角，本书沿着企业社会原则、企业社会责任的响应条件、社会响应过程、企业社会响应结果和企业社会绩效评价的研究框架和逻辑思路，在对企业社会绩效的理论研究框架进行细致梳理和详细评述的基础上，辨析企业社会绩效、利益相关管理和公司治理之间的关系，通过多元回归方程、事件研究法等充分阐述和论证了"公司治理环境和治理结构之间的协同效应，结合公司资源与战略的特点，全面影响企业社会战略，从而影响到社会战略的实施，最终对企业社会绩效带来影响；企业社会绩效通过积累道德资本与保险资本来间接影响大盘财务绩效"等论点。通过前面的研究，基本上达到了研究的目的。本章主要是归纳上述研究所获得的研究结论，结合实际情况，分析本书的理论和实践价值，最后总结研究的不足，根据本书中存在的一些局限提出下一步的研究方向。

第一节　研究结论

与绝大部分基于企业资源学说的社会责任研究不同，本书借助公司治理理论的研究进展，分析企业社会责任研究中存在的两个问题，一个是企业实施社会责任的责任主体问题，一个是企业社会责任的过于功利化倾向。在全面分析企业社会绩效、公司治理、利益相关者理论的基础上，提出了公司治理理论的企业社会绩效分析框架。本书重点凸显了企业社会责任响应的公司治理因素，完整地从企业社会原则、企业社会责任的响应条件、企业社会响应过程和企业社会绩效评价四个维度进行分析。在此基础上，本书重点对企业社会绩效的影响因素及其对财务绩效的影响进行了实证分析。本书数据主要来自 371 家上市公司，笔者提出了 12 个研究假设并进行了检验，其中有 9 个成立，主要的假设基本获得支持。简而言之，本书的主要结论和观点可以归纳如下：

1. 企业社会绩效表现为一个四阶段的动态模型，即企业社会原则、企业社会响应条件、企业社会责任响应和社会绩效的评估与反馈。

与之前的很多企业社会绩效模型不同的是，本书提出的模型更为合理地将企业社会责任原则与相应条件进行了有效的隔离。之前的很多公司治理模型，比如卡罗尔（1979）、瓦提克和柯兰（1985）、伍德（1991）和Clarkson（1995）等提出的模型，一般都比较笼统地将影响企业社会绩效的因素归结为责任原则。事实上，影响企业社会责任实施的因素应该从两方面进行分析，首先是企业社会责任的原则（基于企业社会契约和道德价值观），这是一种企业外部与内部共同影响的无形的因素；其次是企业内部对企业社会责任的响应条件，这是一种企业基于自身治理结构、公司资源、企业战略所决定的响应机制。也就是说，企业社会责任原则是一种隐性的机制，而公司的社会责任响应条件则是一种显性的机制，两者共同决定了公司的治理过程，从而间接地影响到企业社会责任的响应力度和响应结果。

这一动态的治理过程其实就是企业从创建开始到不断发展壮大中公司治理模式对外部与内部环境变化的适应过程，这一过程不仅仅表现为短期的调整，也表现为企业长期治理模式的不断演进变化。对这方面的研究主要体现在企业的生命周期与公司治理关系上，如李程骅、胡亚萍（2008）认为一方面企业应当承担社会责任，但是另一方面也要明确责任要与其发展的生命周期相符。也就是说，企业行使社会责任应该与其生命周期之间存在直接的对应关系，企业在不同的生命周期阶段，对社会效益与经济效益的关注点是不断变化的。

与企业发展的生命周期相对应，公司的治理机制也经历着一个动态的变化过程。在企业刚开始创立的时候，一般都是股东即管理者，也不存在治理问题。但是随着企业的发展，到一定规模以后股东会委托管理者从事经营，也就是从这个时候开始出现代理问题，公司治理开始成为企业的一个无法回避的问题。尤其是随着企业越来越成熟，规模越来越大，企业管理也日益复杂，就会出现多重委托代理关系，股东会感觉越来越难以控制，很难设计和实施监控和激励机制，而且这个时候由于企业的公众化过程，社会股东越来越多，除了企业股东、个人股东以外，机构股东也开始进入企业，这个时候股东结构的复杂化特点使利益要求更难平衡。那些大企业尤其是上市公司不仅要通过建立董事会、监事会、独立董事等治理结构来要明确各自的权责界限，而其由于企业的外部治理环境因素也越来越影响到企业的利益，一些利益相关者对企业的影响力也日益扩大，甚至逐渐开始对企业也提出相对应的要求，此时的企业既要构建一个有效的内外治理机制来实现股东的经济利益，又要尽量通过博弈适应其他利益相关者的要求，以实现对他们的综合治理。

所以说，越来越多的人开始要求企业除了要为股东利益最大化服务以外，应该同时兼顾其他利益相关者，与社会期望相匹配，这使治理机制作为一种组织安排和制度设计越来越重要。其实影响企业社会责任的重要因素，不仅由企业内部的治理结构来决定，企业所处的竞争环境以及外部治理环境都是重要的约束因素。当然，对于相对成熟和稳定发展的上市公司来说，外部治理环境中的法制化水平的影响效应更明显；对于公司内部治理结构的不同安排，持股比例要比独立董事比例、董事会和监事会规模更显著也更普遍地影响公司社会责任；公司治理结构的不同安排比外部环境的不同治理程度更能影响公司社会责任的变动。

以往的很多研究评估企业的社会绩效往往直接比较不同企业的各种绩效指标，而忽视了不同情境下的企业可能会缺乏可比性，所以得到的结论往往相互矛盾。另外，很多学者分析社会责任的影响因素，很容易将原则和行为混淆起来，往往将推动企业社会责任的因素归结为契约下的制度和组织因素，以及契约外的道德主体因素，而这些概念往往比较抽象，很难得出准确的结论。其实分析企业社会责任的影响因素，若从企业具体行为的角度来分析，则不难得出结论，即内部治理结构、治理环境和企业实际资源往往在很大程度上决定着企业社会责任行为。如何设计一套评估体系，分析社会责任响应与原则的重合度，更具有实际意义。研究重点主要在于企业社会责任行为的影响因素，所以应该选用一个简单的指标来衡量行为与期望的重合度，近似地当作社会责任行为与期望的重合度来进行分析。

2. 不同的公司治理环境对企业的社会绩效表现有非常明显的驱动作用和制约作用。

公司治理环境的几个方面，无论是政治环境、文化环境还是法律环境或者经济环境等，都会影响到企业社会绩效的实施与效果。为了研究的需要，本书将公司的外部治理环境划分为三类，即政府行为、法律水平和市场化程度。主要原因在于，这三个方面能够较好地代表企业的外部治理环境，其他的很难进行定量的分析。更重要的是，在复杂的公司外部治理环境里，政府行为和法律水平对于企业社会责任的影响最大，所以用这三个变量代表外部治理环境基本上可以实现研究的需要。我国企业所有权结构的特点，会使法律对控股股东的约束力在某些条件下减弱，尤其是在政府干预比较厉害的时候。更多的时候政府干预水平和法律水平相互影响，决定了企业社会责任的履行。弗朗西斯（2005）等认为，法律制度环境越是健康，这个国家的企业会计准则越倾向于透明。法律执行越好的地区，其对当地企业的监督职能也越完善。

3. 公司的内部治理结构与特点对企业的社会责任响应和社会绩效的作用在不同的治理环境下表现不一样。

除了外部的治理环境以外，企业社会绩效还会受到内部治理结构的影响，但主要表现为股权分散度和国有股比例的影响，其他因素如两职合一、董事会规模、监事会规模和独立董事规模等的影响并不显著。内部治理结构的变化，很大程度上也取决于外部治理环境的成熟度，或者内部和外部的利益相关者的影响。

从公司治理的角度研究企业社会责任与公司治理之间的关系并不是很多。国外关于这方面的研究主要集中在企业社会责任与公司治理的相互促进与融合。国内关于两者之间的关系所做的实证研究比较少，理论分析要多一点，如刘连煜（2001）希望从公司治理结构的角度，寻求一条比较好的路径，以更好地实现企业社会责任；王长义（2007）也是从理论分析的角度认为，公司治理影响企业社会责任的途径主要是通过不同的治理模式以及股东结构的变化、股东目标的多样化、股东权利的变化等方面来实现。关于实证研究，比较典型的研究是王建琼、何静谊（2009）对中国制造业上市公司的经验实证研究，证明了公司治理结构与企业社会责任之间的关系。

4. 企业社会绩效对企业经济绩效的影响是间接的，表现为企业道德资本或保险资本的积累，而不是对企业经济绩效的直接影响。

即使在最好的情况下，商业活动有时会在一些重要的利益相关者群体中造成不利影响。一些负面影响可能会相对温和，如产品或服务中断；有的后果可能是地方性的，如工厂的关闭。其他不利事件可能会带来全球影响，如破坏市场稳定的欺诈或环境灾难。当消极的事件发生时，利益相关者通过轻度回应（抵制或唱衰公司）或重度回应（撤销做生意的权利）给予惩罚。

如果能够帮助利益相关者将负面事件归因于善意管理，而不是恶意，并因此减轻他们对公司的反应程度，那么基于 CSR 行为的道德资本会创造价值。测量利益相关者的心理过程很困难，甚至是不可能的，但是，我们可以观察到利益相关者群体的行为是否与理论化推导过程一致。这种一致性将意味着企业社会责任活动提供保险类的保障（弗里德曼，1953；戈弗雷，2005）。

实证结果说明，企业社会绩效对于企业经济绩效的影响，并不能够带来直接的效应，企业社会责任的履行，更多的是给企业带来社会资本的积累，并不断地给利益相关者输出其道德资本。这种道德资本对于企业财务绩效的影响，不可能给企业带来短期的经济利益。所以说企业社会绩效给公司带来的是一种声誉、保险、道德资本，这种资本在资本市场中表现为一旦公司遇到负面事件，就能发挥作用。

第二节　学术意义

一　学术意义

本书的学术意义表现在几个方面：

首先，从理论上清楚阐述企业实施社会责任的责任主体问题，并对企业社会责任功利化倾向进行批判，在批判性研究的基础上从企业社会绩效的角度建立一个关于企业社会责任的全面分析框架，从企业社会责任原则、响应条件、响应过程和社会绩效结果等四个角度进行研究，完善和改进了传统的企业社会绩效研究的模型。

其次，研究视角比较独特。本书从现代企业理论出发，将公司治理与社会责任分析结合起来，用社会绩效的研究框架来研究企业社会责任，解决了"共同治理理论"所提出的让利益相关者加入公司治理行列而使公司治理结构混乱和失衡的问题，并澄清了利益相关者治理与利益相关者管理在概念上的混淆，将企业社会责任问题纳入主流的企业理论当中。

再次，本书实证方法也采取了一些新的研究模式。对于企业社会绩效与企业经济绩效之间的关系，本书摒弃传统的实证方法，不是直接对社会绩效与经济绩效之间关系做回归模型，而是用事件分析法，证明企业社会绩效给企业带来的不是直接的经济利益，而是一种间接的影响，这种影响体现为一种保险功能，或者说是企业的道德资本的积累。

二　实践价值

1. 积极营造与企业社会责任相适应的外部市场环境。要做到这一点，必须加大改革力度，在土地市场、劳动力市场和资本市场等方面进行更深入的改革，以建立竞争性的要素市场作为主要目标，以推动企业社会责任的响应。不同的公司发展阶段和市场发展阶段，决定了不同的企业社会绩效，尤其是不同国家之间不同的公司治理环境，决定了企业社会责任动力机制的差异。在实践当中推动企业主动履行社会责任，不能只关注内部治理结构的改善。在市场化、法律环境和政府行为不是很成熟的条件下，应当结合社会需要，培养一个良好的公司外部治理环境。要实现这一目的，第一步就是需要建立一个真正市场化的企业产品要素的竞争机制，改革中国的行业结构发展的不平衡，消除某些行业的垄断，减少行业内部的不正当竞争，培养一个公平竞争的产品市场。产品市场的竞争对于企业来说，最大的追求就是获利，这一特点将促使企业积极地开拓市场，努力进取。企业经营者的任何违规操作和错误决策都会在产品市场的竞争面前充分体现，可以说，企业在产品市场上的表现直接决定了企业的盈利能力和企业管理者的绩效衡量标准。只有在一个完善的产品竞争市场中，才可能保证企业管理者努力给消费者提供优质的产品和服务，促使企业尽量考虑其他的利益相关者，否则企业的社会责任响应就会表现为无效。在竞争性的产品市场中，市场规则会制约企业经营者的违规行为，因此要保证产品市场发挥作用，就要保持产品市场的竞争性，杜绝不公平的竞争行为。除了产品要素，第二个需要完善的是劳动力要素的市场环境，为劳动者提供良好的工作环境，为企业提供合适的人才，使企业利益得到保障。要达到这样的目标，就需要在劳动力供求体系上采取各种措施来创造一个劳动力流通效率很高的市场。第三个需要关注的是作为资金提供者与使用者中介的资本市场。资本市场是资本流动和交换的场所，资本市场的两大基本要素包括以银行等中介机构为主要内容的金融组织和由股票债券交易构成的证券市场。要实现企业社会绩效的有效发展，就需要有一个完善的公司治理结构，而一个高效的资本市场是公司治理机制能够实现其内在功能的必要保障。资本市场的建设已经成为当前很紧迫的任务，对企业、机构和其他证券经营者的违法操纵行为进行严厉的打击，保证上市公司信息的公平公正，监督上市公司的公平竞争，维护所有利益相关者的利益，这样才能保证企业社会绩效的一个正常经济环境。

2. 强调一种企业内部与外部对公司治理的监督机制。法律、利益相关者活动、政府监管等都是外部的监督机制，职工监事、独立董事等都是一种内部监督机制。首先，外部治理环境的优化离不开政府的主动监管功能。因为市场改革的深化、法律法规的完善和修订，都是政府的职能，因为市场也会失效，如果任由市场自然发展，企业社会责任响应的积极性肯定不会主动释放出来，企业社会绩效的表现也会比较差。因而，政府需要对市场进行监管，通过行政、法制、经济的方式保证企业经营行为的合法、合理和合情。其次，加大职代会和工会的组织建设，让它们能够真正代表雇员，反映雇员的声音，形成企业内部利益相关者的一股重要力量，在一定程度上影响到公司治理，从组织上给予公司管理层一种真实的压力，这样才能真正实现雇员利益的最大化。再次，充分发挥独立董事的作用，才能够保证企业的社会责任决策的合理性，因为独立董事作为非利益相关者，对于企业的经营决策的判断比较客观，也更为专业。还有，除了上述审计机构和独立董事，还包括很多市场中的独立于政府机构的社会组织和机构，如行业协会、公益性社会组织，可为企业的利益相关者提供很大的帮助。作为独立于企业和其他利益相关者的第三方机构，这些第三方机构基本上属于非营利组织，以促进社会福利的发展为己任，是社会发展的重要推动力量，也是监控企业社会绩效的重要组成部分。

3. 国有股东的治理主体地位应该加强。并不是说将股权分散就一定能起到作用，在中国现在的背景下，关键是要让权责明确，使企业的治理主体能够获得合法的权力，也能保障外部监管机制的功能。作为国有企业来说，首先就应该保证治理主体的地位，使代表股东利益的管理层不会因为道德风险和逆向选择影响到国家财富的利益。也就是说，管理层作为股权所有者的委托代理人，其运营行为虽然代表着股权所有者的利益，但是在中国的国有企业中，代理人如果缺乏基本的治理监督机制，国有产权的利益会被侵蚀，而这样的事实在中国的很多国有企业中都是存在的。如果企业的股东利益都无法保障，那么其他利益相关者的利益则更加得不到保护，企业社会责任的响应则更是一句空话。国有企业所有人缺位是非常荒谬的现实，虽然在形式上并不存在国企所有人缺位。所以说，国企改制的根本，并不是在企业内部建立一个表面上完善的治理机制和管理体制就可以了，需要落实治理主体；不是由政府的某一部门来行使股东权利，而是要有一个独立的行使股东权益的主体，不是从行政的角度来进行治理，这样才能使治理机制起到一种真正的作用，这是国企改制的根本。

4. 建立完善的职业经理人制度。作为管理层代表的职业经理人，决定了股东的利益实现的程度，也更是企业社会责任履行的直接执行主体。建立完善的现代的职业经理制度，既能够保障企业运营过程中的顺利，也能够更加规范整个市场竞争环境，建设一个良好的企业社会责任的主体环境。职业经理人会使市场更为净化，保证所有的利益相关者的利益。当前存在的问题是职业经理人制度和信托制度。如何建立起完善的职业经理人制度，用法治来保障它的信托责任，是政府未来应该努力的目标。随着市场经济的发展，现代社会对企业家或者职业经理人的要求也越来越高，职业经理人应当具备非常全面的素质以及良好的职业精神，而这需要有一个培育的过程，当今中国的职业经理人培育环境和培养制度并不完善，需要进行主动的培育。在现代市场体系下，职业经理人是一种比较高级的人力资本，其价值取决于一个完整的评价体系，受到市场的约束。首先，需要培养一个公平公正的人才竞争环境，这样才能保证企业和职业经理人通过选择达到市场的人力资源最佳配置。其次，需要建立一个良好的代理人机制，一旦代理人即职业经理人等在企业经营过程中损害到公司利益，有一个好的监管机制来进行约束，这一约束表现在两个方面，一方面是代理人之间的市场激励机制，另一方面通过企业的内部制度进行监管，促使职业经理人更好地完成代理任务。再次，需要在全社会建立一个良好的职业经理人的声誉机制，因为声誉是评价职业经理人优劣的一个重要标准，应当建立这样一种制度，对每一个进入企业的管理者都有一种全面的记载，包括其历史的业绩和信用记录。而要做到这一点，就需要在很多方面进行完善，包括对人力资源的材料管理、职业经理人聘任制度、奖励制度制度等诸多方面。总体而言，要真正建立一个好的职业经理人制度，要分别从各个方面进行建设，包括人力资源市场的完善、职业经理人的培养和监督机制、职业经理人的声誉体系和职业经理人的保证机制等，这样才能真正为企业提供一个良好的人力资源环境，既保证企业能够拥有优秀的管理者，为企业的经济利益提供保障，又能够在一个社会全面监督的体系下，推动中国的职业经理人主动参与到企业社会责任的响应工作中，在企业内部建立一个良好的经营环境，推动企业社会绩效的提高。

第三节　研究展望

本书虽然说具备了一定的理论意义和实践意义，但也存在着一些研究不足和缺陷有待改进，笔者认为研究不足主要表现在三个方面：

（1）在实证研究中，中国证券市场的有效性问题导致数据的客观性和实效性受到约束，实证结果可能会出现偏差。衡量企业治理结构的数据和其他数据主要来自国泰安 CSMAR 数据库和巨潮信息网，年报来自上交所网站。对于中国证券市场的有效性问题本身就是一个研究的热点问题，上市公司财务数据与收益率之间的关系，可能会受到此方面的影响。所以说，本书的实证研究虽然采用的是二手市场的数据，但其客观性还是会受到质疑。

（2）企业社会绩效的评价体系尚未健全。因为中国社会责任研究的滞后，相应的权威评价体系尚未建立，所以本书采用的企业社会绩效（CSP）数据，是润灵公益事业咨询（RLCCW）公司搜集 371 份 A 股上市公司发布的 2008 年度社会责任报告，并根据其设计的 MCT 社会责任报告体系进行了评价并打分。与此同时该公司也进行实时披露，该评价体系是中国本土机构开发的第一套 CSR 报告评价工具——MCT 社会责任报告评价体系，这套体系及评价结果虽然得到了政府监管部门、交易所、投资者、上市公司和公众媒体的一致好评，但此体系还是存在很多的瑕疵，有待改进。

（3）治理环境的定量方式有待改善。对治理环境的研究虽然不少，但真正从定量分析角度所做的研究却很少。本书采用了樊纲和王小鲁报告中的 2006 年度数据，用各地区市场化相对进程得分、政府与市场的关系得分以及市场中介发育和法律制度环境得分，分别作为本书中各地区的市场化指数（Mardex）、政府干预指数（Govdex）以及法治水平指数（Lawdex），从而获得各地区治理环境数据。有很多学者借用他们的研究数据，来论证治理环境不同所带来的不同影响。但是一个问题是 2008 年的治理环境数据尚未出来，笔者不得已借用 2006 年度的治理环境情况来代表，这也是实证研究中存在的一个不足，有待在以后的研究中进行数据更新。

笔者认为，本书主题在以下方向存在进一步研究的价值和可能：

首先，鉴于企业社会责任越来越受到政府和民众关注的现实，研究者可在上交所每股社会贡献度、润灵咨询公司评价体系等的基础上，建立一个比较客观的对企业社会绩效的内外评价体系，这样才能给研究人员提供好的数据基础，进而针对实际的社会绩效现状提出企业社会绩效治理的政策和管理建议。

其次，中国企业社会绩效在不同行业、不同规模和不同所有权性质的企业之间存在着很大的区别，其根本原因在于中国市场化的发展时间比较短，所以说研究者的研究重点应该是对不同情境下的企业社会责任战略的研究。

最后，对于企业社会绩效的研究应当改变原有的思路，摒弃静态的研究方向，从动态的角度研究企业社会绩效的影响因素，结合经济周期、行业生命周期和企业生命周期的特点，进行综合研究。研究方法也应该改变只研究某一时间点的局限，除了本书的事件研究法以外，还应该用纵向案例分析等方法，从历史发展的角度分析企业在国家政治经济环境和制度环境变化背景下，企业社会责任战略的演变过程，以及不同阶段的企业社会绩效。

附　　录

附录一　企业社会责任实地访谈大纲

一、企业社会责任响应访谈大纲（针对企业的客观表现）

1. 企业社会责任战略在公司的整体战略中的地位如何？企业拥有什么样的价值观和定位？

2. 企业管理层对企业社会责任的价值判断是怎么样的？他们最关心企业社会责任当中的哪些内容？

3. 企业雇员对企业社会责任的观点表现为什么样的特点？他们最关注的是哪个方面的企业社会责任响应？

4. 企业管理层认为社会责任响应给企业带来什么样的影响？企业关注和披露企业社会绩效吗？

5. 企业有没有专门的社会责任管理部门（如万科的社会公民办公室）来对企业社会绩效进行管理和评估？

6. 企业在经济绩效和社会绩效之间的投入（人力、物力、时间等方面）分配情况如何？

7. 企业有没有采取专门的措施来对企业的所有的利益相关者需求进行评估？

8. 企业在其行业范围的社会责任地位如何？行业内的其他企业的社会责任响应表现如何？

9. 企业所在行业所感知的包括外部环境压力等在内的外部利益相关者活动的压力表现得如何（社区、环境保护主义者、政府、社会组织等）？

10. 企业的内部利益者活动表现为怎样的特点（如雇员、股东、管理者等)？给企业的压力大不大？

11. 企业的内部治理结构表现为什么样的特点？相关的治理主体和治理客体结构表现如何？

12. 企业有没有措施激励管理者的企业社会责任响应，以及专门实施公开的社会责任活动来推进企业社会绩效？

13. 企业所在地的企业社会责任的外部环境如何，比如地方政府的监管行为、法规的监管执行力度、市场竞争的公正性等？

二、企业社会责任响应的驱动因素（针对管理者的主观感受）

1. 管理者在具体实施企业社会战略的时候，认为给企业社会责任履行带来的最直接的影响因素包括哪些？最大的驱动因素来源于哪些方面，如企业外部的市场竞争环境、外部的法律制度环境、政府压力、外部利益相关者活动、内部的利益相关者压力等方面？

2. 在企业的发展过程中，有没有感觉到在企业的不同发展阶段，企业所面临的外部治理环境和内部治理环境表现出不一样的特点？

3. 在公司这些年的发展过程中，作为管理者如何评判企业所面对的治理环境？认为应该在哪些方面进行改进，以促进企业能够更加主动积极地参与到企业社会责任响应当中？

附录二　MCT企业社会责任报告评价体系

整体性评价指标（M值）	
1 战略有效性	M1
	1.1 战略倾向和战略倾向有效性 1.2 战略有效性（评价专家观点）
2 相关方参与性	M2
	2.1 企业内部互动交流及多方多层级参与度 2.2 利益相关方参与机制、参与程度及成效
3 内容平衡性	M3
	3.1 颠覆企业社会责任各利益相关者责任的内容披露完整度 3.2 履行社会责任负面信息的披露程度
4 信息可比性	M4
	4.1 与以往报告一致度 4.2 以全数与比率等数据信息披露社会责任绩效的程度

续表

整体性评价指标（M 值）

5 整体创新型	M5
	5.1 创新对企业及 CSR 报告披露的有效性 5.2 创新对 CSR 报告行业水平提升的有效性

6 可信度与透明度	M6
	6.1 利益相关方意见披露程度 6.2 第三方审验程度 6.3 第三方审验机构权威度 6.4 报告阅读者反馈机构的有效度

内容性评价指标（C 值）

1 责任战略	C1
	1.1 公司和行业介绍：描述公司及所在行业的基本信息，其所在的社会、环境背景的情况 1.2 高管声明：董事长、CEO 等公司所有者代表及高管关于社会责任、可持续发展的声明 1.3 描述公司活动与经济、环境、社会的正面或反面关系，说明其相对的重要程度 1.4 企业在推动可持续发展层面上所持有的价值观、行为准则等的披露程度 1.5 公司制定长、中、短期明确的、量化的绩效目标的情况

2 责任管理	C2
	2.1 公司设立相关治理机构负责监督与可持续发展相关问题的披露程度 2.2 公司成立社会责任实施主管部门或专门人员的情况 2.3 公司如何评估和管理风险，尤其是那些与可持续发展有密切关联的风险 2.4 公司对环境、社会、经济事务的管理方法、程序或步骤的披露情况 2.5 公司将可持续发展作为与投资者沟通和投资者关系管理内容的情况 2.6 集团公司或母公司推进下属企业履行社会责任的体系及机制

3 经济责任绩效	C3
	3.1 公司年度收入、利润、利润分配等信息披露情况 3.2 公司收入、利润、利润分配同比比率信息的披露情况 3.3 公司主要产品或服务的市场占有率、销量等披露情况 3.4 公司主要产品或服务质量管理体系的披露情况 3.5 公司主要产品或服务合格率及安全信息的披露情况 3.6 公司客户关系管理体系（如客户满意度调查等）信息的披露情况 3.7 公司运用系统的方法管理供应商和价值链以实现可持续发展的披露情况

内容性评价指标（C 值）	
4 环境责任绩效	C4
	4.1 公司通过环境管理体系认证及年度复核的情况 4.2 公司年度环保投资额度及相关信息的披露程度 4.3 公司开发新产品、技术或服务已应对未来可能出现的与可持续发展相关的需求 4.4 公司在减少温室气体排放领域所做工作的绩效披露 4.5 公司在节约能源及开发替代性新能源方面所做工作的信息披露 4.6 公司在运营过程中实施绿色采购、绿色办公等的信息披露 4.7 公司"废气、废水、废渣"三废减排方面的制度、措施及绩效披露 4.8 公司环境保护的社会投资活动，包括自身环境友好改善和对外部机构的援助情况 4.9 公司参与外部环保活动或加入国际国内环保组织、联盟的情况
5 社会责任绩效	C5
	5.1 公司与政策法规的互动情况，披露公司参与有关政策法规对话的状况和程度 5.2 公司纳税的信息披露情况 5.3 公司对于雇员基本构成的披露情况 5.4 公司投资于雇员个人知识和技能提高以提升雇员职业发展能力的情况 5.5 公司在雇员安全、健康等领域制定相关制度等的披露情况 5.6 公司在雇员人权（同工同酬、杜绝童工和强制劳动、合规用工）领域的信息披露 5.7 公司在员工薪酬、福利及特殊员工关爱领域的信息披露 5.8 公司关注员工幸福程度（娱乐活动、家属关爱、满意度调查等）的相关信息披露 5.9 公司引入有关可持续发展知识并进行可持续发展培训的相关情况 5.10 公司社会公益捐赠（资金、物资、无偿专业服务）等社会投资的信息披露情况 5.11 公司员工开展志愿服务活动的信息披露情况
6 绩效质量	C6
	6.1 公司陈述的责任绩效与可持续发展议题的战略相关性 6.2 公司披露与可持续发展实质相关的绩效指标的多少及深入程度 6.3 公司将期望绩效与特定的法律要求、一般规范或自愿标准对照，并进行内部监控的情况 6.4 提供商业案例作为佐证，并说明案例与可持续发展之间的紧密程度 6.5 公司在推动可持续发展中遇到的障碍、困难或疑虑的披露情况 6.6 审验声明的披露程度 6.7 利益相关方评论披露程度

技术性评价指标（T值）		
1 报告政策	T1	
	1.1 报告时间界限明确程度 1.2 报告覆盖范围明确程度 1.3 报告发布周期明确程度 1.4 报告真实性承诺明确程度 1.5 报告参与者与制作者明确程度	
2 编写规范	T2	
	2.1 报告参与标准与标准对照明确程度 2.2 报告行文流畅度及逻辑性	
3 可获得性	T3	
	3.1 报告的语言版本充分程度 3.2 报告的可获得性，以及有特殊需要人群获取报告的特殊方法的披露情况	
4 表达形式	T4	
	4.1 报告美工设计、排版等对于披露效果的提升程度 4.2 报告数据及信息的图表化、图示化程度	

附录三　RLCCW 公布的评价指标样本证券公司代码

601318，601088，601939，600000，601398，600600，600019，601857，600029，600196，600270，000825，600016，600015，601988，600028，002161，601699，600188，601991，600036，600717，601998，000937，600829，600284，601628，600018，600690，600619，601328，000876，600498，600428，000039，600104，600795，600111，600548，000898，600962，000690，600022，600096，601166，600993，000686，000069，600995，000024，000858，000539，600500，000338，600089，601899，000027，600062，000568，600649，600066，600611，000089，000997，000983，000726，600060，601007，000680，600330，000783，600323，000800，600486，600839，000562，600269，601919，600557，000768，000717，600388，600561，000522，000157，600371，000063，000729，600337，000822，600033，000667，600163，000630，002048，000002，000728，600644，002203，600533，000301，600837，600578，600030，600463，600166，002152，600528，600900，600020，000807，000026，600591，600195，000793，000532，002098，600845，000831，

000100，002035，000046，000878，600787，000528，002070，600702，600102，000031，600383，000527，000401，600886，000488，000968，600171，600597，600858，600001，600271，000635，002019，000402，600835，000900，000911，000061，002153，000993，600396，600798，000028，600748，600219，600458，000538，000797，002229，000651，000632，002003，600583，600059，000060，600438，600585，000625，002029，600483，600243，002200，600350，002084，600183，600596，000707，600068，600452，600487，600100，601008，000423，600116，000629，600507，600050，600497，600117，601006，601111，000725，000778，002110，600592，000563，600067，600308，000006，600569，002175，600511，600006，000516，002001，000960，600004，600588，002122，000088，000895，600351，000912，002162，002262，002045，002078，002142，000792，000917，000969，600058，000663，600601，600549，600517，000612，600263，600055，002008，600026，002039，000671，600642，000581，002063，000400，000869，600881，600718，000012，002173，600423，002033，600054，600367，000959，002246，600303，000425，600310，600508，000009，600970，600432，000541，600085，600499，601600，000709，600357，000655，002216，000933，002102，600808，600755，600879，000520，002222，600560，600011，002016，600206，600979，600110，600309，600456，600087，600027，000982，600488，000623，600352，000930，600987，600071，600526，000547，002272，002062，600031，000511，600761，002236，600997，000652，600360，002249，600460，600332，600501，000503，600780，600531，002202，600118，600980，600125，600261，600037，600468，002237，000001，600051，002234，000758，600685，600992，600153，002233，600797，002014，600439，000422，600896，600252，600658，000897，000932，002081，600266，600392，600409，000627，600889，002253，000952，002180，002198，601588，600467，600510，000732，002230，600255，000962，600113，600444，600260，600170，600362，600218，600836，600056，000839，002054，600620，000881，002244，600582，600973，600138，600210，600173，600860，600884，600580，600177，600012，600736，600750

附录四　违规事件的样本公司

发布《企业社会责任报告》的样本公司		未发布《企业社会责任报告》的样本公司			
002033	丽江旅游	600991	长丰汽车	002017	东信和平
000732	三农	002201	九鼎新材	000610	西安旅游
000732	三农	002037	久联发展	000578	盐湖集团
000982	中银绒业	000811	烟台冰轮	002271	东方雨虹
000707	双环科技	600671	天目药业	002101	广东鸿图
000993	闽东电力	002018	华星化工	002005	德豪润达
600352	浙江龙盛	600185	海星科技	000056	深国商
000732	三农	000428	华天酒店	000529	广弘控股
000547	神州学人	600764	中电广通	000923	河北宣工
002019	鑫富药业	000545	吉林制药	002064	华峰氨纶
000623	吉林敖东	002168	深圳惠程	000836	鑫茂科技
002078	太阳纸业	600490	中科合臣	000637	茂化实华
002078	太阳纸业	002061	江山化工	000678	襄阳轴承
000690	宝新能源	002103	广博股份	002235	安妮股份
000962	东方钽业	000837	秦川发展	002139	拓邦股份
002102	冠福家用	000913	钱江摩托	002205	国统股份
000937	金牛能源	002072	德棉股份	600848	自仪股份
002152	广电运通	002119	康强电子	002322	理工监测
000063	中兴通讯	002126	银轮股份	002118	紫鑫药业
000671	阳光发展	002256	彩虹精化	002113	天润发展
600501	航天晨光	002263	大东南	600985	雷鸣科化
000982	圣雪绒	600446	金证股份	000833	贵糖股份
000792	盐湖钾肥	000040	深鸿基	000829	天音控股
600644	乐山电力	600986	科达股份	002107	沃华医药
002175	广陆数测	002213	特尔佳	002191	劲嘉股份
600460	士兰微	600466	迪康药业	600821	津劝业
000026	飞亚达 A	000546	光华控股	000837	秦川发展
600585	海螺水泥	000533	万家乐	002044	江苏三友
000858	五粮液	000819	岳阳兴长	000979	中弘地产

续表

发布《企业社会责任报告》的样本公司		未发布《企业社会责任报告》的样本公司			
002249	大洋电机	600145	四维控股	000421	南京中北
000541	佛山照明	000566	海南海药	600159	大龙地产
600218	全柴动力	000014	沙河股份	600111	包钢稀土
002016	世荣兆业	000590	紫光古汉	000788	西南合成
600549	厦门钨业	000953	河池化工	000524	东方宾馆
600580	卧龙电气	000526	旭飞投资	600186	莲花味精
002033	丽江旅游	600238	海南椰岛	000906	南方建材
600836	界龙实业	600143	金发科技	600149	华夏建通
002033	丽江旅游	600311	荣华实业	000558	莱茵置业
002249	大洋电机	600209	罗顿发展	000961	中南建设
……	……	……	……	……	……

参考文献

Ackerman, R. W. and Bauer, R. A. , Corporate Social Responsiveness [M]. *Reston, Virginia: Reston Publishing*, 1976.

Abbott, W. F. and Monsen, R. J. , On the Measurement of Corporate Social Responsibility: Self-reported Disclosures as a Method of Measuring Corporate social involvement [J]. *Academy of Management Journal*, 22, 1979.

Ackerman, R. W. , How companies respond to social demands [J]. *Harvard Business Review*, 51 (4), 292 *BUSINESS and SOCIETY*, September 1999.

Aupperle, K. E. , Carroll, A. B. , and Hatfield, J. D. An empirical investigation of the relationship between corporate social responsibility and profitability [J]. *Academy of Management Journal*, 28, 1985.

Ararat, M. Drivers for Corporate Social Responsibility, Case of Turkey, Working Paper (Available at *http://info. worldbank. org/etools/mdfdb/docs/WP_ UJRC5*), 2005.

Ararat, M. Corporate Social Responsibility Across Middle East and North Africa, Working Paper (Available at *SSRN*: http://ssrn. com/abstract = 1015925), 2006.

Backman, J. (Ed.). Social responsibility and accountability [M]. New York: New York University Press, 1975.

Barnard, C. I. The functions of the executive [M]. MA: Harvard University Press, 1938.

Barney J. B. , Hansen M. H. Trustworthiness as asource of competitive advantage [J]. *Strategic Management Journal*, *Winter Special Issue*, 15, 1994.

Berman, S. Managerial Opportunism and Firm Performance: An Empirical Test of Instrumental Stakeholder Theory [N]. *Paper Presented at the Academy of*

Management Meetings, Chicago, IL, 1999.

Binmore, K. _ Social Contract I: Harsanyi and Rawls, *The Economic Journal*, 99, 1989.

Binmore, K. Game Theory and The Social Contract, In R. Selten (Ed.), Game Equilibrium Models in Economics [J]. *Ethics and Social Sciences*, Springer, Berlin, 1991.

Binmore, K., Playing Fair, MIT Press, Cambridge Mass, 1994.

Binmore, K., Just Playing, MIT Press, Cambridge Mass, 1997.

Binmore, K., Natural Justice, Oxford U. P., 2005.

Blair, M., Post Enron Reflections on Comparative Corporate Governance, Georgetown University Law Centre [J]. *Working Paper Series in Business, Economicsand Regulatory Law*, No. 316663, 2002.

Blair, M. and L. Stout, A Team Production Theory of Corporate Law [J]. *Virginia Law Review*, 85 (2), 1999.

Blacconiere W. G., Northcutt W. D. Environmental Information and Market Reactions to Environmental Legislation [J]. *Journal of Accounting, Auditing, and Finance*, 12 (2), 1997.

Blacconiere W. G., Patten. D. M. Environmental Disclosures, Regulatory Costs, and Changes in Firm Value [J]. *Journal of Accounting and Economics*, 18, 1994.

Bowen, H. R., Social Responsibilities of the Businessman [M]. New York: Harpor and Row, 1953.

Brown T. J., Dacin P. A. The company and theproduct: corporate associations and consumer productresponses [J]. *Journal of Marketing*, 61, 1997.

Brush T. H., Artz K. W. Toward a contingentresource-based theory: the impact of informationasymmetry on the value of capabilities in veterinarymedicine [J]. *Strategic Management Journal*, 20 (3), 1999.

Carroll, A. B., Corporate social responsibility: evolution of a definitional construct [J]. *Business and Society*, Sept. 38, 1999.

Carroll, A. B., A three- dimensional conceptual model of corporate social performance [J]. *Academy of Management Review*, 4, 1979.

Carroll, A. B., The pyramid of corporate social responsibility: toward the moral management of organizational stakeholders [J]. *Business Horizons* (34), August, 1991.

Carroll, A. B., Social issues in management research: experts's views, analysis and commentary [J]. *Business and Society*, 33, 1994.

Clark, G. and Hebb, T. Pension Fund Corporate Engagement [J]. *Industrial Relations*, 59, 2004.

Clark, G. and Hebb, T. Why Should They Care? The Role of Institutional Investors in the Market for Corporate Global Responsibility [J]. *Environment and Planning*, 37, 2005.

Clarkson, M. B. E., The Corporation and its Stakeholders: classic and contemporary readings [M]. University of Toronto Press, 1998.

Coffey, B. and J. Wang: Board Diversity and Managerial Control as Predictors of Corporate Social Performance [J]. *Journal of Business Ethics*, 17 (4), 1998.

Conyon, M. and S. Peck, Board Control, Remuneration Committees, and Top Management Compensation [J]. *Academy of Management Journal*, 41 (2), 1998.

Conyon, M. J. and K. J. Murphy, The Princeand the Pauper: CEO Pay in the US and UK [J]. *Economic Journal*, *Forthcoming*, 2000.

Cruchley, C., M. Jensen, J. Jahera and J. Raymond, Agency Problems and the Simultaneity of Financial Decision Making: The Role of Institutional Ownership [J]. *International Review of Financial Analysis*, 8 (2), 1999.

Committee for Economic Development, Social Responsibilities of Business Corporations [M]. *New York*: *Committee for Economic Development*, 1971.

Davis, K., Can business afford to ignore social responsibilities? [J] *California Management Review*, 2: 3, 1960.

Davis, K., The case for and against business assumption of social responsibilities [J]. *Academy of Management Journal*, (16), 1973.

Dalton, D. R., and Cosier, R. A. The four faces of social responsibility [J]. *Business Horizons*, 1982.

Davidson, W. N. and D. L. Worrell, A Comparisonand Test of the Use of Accounting and Stock Market Data in Relating Corporate Social Responsibility and Financial Performance, *Akron Business and Economic Review*, 21, 1990.

Davis, K. Can business afford to ignore social responsibilities? [J] *California Management Review*, 2, 1960.

Davis, K. Understanding the social responsibility puzzle: What does the businessman owe to society? [J] *Business Horizons*, 10, 1967.

Davis, K. The case for and against business assumption of social responsibilities [J]. *Academy of Management Journal*, 16, 1973.

Davis, K., and Blomstrom, R. L. Business and its environment [M]. New York: McGraw-Hill, 1966.

Dawkins, D. and S. Lewis, CSR in Stakeholder Expectations: and Their Implication for Company Strategy, *Journal of Business Ethics*, 44 (2/3), 2003.

Donaldson T. L., Preston L. E. The stakeholdertheory of the corporation: concepts, evidence, andimplications [J]. *Academy of Management Review*, 20 (1), 1995.

Drucker, P., F., The New Society: the Anatomyofthe Industrial Order [M]. *Harper and Row Publishers*, 1950.

Eells, R. and C. Walton, Conceptual Foundations of Business, 3rd Edition, *Irwin, Burr Ridge, IL*, 1974.

Epstein, E. M. The corporate social policy process: Beyond business ethics, corporate social responsibility, and corporate social responsiveness [J]. *California Management Review*, 29, 1987.

Epstein, E. M., The field of business in the US: past, present and future [J]. *Journal of General of Management*, 28: 2, 2002.

Etheredge, J. M., The Perceived Role of Ethics and Social Responsibility: An Alternative Scale Structure, *Journal of Business Ethics*, 18, 1999.

Fama, E. F., and Jensen, M. G. Separation of ownershipand control [J]. *Journal of Law and Economics*, 26, 1983.

Fisman R., Heal F., Nair V. B. Corporate social responsibility: doing well by doing good? Working paper [M]. Columbia University Business School, New York. Available at SSRN: http://ssrn.com/ abstract = 813286, 2005.

Fitch, H. G. Achieving corporate social responsibility [J]. *Academy of Management Review*, 1, 1976.

Fombrun C., Gardberg N. A., Barnett M. L. Opportunity platforms and safety nets: corporate citizenship and reputational risk [J]. *Business and Society Review*, 105 (1): 2000.

Freeman, R. E., Strategic Management: Stakeholder Approach [J]. *Advance in Strategic Management*, Vol. 1, 1983.

Freeman, R., E. and Reed, D. L., Stockholders and Stakeholders: A New Perspective on Corporate Governance [J]. *California Management Review*, Vol. 25, No. 3, 1983.

Freedman M., Stagliano A. J. Differences in socialcost disclosures: a market test of investor reactions [J]. *Accounting, Auditing, and Accountability Journal*, 4 (1), 1991.

Friedman M. The social responsibility of business is to increase profit [J]. *New York Times Magazine*, 122, 1997.

Frederick, W. C., The growing concern over business responsibility [J]. *California Management Review*, 2, 1960.

Frederick, W. C., From CSR1 to CSR2: the maturing of business and society thought [D]. *in Working Paper No. 279, Pittsburgh, University of Pittsburgh, Graduate School of Business*, 1976.

Freeman, R. E., Strategic Management: A Stakeholder Approach, *Boston, Pitman*, 1984.

Friedman, M., Capitalism and Freedom, University of Chicago Press, 1962.

Gardberg N. A, Fombrun C. Corporate citizenship: creating intangible assets across institutional environments [J]. *Academy of Management Review*, 31 (2), 2006.

George, R. D., The status of business ethics: past and future [J]. *Journal of Business Ethics*, 6: 3, 1987.

Godfrey P. C, Hatch N. W., Hansen J. M. Toward a general theory of CSRs: the roles of beneficence, profitability, insurance, and industry heterogeneity [J]. *Business* and *Society*, April 24, 2008.

Godfrey P. The relationship between corporate philanthropy and shareholder wealth: a risk management perspective [J]. *Academy of Management Review*,

30 (4), 2005.

Graves S. B., Waddock S. A. Beyond built to last: stakeholder relations in "built-to-last" companies [J]. *Business and Society Review*, 105, 2000.

Gray, S. and A. Canella, The Role of Risk in Executive Compensation [J]. *Academy of Management*, 23 (4), 1997.

Griffin, J., Corporate Social Performance: Research Directions for the 21st Century [J]. *Businessand Society*, 39 (4), 2000.

Griffin J. J., Mahon J. F. The corporate social performance and corporate financial performance debate: twenty-five years of incomparable research [J]. *Business and Society*, 36 (1), 1997.

Harrison, J. and R. Freeman, Stakeholders, Social Responsibility and Performance: Empirical Evidence and Theoretical Perspectives [J]. *Academy of-Management Journal*, 42 (5), 1999.

Hansmann, H., Ownership of the Firm [J]. *Journal of Law Economics and Organization*, 4 (2), 1988.

Hansmann, H., The Ownership of Enterprise [M]. *Harvard UP, Cambridge Mass*, 1996.

Harsanyi, J. C., Rational Behaviour and Bargaining Equilibrium in Games and Social Situations [M]. Cambridge University Press, Cambridge, 1977.

Hart, O., An Economist's View of Fiduciary View, in The Corporate Stakeholder Conference [J]. *University of Toronto Law Journal*, XLII (3), 1993.

Hart, O., Firms, Contract and Financial Structure [M]. Clarendon Press, Oxford, 1995.

Hart, O. and J. Moore, Property Rights and The Nature of the Firm [J]. *Journal of Political Economy*, 98, 1990.

Hendry, J., Missing the Target: Normative Stakeholder Theory and the Corporate Governance Debate [J]. *Business Ethics Quarterly*, 11 (1), 2001.

Hayward, M. and D. Hambrick, Explaining the Premiums Paid for Large Acquisitions: Evidence of CEO Huberis, *Administrative Science Ouarterly* 42 (1), 1997.

Healy, P., The Effect of Bonus Schemes on Accounting Decisions, *Journal of Accounting* and *Economics*, 7 (1), 1985.

Hillman A. J., Keim G. D. Shareholder value, stakeholder management and social issues: what's the bottom line? [J]. *Strategic Management Journal*, 22 (2), 2001.

Jensen, M. C. and Meckling, W. H., Theory of the Firm Managerial Behavior Agency Costs and Ownership Structure [J]. *Joumal of Financial Economics*, Vol. 3, No. 4, 1976.

Jensen M. C. Agency costs of free cash flow, corporate finance, and ownership structure [J]. *American Economic Review*, 76, 1986.

Johnson, H. L. Business in contemporarysociety: Framework and issues [M]. *Belmont, CA: Wadsworth*, 1971.

Jones, T. M. Corporate social responsibility revisited, redefined [J]. *California Management Review*, 1980.

Jones, M., The Institutional Determinants of Social Responsibility [J]. *Journal of Busines Ethics*, 20, 1999.

Jones, X., Instrumental Stakeholder Theory: A Synthesis of Ethics and Economies, *Academy of Management Review*, 20 (2), 4, 1995.

Jones, T. and A. Wicks, Convergent Stakeholder Theory, *Academy of Management Review*, 24 (2), 1999.

King A., Lenox M. J. Lean and green? An empirical examination of the relationship between lean production and environmental performance [J]. *Production and Operations Management*, 10 (3), 2001.

Klassen R. D, Whybark D. C. The impact of environmental technologies on manufacturing performance [J]. *Academy of Management Journal*, 42, 1999.

Klein J., Dawar N. Corporate social responsibility and consumers' attributions and brand evaluations in a product-harm crisis [J]. *International Journal of Research in Marketing*, 21 (3), 2004.

LaPorta, R., Lopez-de-Silanes, F., Shleifer, A., et al. Investor Protection and Corporate Govenrance [J]. Jounral of Financial Economics, 58 (1/2), 2000.

Mahoney, L. S. and L. Thorne, Corporate Social Responsibility and Long-Term Compensation: Evidence from Canada [J]. *Journal of Business Ethics*, 57 (3), 2005.

Maignan, I. and O. C. Ferrell, Measuring Corporate Citizenship in Two Countries: The Case of the United States and France, *Journal of Business Eth*, 23 (3), 2000.

Maignan, I. and O. C. Ferrell, Corporate Social Responsibility and Marketing: An Integrative Framework [J]. *Journal of the Academy of Marketing Science*, 32 (1), 2004.

Matten, D., Crane, A. and Chapple, W., Behind the mask: revealing the true face of corporate citizenship [J]. *Journal of Business Ethics*, 45, 2003.

Margolis J. D., Walsh J. P. People and Profits: The Search for a Link Between a Company's Social and Financial Performance [M]. *Lawrence Erlbaum: Mahweh, NJ*, 2001.

Markowitz H. Portfolio selection [J]. *Journal of Finance*, 7, 1952.

Mattingly J. E, Berman S. Measurement of corporate social action: discovering taxonomy in the Kinder Lydenburg Domini ratings data [J]. *Business and Society*, 45 (1), 2006.

Malatesta P. Partially anticipated events: a model of stock price reactions with an application to corporate acquisitions [J]. *Journal of Financial Economics*, 14 (2), 1985.

Mackey A., Mackey T. R, Barney J. Corporate social responsibility and firm performance: investor preferences and corporate strategies [J]. *Academy of Management Review*, 32 (3), 2007.

McWilliams A., Siegel D. Event studies in management research: theoretical and empirical issues [J]. *Academy of Management Journal*, 40 (3), 1997.

McWilliams A., Siegel D. Corporate social responsibility and financial performance: correlation or misspecification [J]. *Strategic Management Journal*, 21 (5), 2000.

McGuire J. W., Business and Society [M]. New York, McGraw-Hill, 1963.

McGuire, J., T. Schneeweis and A. Sundgren, Corporate Social Responsibility and Firm Financial Performance [J]. *Academy of Management Journal*,

31 （4）, 1988.

Miller, A., Green investment, in Green Reporting: Accountancy and the Challenge of the Nineties ［M］. Owen, D. (ed.), London: Chapman and Hall, 1992.

Murphy, K., Corporate Performance and Managerial Remuneration ［J］. *Journal of Accountingand Economics*, 7, 1985.

Murphy, K., Executive Compensation, in O. Ashentelter and D. Card ［M］. *Handbook of Labor Economics*, 1999.

Murphy, K., Performance Standards inIncentive Contracts ［J］. *Journal of Accounting* and *Economics*, 30 （3）, 2000.

Nagel, T., A View Form Nowhere ［M］. Oxford University press, 1986.

Nash, J., The Bargaining Problem ［J］. *Econometrica*, 18, 1950.

Orlitzky M., Schmidt F. L., Rynes S. L. Corporate social and financial performance: a meta-analysis ［J］. *Organization Studies*, 24 （3）, 2003.

Orlitzky M., Benjamin J. D. Corporate social performance and firm risk: a meta-analytic review ［J］. *Business and Society*, 40 （4）, 2001.

P. L. and Wood, R. A. Corporate social responsibility and financial performance ［J］. *Academy of Management Journal*, 27, 1984.

Preston, L. E. and Post, J. E., Private Management and Public Policy: The Principle of Public Responsibility ［M］. *Englewood Cliffs*, *NJ*, *Prentice Hall*, 1975.

Preston, L. E.. Research in corporate social performance and policy (Vol. 1) ［M］. *Greenwich*, *CT*: *JAI*, 1978.

Palmer, E. Multinational corporationsan and the social contract ［J］. *Journal of Business Ethics*, 31 （3）, 2001.

Raiffa, H., Arbitration Schemes for Generalized Two Person Games, in Kuhn, Tucker (eds.), Contributionto the Theory of Games ［M］. Princeton U. P., 1953.

Rajan, R. and L. Zingales, The Governance of the New Enterprise, In Xavier Vives (Ed.), *Corporate Governance*, *Theoretical and Empirical Perspective* (Cambridge UP, Cambridge), 2000.

Rajan, R. and L. Zingales, Power in a Theory of the Firm ［J］. *Quarterly*

Journal of Economics CXIII, 1998.

Rawls, J., A Theory of Justice (Oxford UP., Oxford) [J]. *Philosophy and Public Affairs*, 3, 1971.

Richardson A., Welker M., Hutchinson I. Managing capital market reactions to corporate social responsibility [J]. *International Journal of Management Reviews*, 1 (1), 1999.

Rockness, J. W, An Assessment of the Relationship between US Corporate Environmental Performanceand Disclosure [J]. *Journal of Business Finance* and *Accounting*, 12 (3), 1985.

Roman R. M., Hayibor S., Agle B. R. The relationship between social and financial performance: repainting a portrait [J]. *Business and Society*, 38 (1), 1999.

Ruf, B. M., K. Muralidhar and K. Paul, The Development of a Systematic, Aggregate Measure of Corporate Social Performance, *Journal of Management*, 24 (1), 1998.

Russo M. V, Fouts P. A. A resource-based perspective on corporate environmental performance and profitability [J]. *Academy of Management Review*, 40 (3), 1997.

Sacconi, L., Etica degli affari, individui, imprese emercati nella prospettiva delletica razionale, *Milano*, *IlSaggiatore*. 1995.

Sacconi, L., Codes of Ethics as Contractarian Constraint on Abuse of Authority: A Perspective fromthe Theory of the Firm [J]. *Journal of Business Ethics*, 21, 1999.

Sacconi, L., The Social Contract of the Firm Economics [M]. *Ethics and Organisation SpringerVerlag*, *Berlin*, 2000.

Sacconi, L., CSR As A Model of Extended Corporate Governance, An Explanation based on the Economic Theory of Social Contract [J]. *Reputation and Reciprocal Conformism*, *Liuc Paper*, No. 142, 2004.

Sacconi, L., A Social Contract Account for CSR as an Extended Model of Corporate Governance (II): Compliance, Reputation and Reciprocity [D]. *Discussion Paper No. 11. forthcomingin the Journal of Business Ethics*, 2004.

Scharfman M. The construct validity of the Kinder, Lydenburg, and Domini social performance ratings data [J]. *Journal of Business Ethics*, 15 (3), 1996.

Schnietz K. E., Epstein M. J. Exploring the financial value of a reputation for corporate social responsibility during a crisis [J]. *Corporate Reputation Review*, 7 (4), 2005.

Shleifer, A. and Vishny, R. A Survey of Corporate Governance [J]. *Journal of Finance*, 2, 1997.

Siegel D. S., Vitaliano D. An empirical analysis of the strategic use of corporate social responsibility [J]. *Journal of Economics and Management Strategy*, 16 (3), 2007.

Sims, R. R., Ethics and Corporate Social Responsibility: Why Giants Fall [M]. *Praeger, USA*, 2003.

Singhapakdi, A, S. J. Vitell, K. C. Rallapalli and K. L. Kraft, The Perceived Role of Ethics and Social Responsibility: A Scale Development [J]. *Journal of Business Ethics*, 15, 1996.

Smith, D., The Frankenstein Syndrome: Corporate Responsibility and the Environment [D]. *Business and the Environment: Implications of the New Environmentalism*, 1993.

Smith, W. J. and R. S. Blackburn, CSR: A Psychometric Examination of A Measurement Instrument [D]. *Proceedings of the Southern Management Association*, 1988.

Steiner, G. A., Business and Society [M]. New York: Random House, 1971.

Schnietz K., Epstein M. J. Exploring the financial value of a reputation for corporate social responsibility during a crisis [J]. *Corporate Reputation Review*, 7 (4), 2005.

Strand, R. A systems paradigm of organizational adaptations to the social environment [J]. *Academy of Management Review*, 8, 1983.

Swanson, D. L. Addressing a theoretical problem by reorienting the corporate social performance mode [J]. *Academy of Management Review*, 20, 1995.

Szwajkowski E., Figlewicz R. E. Evaluating corporate performance: a comparison of the Fortune Reputation survey and the Socrates social rating database

[J]. *Journal of Managerial Issues*, 11 (2), 1999.

Thomson M., Heron P. Relational quality andinnovative performance in R and D based science andtechnology firms [J]. *Human Resource Management Journal*, 16 (10), 2006.

Tirole J. Corporate governance [J]. *Econometrica*, 69 (1), 2001.

Turban D. B., Greening D. W. Corporate social performanceand organizational attractiveness [J]. *Academyof Management Journal*, 40 (3), 1997.

Ullman A. Data in search of a theory: acritical examination of the relationship amongsocial performance, social disclosure and economicperformance of U. S. firms [J]. *Academy of Management Review*, 10 (1/2), 1985.

Vanberg, V. J., Organizations as Constitutional Order [J]. *Constitutional Political Economy*, 3 (2), 1992.

Van Oosterhout, J. H., P. M. A. R. Heugens and M. Kaptein, The Internal Morality of Contracting: Advancing the Contractualist Endeavour in Business Ethics [J]. *Academy of Management Review*, *Forthcoming*, 2001.

Verdeyen, V., J. Put and B. V. Buggenhout, A Social Stakeholder Model [J]. *International Journal of Social Welfare*, 13, 2004.

Velasquez, M. G., Business Ethics: Concepts and Cases [M]. *Prentice Hall, Englewood Cliffs, NJ*, 1982.

Victor, B. and J. Cullen, The Organizational Bases of Ethical Work Climates [J]. *Administrative Science Quarterly*, 33, 1988.

Votaw, D., Genius becomes rare, in The Corporate Dilemma [M]. Votaw, D. and Sethi, S. P. (ed.), *Englewood Cliffs*, NJ, Prentice Hall, 1973.

Waddock S. A, Graves S. B. The corporate social performance-financial performance link [J]. *Strategic Management Journal*, 18 (4), 1997.

Walton, C. C., Corporate Social Responsibilities [M]. *Belmont, CA, Wadsworth*, 1967.

Wartick, S. L., and Cochran, P. L. The evolution of the corporate social performance model [J]. *Academy of Management Review*, 10, 1985.

Willamson, O., The Economic Institutions of Capitalism [M]. The Free Press, New York, 1986.

Williamson, O., Market and Hierarchies [M]. The Free Press, New

York, 1975.

Wood, D. J. Corporate social performance revisited [J]. *Academy of Management Review*, 16, 1991.

Waddock S. A., Graves S. B. The corporate social performance-financial performance link [J]. *Strategic Management Journal*, 18 (4), 1997.

Williams R. J., Barrett J. D. Corporate philanthropy, criminal activity, and firm reputation: is there a link? [J] *Journal of Business Ethics*, 26 (4), 2000.

Wood D. J., Jones R. E. Stakeholder mismatching: a theoretical problem in empirical research oncorporate social performance [J]. *International Journal of Organizational Analysis*, 3 (3), 1995.

Wolfe, R. and K. Aupperle, Introduction to Corporate Social Performance: Methods for Evaluatingan Elusive Construct [J]. Research in Corporate Social Performance and Policy [M]. JAI Press, Greenwich, CT, Vol. 12, 1991.

Wooldridge J. M. Econometric Analysis of CrossSection and Panel Data (2nd edn) [M]. MIT Press: Cambridge, 2008.

Wright P. M., Gardner T. M. The human resource firm performance relationship: methodological andtheoretical challenges. In The New Work Place: A Guideto the Human Impact of Modern Working Practices [M]. Holman D., Wall T. D., Clegg C., Sparrow P., Howard A. (eds), *Wiley: Chichester*, UK, 2002.

Wright P. M., Gardner T. M., Moynihan L. M., Allen M. R. The relationship between HR practices and firmperformance: examining the causal order [J]. *Personnel Psychology*, 58 (2), 2005.

Wright P. M., Gardner T. M. The human resourcefirmperformance relationship: methodological andtheoretical challenges. In The New Work place: A Guideto the Human Impact of Modern Working Practices [M]. Holman D., Wall T. D., Clegg C., Sparrow P., Howard A. (eds), *Wiley: Chichester*, UK, 2002.

Wright P. M., Gardner T. M., Moynihan L. M, Allen M. R. The relationship between HR practices and firm performance: examining the causalorder [J]. *Personnel Psychology*, 58 (2), 2005.

Yuthas, K., Organizational Moral Development: Lessons From Moral Reasoning Frameworks [J]. *Research on Accounting Ethics*, *Forthcoming*, 3, 1997.

Zingales, L., Corporate Governance, Palgrave Dictionary of Economics and the Law [M]. London, McMillan, 1998.

阿奇·B. 卡罗尔、安·K. 巴克霍尔茨：《企业与社会：伦理与利益相关者管理》，机械工业出版社 2004 年版。

斯蒂芬·罗宾斯：《管理学》（第四版），中国人民大学出版社 1998年版。

哈罗德·孔茨：《管理学》（第十版），经济科学出版社 1998 年版。

密尔顿·弗里德曼：《弗里德曼文萃》，北京经济学院出版社 1991年版。

霍布斯：《利维坦》，黎思复、黎廷弼译，商务印书馆 1985 年版。

帕特里夏·沃海思、爱德华·弗坐曼：《布莱克韦尔商业伦理学百科辞典》，刘宝成译，对外经济贸易大学出版社 2002 年版。

托马斯·唐纳森：《托马斯·邓菲有约束力的关系：对企业伦理学的一种社会契约论的研究》，赵月瑟译，上海社会科学院出版社 2001 年版。

麦克尼尔：《新社会契约论》，中国政法大学出版社 1994 年版。

约瑟夫·韦斯：《商业伦理——利益相关分析与问题管理方法》，符彩霞译，中国人民大学出版社 2005 年版。

王锦塘等：《美国现代大企业与美国社会》，武汉大学出版社 1995年版。

刘俊海：《公司的社会责任》，法律出版社 1999 年版。

马伊里、杨团：《公司与社会公益》，华夏出版社 2002 年版。

康晓光：《权力的转移——转型时期中国权力格局的变迁》，浙江人民出版社 1999 年版。

李立清、李燕凌：《企业社会责任研究》，人民出版社 2005 年版。

彭志源：《SA8000 企业社会责任国际标准实施认证指南》，宁夏大地出版社 2003 年版。

卢纹岱：《SPSS for Windows 统计分析》，电子工业出版社 2006 年版。

青木昌彦、钱颖一：《转轨经济中的公司治理结构》，中国经济出版社 1995 年版。

吴敬琏：《现代公司与企业改革》，天津人民出版社 1994 年版。

刘连煜：《公司治理与社会责任》，中国政法大学出版社 2001 年版。

徐向艺：《现代公司组织与管理》，经济科学出版社 1999 年版。

杨斌：《商业伦理学》，中国人民大学出版社 1998 年版。

卢代富：《企业社会责任的经济学和法学分析》，法律出版社 2002 年版。

刘俊海：《公司的社会责任》，法律出版社 1999 年版。

马庆国：《管理统计数据获取统计原理：SPSS 工具与应用研究》，北京科学出版社 2002 年版。

刘荣明：《现代服务业统计指标体系及调查方法研究》，上海交通大学出版社 2006 年版。

张维迎：《企业理论与中国企业改革》，北京大学出版社 1999 年版。

郑功成、郑宇硕：《全球化下的劳工与社会保障》，中国劳动社会保障出版社 2002 年版。

陈宏辉、贾生华：《企业社会责任观的演进与发展：基于综合社会契约观的理解》，《中国工业经济》2003 年第 12 期。

陈迅、韩亚琴：《企业社会责任分级模型及其应用》，《中国工业经济》2005 年第 9 期。

鞠芳辉、谢子远、宝贡敏：《企业社会责任的实现——基于消费者选择的分析》，《中国工业经济》2005 年第 9 期。

黄速建、余菁：《国有企业的性质、目标与社会责任》，《中国工业经济》2006 年第 2 期。

李正：《企业社会责任与企业价值的相关性研究——来自沪市上市公司的经验证据》，《中国工业经济》2006 年第 2 期。

贾生华、郑海东：《企业社会责任：从单一视角到协同视角》，《浙江大学学报》2007 年第 3 期。

万莉、罗怡芬：《企业社会责任的均衡模型》，《中国工业经济》2006 年第 9 期。

王加灿：《基于生命周期理论的企业社会责任管理》，《企业研究》2006 年第 5 期。

陈志昂、陆伟：《企业社会责任三角模型》，《经济与管理》2003 年第 11 期。

高丙中：《社会团体的合法性问题》，《中国社会科学》2000 年第

2 期。

高勇强、田志龙：《中国企业影响政府政策制定的途径分析》，《管理科学》2005 年第 4 期。

贺远琼、田志龙、高勇强：《西方企业政治行为研究述评》，《外国经济与管理》2002 年第 8 期。

黄速建、余青：《国有企业的性质、目标与社会责任阴》，《中国工业经济》2006 年第 2 期。

贾生华、陈宏辉：《利益相关者的界定方法述评》，《外国经济与管理》2002 年第 5 期。

金碚、李钢：《企业社会责任公众调查的初步报告》，《经济管理》2006 年第 3 期。

金立印：《企业社会责任运动测评指标体系实证研究——消费者视角》，《中国工业经济》2006 年第 6 期。

李维安、唐跃军：《上市公司利益相关者治理评价及实证研究》，《证券市场导报》2005 年第 3 期。

李心合：《面向可持续发展的利益相关者管理》，《当代财经》2001 年第 1 期。

李元书、刘昌雄：《试论政治参与水平的量度》，《江苏社会科学》2003 年第 5 期。

林军：《企业社会责任的社会契约理论解析》，《岭南学刊》2004 年第 4 期。

林义屏：《市场导向、组织学习、组织创新与组织绩效间关系之研究——以科学园区信息电子产业为例》，博士学位论文，"国立"中山大学（台湾），2000 年。

卢代富：《国外企业社会责任界说述评》，《现代法学》2001 年第 3 期。

马学斌、徐岩：《企业社会责任评价技术应用研究》，《系统工程理论与实践》1995 年第 2 期。

马力、齐善鸿：《公司社会责任理论述评》，《经济社会体制比较》2005 年第 2 期。

林毅夫：《企业承担社会责任的经济学分析》，2006 - 8 - 7，http// theory. People. tom. cn/GB/49154/49155/4672769. html。

梁桂全、黎友焕：《SA8000 削弱珠三角出口企业竞争力》，《WTO 经济导刊》2004 年第 7 期。

朱锦程：《政府、企业与社会三者关系中的中国企业社会责任监管机 SO》，《社会科学战线》2007 年第 1 期。

刘藏岩：《民营企业社会责任推进机制研究》，《经济经纬》2008 年第 5 期。

陈湘舸、邴爱峰：《企业社会责任运动理论与实践》，《求索》2004 年第 6 期。

韵江、高良谋：《公司治理、组织能力与社会责任——基于整合与协同演化的视角》，《中国工业经济》2005 年第 11 期。

王治河：《当代西方的"企业社会责任运动"》，《人民论坛》2001 年第 7 期。

夏恩君：《关于企业社会责任的经济学分析》，《北京理工大学学报》（社会科学版）2001 年第 1 期。

夏小林：《私营部门：劳资关系及协调机制》，《管理世界》2004 年第 6 期。

徐超、陈继祥：《战略性企业社会责任的评价》，《上海企业》2005 年第 5 期。

杨农等：《西方企业的社会责任论》，《外国经济与管理》1988 年第 2 期。

杨宜勇：《当前中国的失业状况及理性判断》，《经济研究参考》1999 年第 4 期。

姚先国、郭东杰：《改制企业劳动关系的实证分析》，《管理世界》2004 年第 5 期。

张继昕：《公司社会责任的经济法分析》，山西财经大学硕士学位论文，2003 年。

张兰霞：《企业的社会责任》，《企业管理》1999 年第 3 期。

张文山：《论国际劳动标准与中国〈劳动法〉的修改》，中国劳动法学研究会会员代表大会及完善劳动保障法律制度研讨会。

周长征：《中国劳动立法与基本国际劳工标准的比较》，《中国劳工》2004 年第 5 期。

周国银、张少标：《SA8000：2001 社会责任国际标准实施指南》，海天出版社 2002 年版。

朱文敏、陈小愚：《企业社会责任：企业战略性公关的基点》，《当代财经》2004 年第 8 期。

祖良荣：《欧洲公司治理体制与企业社会责任重组》，《产业经济研究》2004 年第 5 期。

刘庆雪、何仲坚：《论企业社会责任与市场竞争能力关系》，《企业经济》2005 年第 4 期。

毛海强、姚莉萍：《公司社会责任（CSR）：人力资源管理的新领域》，《武汉冶金管理干部学院学报》2005 年第 2 期。

茅于轼：《企业家的社会责任》，《东方企业家》2004 年第 4 期。

南开大学公司治理研究中心公司治理评价课题组：《中国上市公司治理指数与治理绩效的实证分析》，《管理世界》2004 年第 2 期。

宁凌：《企业社会责任的经济、社会学分析及中国企业的社会责任》，《南方经济》2000 年第 6 期。

秦晖：《全球化进程与入世后的中国第三部门》，《南方周末》2002 年 8 月 29 日。

秦撞：《全球化和世贸》，《中国与世界》2000 年第 3 期。

秦颖、高厚礼：《西方企业社会责任理论探讨》，《淄博学院学报》（社科版）2000 年第 4 期。

邱婕：《国际劳工标准研究综论》，《中国劳动》2004 年第 5 期。

仇书勇：《论公司社会责任与公司外部治理的完善》，《北方工业大学学报》2003 年第 4 期。

谭深、刘开明：《跨国公司的社会责任与中国社会》，社会科学文献出版社 2003 年版。

田田、李传峰：《论利益相关者理论在企业社会责任研究中的作用》，《江淮论坛》2005 年第 1 期。

程多生：《企业社会责任是中国企业面临的新课题》，《中国企业报》2004 年 9 月 24 日。

甘碧群、曾伏娥：《企业营销行为的道德感知与测度：消费者视角》，《管理世界》2004 年第 7 期。

高尚全：《企业社会责任和法人治理结构》，《学习时报》2004 年 10 月 25 日。

古丽娜、张双武：《公司社会责任、利益相关者和公司绩效研究》，《西北民族大学学报》（哲学社会科学版）2004 年第 3 期。

韩志红：《集团诉讼与社会权益的维护》，《法制日报》。

黄长玲：《全球化与国际劳动人权》，《欧美季刊》2003 年第 1 期。

江儒山、王若雄：《企业不是创造利润的工具》，《中国经济时报》1999 年 2 月 25 日。

劳动科学研究所课题组：《企业社会责任运动应对策略研究》，《中国劳动》2004 年第 9 期。

雷良海：《现代企业的新一轮竞争目标——社会责任》，《中国改革》1998 年第 6 期。

李立清：《SA8000 引领人本管理新时代》，《企业改革与管理》2005 年第 2 期。

李立清：《企业社会责任评价理论与实证研究》，第五届经济学年会会议论文，2005 年。

李敏、曾国军：《跨国公司在华投资策略及中国企业的应对措施研究进展》，《管理世界》2004 年第 8 期。

李程骅、胡亚萍：《企业社会责任与企业生命周期关系论》，《南京社会科学》2008 年第 7 期。

杨瑞龙：《现代契约观与利益相关者合作逻辑》，《山东社会科学》2003 年第 3 期。

杨瑞龙、周业安：《企业的利益相关者理论及其应用》，经济科学出版社 2000 年版。

张维迎：《正确解读利润与企业社会责任》，htp://news. 163. com/07/0821/08/3MDJ81DJ000158EP. html, 2007. 08. 21/2007 - 08 - 25。

田志龙、贺远琼、卫武：《中国企业政治策略与行为研究》，《管理世界》2003 年第 12 期。

周其仁：《市场里的企业：一个人力资本与非人力资本的特别合约》，《经济研究》1996 年第 6 期。

田志龙、贺远琼、高海涛：《中国企业非市场策略与行为研究——对海尔、中国宝洁、新希望的案例研究》，《中国工业经济》2005 年第 9 期。

田祖海：《美国现代企业社会责任理论的形成与发展》，《武汉理工大学学报》（社会科学版）2005 年第 3 期。

张志强、王春香：《西方企业社会责任演化及其体系》，《宏观经济研究》2005 年第 9 期。

陈昆玉、陈昆琼：《利益相关者公司治理模式评价》，《北京邮电大学学报》（社会科学版）2002 年第 2 期。

孙爱萍：《公司治理结构与公司利益相关者理论问题研究》，《北京联合大学学报》2003 年第 2 期。

郭富青：《从股东绝对主义到相对主义——公司治理的困境及出路》，《法律科学》2003 年第 4 期。

潘泽清：《公司社区治理机制与转轨中的日本公司治理结构》，《世界经济研究》2003 年第 3 期。

王竹泉：《利益相关者财务监督的分析框架与体制构造》，《会计研究》2006 年第 9 期。

宫向阳、王永明：《企业的社会责任与构建和谐社会》，《现代经济探讨》2007 年第 12 期。

朱志雄、程瑶：《现代公司治理理论的发展与启示》，《现代管理科学》2008 年第 3 期。

宁凌：《企业社会责任的经济、社会学分析及我国企业的社会责任》，《南方经济》2000 年第 6 期。

袁昊、夏鹏、赵卓丽：《承担社会责任未必影响公司发展——从企业社会责任指向谈企业社会责任与绩效关系》，《华东经济管理》2004 年第 6 期。

胡孝权：《企业可持续发展与企业社会责任》，《重庆邮电学院学报》（社会科学版）2004 年第 2 期。

颜剩勇、刘庆华：《企业社会责任财务分析指标研究》，《财会通讯》（学术版）2005 年第 5 期。

朱瑞雪、郭京福：《社会责任与企业国际竞争力研究》，《华东经济管理》2006 年第 6 期。

尹军：《基于和谐社会建设基础之上的企业社会责任研究》，《高职论丛》2007 年第 6 期。

王怀明、宋涛：《我国上市公司社会责任与企业绩效的实证研究——来自上证 180 指数的经验证据》，《南京师范大学学报》（社会科学版）2007 年第 2 期。

陈守明、施佳、蒲雪青：《我国企业社会责任与企业绩效相关性实证研究》，《上海企业》2008 年第 2 期。

孙清亮、张天楠：《企业社会责任与企业绩效相关性实证研究——基于社会责任信息披露视角的再探讨》，《会计之友》2010 年第 10 期。

刘鸣镝、刘丁玲、杨旭东：《企业社会责任与企业绩效的相关性研究》，《国家林业局管理干部学院学报》2011 年第 4 期。

赵继红：《企业社会责任与企业绩效的关系分析》，《中国商贸》2012 年第 5 期。